Hilde Schmölzer
Die abgeschaffte Mutter

W0068760

Hilde Schmölzer

Die abgeschaffte Mutter

Der männliche Gebärneid
und seine Folgen

Druck gefördert vom österreichischen Bundeskanzleramt sowie vom Bundesministerium für Bildung, Wissenschaft und Kultur/Wien.

Bibliografische Information der Deutschen Bibliothek
Die Deutsche Bibliothek verzeichnet diese Publikation in der Deutschen Nationalbibliografie; detaillierte bibliografische Daten sind im Internet über http://dnb.ddb.de abrufbar.

© 2005 Promedia Druck- und Verlagsgesellschaft m. b. H., Wien
Homepage: www.mediashop.at
Alle Rechte vorbehalten
Lektorat: Gabriele Habinger
Umschlaggestaltung: Gisela Scheubmayr
Buchgestaltung: Peter Redl
Druck: AZ Druck- und Datentechnik GmbH
Printed in Germany
ISBN 3–85371–241–X

Inhalt

Einleitung

Die Theorie vom Penisneid ist wahrscheinlich Freuds größter Irrtum gewesen. Denn im Grunde hat der Mann die Frau schon immer um ihre Gebärkraft beneidet. Darum muss die Mutter getötet werden, abgeschafft werden, ersetzt werden durch den gebärenden Mann, in frühester Zeit in den Mythen, im Mittelalter in den Alchemistenstuben, später durch Erzeugung des Roboters, der Maschine, und heute in den Labors der Reproduktionsmediziner. Ich habe mich in diesem Buch bemüht, eine Entwicklung aufzuzeigen, die über Jahrhunderte vom männlichen Gebärneid geprägt war und heute in der Reproduktionsmedizin vor ihrer Verwirklichung steht.

Voraussetzung für die gebärenden Götter in der Antike und die Allmacht eines christlichen Schöpfergottes, der im Adam-und-Eva-Mythos den Mann zur Mutter der Frau macht, ist die Segmentierung, Aufspaltung, Schwächung, Vergewaltigung und schließlich Vernichtung der großen Schöpfergöttin, ein Vorgang, der im realen Leben der Frauen in der gesamten patriarchalen Geschichte Parallelen hat. Denn da der gebärende Mann in der Realität auf biologische Grenzen stößt und auch die künstliche, die „zweite" Natur der Technik, der Automaten die „erste" Natur nicht ersetzen kann (vielmehr zu so entsetzlichen Auswüchsen wie etwa dem „Baby" Robert Oppenheimers, nämlich der Atombombe, führt), muss das Patriarchat die Fruchtbarkeit der Frau zumindest kontrollieren, regeln, in den Dienst einer männlichen Gesellschaft stellen, die auf Produktion, Profit und Ausbeutung beruht. Frauen müssen sich den Erfordernissen dieser Gesellschaft anpassen, sie werden entweder zur Mutterschaft angehalten (gegenwärtig in der so genannten „Ersten Welt"), oder sie werden davon abgehalten (in der sogenannten „Ditten Welt"), ihre Mutterschaft wird verherrlicht, wenn die gegenwärtige politische und wirtschaftliche Situation es erfordert, wenn Kriege gefochten, ArbeiterInnen zur Ankurbelung der Produktion oder BeitragszahlerInnen für die Pensionen benötigt werden; aber sie werden diskriminiert, wenn sie sich nicht als „Eigentum" eines Mannes deklarieren können (noch bis vor kurzem die ledige Mutter), oder wenn sie nicht der „richtigen" Rasse oder Klasse angehörten. Am besten jedoch würde die Kontrolle gelingen, wenn Männer das Leben selbst schaffen, wenn sie seine Entwicklung beeinflussen können (wie es bereits bei Tieren durch Eingriffe in die Keimbahn praktiziert wird), und hier ist auch der eigentliche Grund zu suchen, warum das Patriarchat seit seinen Anfängen geradezu mit Besessenheit an dieser Möglichkeit arbeitet, vorerst in der Phantasie, jetzt in der Realität. Hier liegt die Wurzel für die ungeheure Energie, die ungeheuren Gelder, die gegenwärtig in Reproduktionsmedizin und Gentechnologie gesteckt werden. Auch eine „künstliche Gebärmutter" ist in den Labors der Reproduktionsmediziner im Entstehen, die Maschine als „bessere Mutter" (Claudia von Werlhof) setzt den Schlusspunkt einer Entwicklung, die bereits jetzt Mutterschaft in verschiedene Teilaspekte (biologische, soziale, genetische) aufspalten kann.

Der Gebärneid des Mannes hat auch dazu geführt, Frauen seit Beginn des Patriarchats aufgrund ihrer Mutterschaft zu diskriminieren, woran ihre gelegentliche Verherrlichung nur wenig ändert. Kinder dienten schon immer als Grund, Frauen in Abhängigkeit zu halten, an einer Berufsausübung zu hindern, vom gesellschaftlichen Leben aus- und in ihre vier Wände einzusperren. Natürlich war die kinderlose Frau noch verachtungswürdiger, schließlich hat sie ihren einzigen Daseinszweck, nämlich die Produktion von Nachwuchs (in der Antike etwa wurde das ganz offen formuliert) verfehlt. Mütter hingegen werden auch heute noch mit Abhängigkeit bestraft, die Alternative heißt Doppelt- und Dreifachbelastung.

Die „abgeschaffte Mutter", uralter Männerwunsch über Jahrtausende, bedeutet einen letzten Sieg des männlichen Logos, der die Sinnlichkeit abgespalten, niedriger bewertet und auf die Frau projiziert hat, was in seinen Augen ihre Unterwerfung rechtfertigt. Aber dies ist ein Pyrrhussieg. Die soziale Kälte, wie sie bereits jetzt unsere Gesellschaft prägt, wird zunehmen, wenn der Kern aller menschlichen Beziehungen, nämlich die Mutter-Kind-Dyade, weiter aufgespalten, zerschnitten wird, wie dies nicht nur eine Folge der Reproduktionsmedizin ist, sondern auch in beratenden Schriften männlicher Autoren seit der Antike bis herauf zur Psychoanalyse gefordert wird.

Die vielbeklagte versiegende Fruchtbarkeit von Frauen und Männern – ebenso wie ihr „Gebärstreik" in der westlichen Welt – kann auch durch die Reproduktionsmedizin nicht behoben werden, selbst wenn darin häufig eine Rechtfertigung für weitere Forschung gesehen wird, in die Gelder gesteckt werden, die in menschliche Grundbedürfnisse besser investiert wären. Das Bewahren oder Wiederentdecken dieser Grundbedürfnisse, zu denen auch das Bewahren lebendiger Zusammenhänge gehört, wäre ein Gebot der Stunde in einer entfremdeten, immer liebloseren, gewalttätigeren und zerfallenden Welt. Frauen ziehen die Konsequenzen, indem sie mehr und mehr Netzwerke bilden, die jetzt allerdings nicht auf Blutsbanden, sondern auf gleichen Interessen beruhen. Darin könnte Hoffnung, könnte Zukunft liegen.

Hilde Schmölzer
Wien, im August 2005

I. Mit dem Muttermord begann das Patriarchat

Woher wir kommen und wohin wir gehen – diese Frage hat die Menschen schon immer am meisten beschäftigt. In der vorpatriarchalen Welt lag die Antwort im Leib der Frau. Sie war Inkarnation des Lebens, aber auch des Todes, und die Verstorbenen kehrten in ihren Leib zurück, um wiedergeboren zu werden. Darum wurden die Toten vielfach mit angezogenen Beinen in embryonaler Hockstellung bestattet, und die labyrinthartigen alten Gräber im Mittleren Osten stellen ganz bewusst die innere Anatomie des weiblichen Körpers dar.

Die Große Schöpfungsgöttin der alten Welt, wie sie uns seit frühester Zeit in Abbildungen begegnet, gebar jedoch nicht nur die Menschen, sondern auch Pflanzen und Tiere, ebenso die Gestirne und das ganze Universum. Allerdings war diese alte Göttin nicht nur Fruchtbarkeitsgöttin, sondern das gesamte Sein, Anfang und Ende, Lebensgöttin und Todesgöttin zugleich, die Tröstung versprach durch die Verheißung von Wiedergeburt. Ihre schreckenerregenden Aspekte als verschlingende Todes- und Kriegsgöttin, wie sie uns etwa in der indischen Kali, der griechischen Gorgo Medusa und der phönizischen Anat entgegentritt, erhielt sie erst unter patriarchalem Einfluss.[1]

Wir können mit unseren heutigen Denkstrukturen diese alte matriarchale Weltsicht schwer begreifen, ein System, das nicht auf geistigen Polarisierungen aufbaute, das die Spaltung von Gut und Böse, von Natur und Geist nicht kannte. Lebens- und Todessymbole gehen ineinander über, es gibt keinen Gegensatz von Diesseits und Jenseits, von Immanenz und Transzendenz. „Was da ist, was sein wird und was gewesen ist, bin *Ich*", sagt ein Tempelspruch von Sais über die ägyptische Nut oder Neith, die nicht nur im Himmel wohnte, sondern die selbst der Himmel mit allen Gestirnen war.[2]

Die Vorstellung eines besonderen Nahverhältnisses der Frau zu Geburt und Tod hat sich übrigens sehr lang gehalten. Noch im Mittelalter und in der beginnenden Neuzeit bildete nicht nur der Bereich der Geburt mit den damit verbundenen Frauenfesten das letzte Refugium einer aussterbenden Frauenkultur, sondern Frauen waren auch für die Bestattung toter, getaufter oder nicht getaufter Kindbettkinder verantwortlich, ebenso wie die Totenwache und Totenwaschung in manchen Gegenden bis heute Sache der Frauen ist.[3]

Auf männliche Götter treffen wir relativ spät, in Vorderasien und Ägypten im zweiten, in Europa im ersten vorchristlichen Jahrtausend. Es sind jugendliche Götter, abhängig von der Großen Göttin, waren sie doch ihr Geschöpf, so wie alles Leben auf der Erde. Ihr Erscheinen fällt zusammen mit der Entstehung des Patriarchats, und das ist noch gar nicht so lange her gemessen an der Jahrmillionen dauernden Menschheitsgeschichte, in der seit den frühesten Anfängen das Weibliche als Leben spendend betrachtet und kultisch verehrt wurde. Schon in der Altsteinzeit findet sich das weibliche Schoß-Dreieck, das als Ursprung des Lebens galt, nicht nur an der entsprechenden Körperstelle von Figuren, sondern auch als abgelöstes Symbol auf Steinen, Höhlenwänden und an Gefäßen. Die Höhle versinnbildlichte den Mutterleib, sie war religiöses Heiligtum, und der Topf, der Krug, die Urne, die von Frauen hergestellt wurden, dienten nicht nur der langzeitigen Lagerung von Nahrung und der Aufnahme der Asche Verstorbener, sondern standen auch im Zusammenhang mit magischen Handlungen. Vor allem in den so genannten Gefäßgöttinnen, die ab dem 3. Jahrtausend v.u.Z. in ganz Kleinasien und im Mittelmeer auftauchen und als weiblicher Körper geformt sind, wird die Verbindung von Leben und Tod im Zusammenhang mit dem Weiblichen besonders deutlich. Erst in späteren patriarchalen Auslegungen wurde der Zusammenhang Gefäß = Frau negativ interpretiert im Sinne von Leere, die der männliche Geist füllen muss.

Die Höhlenforscherin Marie König fand tief im Inneren steinzeitlicher Kulthöhlen in den Felsen geritzte Vulven, die sie als Zeichen der Neugeburt, des Lebens deutet, und in den drei aufgezeichneten parallelen Linien sieht sie einen Bezug zur Lunarsymbolik, entsprach doch der Mond mit seinem Zyklus des Zu- und Abnehmens der ewigen Wahrheit des „Stirb und werde".[4] Weil diese Vorstellung im Mythos vom jugendlichen Heros versinnbildlicht wurde, ist auch in der frühesten Mythologie der Mond ein männliches Gestirn, die ersten Mondgottheiten Mesopotamiens, Syriens und Palästinas sind männlichen Geschlechts.

Denn auch das Männliche hatte in diesem frühen Weltbild seinen Platz, wenn auch vorerst nicht in menschlicher, sondern in Tiergestalt. Stierhorn und Mondhorn waren phallische Symbole. In Çatal Hüyük, jener Stadt aus der frühen Steinzeit (7. bis 6. Jahrtausend v.u.Z.), finden wir neben zahlreichen Abbildungen der Großen Göttin in Gebärhaltung auch Stier-, Hirsch- und Widderköpfe, die häufig aus dem schwangeren Leib der Göttin hervortreten und ursprünglich die männliche Zeugungskraft symbolisierten.

Die Göttin gebiert parthenogen

Trotzdem war die Verbindung zwischen dem Geschlechtsakt und der Schwangerschaft lange unbekannt. Die Göttinnen im Mythos gebären par-

10

thenogen, aus eigener Kraft schaffen sie den Kosmos. „Die ganze Erde liegt unter ihr, und alle Dinge sind in ihren Armen beschlossen", meint ein Pyramidenspruch.[5] Oder sie werden geschwängert durch das Mondlicht, durch Geister und Naturgewalten. Der pelasgische Schöpfungsmythos, der älteste griechische Mythos aus dem Neolithikum (5000–2000 v.u.Z), erzählt von der Göttin Eurynome (das heißt „weite Herrschaft"), die, von Ophion, dem Nordwind, schwanger, in Gestalt einer Taube das Weltei legte, worauf sich dieser in Form einer Schlange um das Ei legte, um es auszubrüten. Heraus fielen Sonne, Mond, Planeten und die Erde mit ihren Bergen, Flüssen, Pflanzen und Lebewesen. Die Schlange galt so wie der Kreis, die Spirale und das Labyrinth als Geburts- und Wiedergeburtssymbol.

Auch Gaia, die Erdmutter, erscheint als Anfang aller Dinge. Sie entsteht aus dem Chaos, und Uranos, der Himmel und Vater aller folgenden Götter, war ihr Sohn, den sie zum Geliebten macht und daraus eine Genealogie von Göttern entstehen lässt. Allerdings ist die Geschichte, die uns Hesiod überliefert, bereits patriarchal gefärbt, denn in der matriarchalen Mythologie ging es niemals darum, dem Weiblichen und Männlichen bestimmte Wesensmerkmale oder bestimmte Orte des Wirkens zuzuschreiben, wie das folgender Text veranschaulicht:

„Gaia schuf zuerst den sternigen Himmel
unverrückbar für immer als Sitz der ewigen Götter,
sie schuf auch die hohen Gebirge,
der Göttinnen holde Behausung.
Ohne beglückende Liebe gebar sie die Nymphen,
die Schluchten und Klüfte der Berge bewohnen,
gebar auch das Meer und die brausende Brandung."[6]

Für die Sumerer war Inanna die Urmutter aller Dinge, zu ihr gehörten Himmel und Erde, Ober- und Unterwelt. Auch sie bringt aus sich selbst Tammuz, den Sohn und späteren Geliebten, hervor, ebenso wie im nordischen Mythos Ginnungagap, die große „Sich-Öffnende", Ymir, den ersten der Götter gebiert.

Mit seiner Vorstellung von der Parthenogenese, der jungfräulichen Geburt, befindet sich der frühe Mensch übrigens in der Nähe des Lebensursprungs. „Wenn wir die Geschichte des Lebens auf dieser Erde als Ganzes überblicken, dann hat die Zeit solcher eingeschlechtlicher Fortpflanzung sogar länger gedauert als die seit dem Aufkommen zweigeschlechtlicher Genese verstrichene", meint der Paläolinguist Richard Fester.[7]

11

Fadenwürmer, Rädertiere, Salzkrebse, Blattläuse, verschiedene Wespen und Schmetterlingsarten und auch die Bienenkönigin sind der Parthenogenese fähig. Wie wir inzwischen wissen, ist auch der menschliche Embryo in den ersten Wochen seiner Existenz weiblich, wir entstehen also alle ursprünglich als Frau.

Die jungfräuliche Geburt hat später das Christentum übernommen, wenn auch unter gänzlich anderen Vorzeichen, ebenso rühmten sich Buddha, Quetzalcóatl, der aztekische Herrscher Montezuma und Dschingis Khan reiner Muttergeburten.

Die Göttin, wie sie sich in den jungsteinzeitlichen matriarchalen Hochkulturen Anatoliens, Syriens, Mesopotamiens, auf Kreta, im vorklassischen Griechenland und in Italien, aber auch in Europa herausgebildet hat, erscheint in dreifacher Gestalt: als astrales, jagendes Mädchen, als erotische, Fruchtbarkeit spendende Frau und als Greisin, Todesgöttin, die alles Leben vernichtet und zugleich auferstehen lässt.[8] Diese Göttin hat viele Namen: Inanna in Sumer, Ištar in Babylon, Demeter/Rhea in Kreta, Nut/Neith in Ägypten, Anat/Ašerat in Ägypten, Dana bei den Kelten und andere. Auf etwa 100 Namen ist die Altertumsforschung allein im Alten Orient gestoßen.[9] Aber es ist immer dieselbe Göttin, die durch lokale Kulte geprägt wurde. Sie wird regelmäßig begleitet vom jugendlichen Heros, einem sterblichen Gott, der durch seinen Tod und seine Wiedergeburt den Wechsel von fruchtbaren zu unfruchtbaren Jahreszeiten verkörpert. Die Klage der Großen Göttin um ihren verlorenen, toten Sohn und Geliebten, der entweder von einem bösen Bruder oder einem Kriegs- und Todesgott getötet wird, um von ihr regelmäßig erneut zum Leben erweckt zu werden, ist Kernstück aller matriarchalen Religionen. Auch er hat verschiedene Namen, in Sumer war es der göttliche Hirte Dumuzi, in Babylon Tammuz. Demeter liebte Iakchos, und Rhea, die Tochter der Erdmutter Gaia, gebar ihren späteren Geliebten Zeus in der diktischen Höhle auf Kreta, wo sie ihn vor seinem Vater Kronos verbarg, der ihn so wie alle seine anderen Kinder verschlingen wollte. Hier spiegeln sich bereits deutlich patriarchale Zustände, wie sie in den frühen Göttinnenmythologien nicht vorkommen. Die alte ägyptische Göttin Nut oder Neith etwa, die als Ursprung allen Seins verehrt wurde, gebiert ihren Sohn Re, die Sonne, als ihr Kalb täglich neu. Bis zu Mittag wuchs er zum goldenen Stier heran, der seine Mutter begattete und am Abend starb, um am Morgen als sein eigener Sohn wiedergeboren zu werden.[10]

Im Kult wurde dieser Zyklus durch die „Heilige Hochzeit" symbolisiert, repräsentiert durch die Hohepriesterin und den Hohepriester oder die sakrale Königin und den sakralen König. Wobei angenommen wird, dass in frühester Zeit der jugendliche König tatsächlich geopfert wurde, aber bereits im alten Sumer ein Stieropfer an dessen Stelle trat.[11] Wie Gerda Weiler vermerkt, ist der Tod im matriarchalen Bewusstsein jedoch nur eine andere Seinsweise des Menschen gewesen und das Sterben des Kultkönigs ein freiwilliges Selbstopfer, um für das nächste Jahr die Fruchtbarkeit der Erde zu gewährleisten.[12]

Matriarchales Lebensgefühl

Die etwa 4.000 Jahre alten Kulttexte, die in den neunziger Jahren des 19. Jahrhunderts in Nippur geborgen wurden und die Liebe Inannas zu ihrem Sohn-Geliebten Dumuzi besingen, sind von einer leuchtenden Farbigkeit und Sinnlichkeit, wie wir sie in unserem nüchternen Zeitalter nicht mehr kennen. Sie vermitteln matriarchales Lebensgefühl, in dem Liebe und Sinnengenuss von Mann und Frau ein ganzheitliches Erlebnis waren, es stand im Zentrum des Kults, mit dem nicht nur die Zeugung gefeiert wurde, sondern auch die Wiedergeburt der gesamten gestorbenen Natur.

Inanna ist der Abendstern, und sie sieht der Heiligen Hochzeit strahlend und freudig entgegen:

„Als in der letzten Nacht ich schimmernd glänzte
im Strahlenglanz der Himmelskönigin
und sang und leuchtend ganz die Nacht durchdrang,
da kam er zu mir, meines Herzens Herr.
Da fasste zärtlich er nach meiner Hand,
und meines Herzens Herr umarmte mich ..."[13]

Im so genannten Hohelied des Alten Testamentes, das bereits Goethe – ohne diese Zusammenhänge zu kennen – unter die ergreifendste Liebeslyrik einreihte, treffen wir auf eine sehr ähnliche Sprache. Allerdings hat jetzt bereits die Religion des Christentums diesen Liebesgesang vereinnahmt und auf Christus und seine Kirche, auf Gott und die menschliche Seele oder auf die Beziehung zwischen Christus und seine jungfräuliche Mutter übertragen.

Tatsächlich jedoch wird heute kaum noch bezweifelt, dass es sich dabei um einen alten matriarchalen Kulttext handelt, der zur Feier der Heiligen Hochzeit gesungen wurde, später auch bei profanen Hochzeiten.[14] Er beschreibt das Verschwinden des Sohnes-Geliebten, das Suchen, Finden und Erretten durch die liebende Himmelsmutter und den Jubel nach der Wiedervereinigung.

„Des Nachts auf meinem Lager suchte ich,
Den meine Seele liebt und fand ihn nicht.
Ich will aufstehen und umherstreifen,
Will suchen, den meine Seele liebt ...
Ich schlief, aber mein Herz war wach.
Horch, mein Geliebter klopft!
‚Tu mir auf meine Schwester, meine Freundin,
Meine Taube, meine Reine;
Denn mein Haupt ist voll Tau,
Meine Locken von den Tropfen der Nacht!‘ ...
Mein Geliebter streckte die Hand aus,
Und mein Innerstes bebte vor ihm.
Ich stand auf, meinem Liebsten zu öffnen.
Meine Seele war außer sich, als er redete,
Meine Hände troffen von Myrrhe
Meine Finger von flüssiger Salbe
Am Griff des Riegels.
Ich öffnete meinem Geliebten ...“[15]

Vielleicht gibt uns die Schönheit dieser Texte eine Ahnung davon, was wir in unseren Jahrhunderten verloren haben. Der patriarchale Mensch hat von dieser allumfassenden Liebe die Sexualität abgespalten, herabgewürdigt und an die Frau als „Verführerin“ gebunden.

Trotzdem übernahm auch das Christentum nach dem Sturz der Göttin und der Etablierung des Patriarchats sehr viel von der alten matriarchalen Religion. Nicht nur tragen die Priester lange Frauengewänder und die höchsten von ihnen eine Mitra, die Krone aller Muttergottheiten, sondern es gibt auch hier einen Wiedergeborenen, der allerdings jetzt der Sohn eines Gottes ist. Auch die Dreifaltigkeit ist ausschließlich männlich besetzt: Vater, Sohn und Heiliger Geist. Eine Göttin existiert nicht mehr.

Das Fehlen einer weiblichen Gottheit hatte dramatische Auswirkungen auf das Selbst-Bewusstsein der Frau. „Gott ist der Spiegel des Menschen“, meint Feuerbach. Der Frau fehlt dieser Spiegel, um Frau zu werden. „Gott ist der andere, den wir unbedingt brauchen, um zu *werden*. Wir brauchen die Ahnung einer Vollkommenheit, um zu werden“, schreibt die französische Philosophin und Feministin Luce Irigaray. Mit der Göttin wurde auch eine weibliche Trinität ausgelöscht: Mutter, Tochter, Geist. Die Mutter des Gottes ist Jungfrau, aber die „Jungfrau ist allein. In ihrem Geschlecht. Ohne Tochter, ohne Liebe zwischen ihnen. Ohne Göttlich-

Werden, es sei denn durch ihren Sohn, den Menschengott".[16] Die Frau kann nur Subjekt werden im Verhältnis zu einem anderen ihr gleichen Subjekt, der Mutter. Sie muss sich mit dieser identifizieren können, um zu ihrer Sexualität zu gelangen, gleichzeitig ist aber auch die Abgrenzung notwendig, die Unterscheidung.

Matriarchale Mutter-Tochter-Beziehung

Aus der vorpatriarchalen matrilinearen Gesellschaft, in der die Herkunft von der Mutter bedeutsam und gesichert war, stammt ein Mythos, der die Mutter-Tochter-Beziehung beschreibt. Er wurde in den Eleusinischen Mysterien, die zwei Jahrtausende lang die geistige Grundlage des griechischen Lebens bildeten, in einer bereits patriarchalen Gesellschaft als letzte ursprüngliche Macht der Großen Göttin gefeiert. Der Demeter-Kore-Mythos erzählt von der Erdgöttin Demeter, Göttin des Ackerbaus und Getreides, deren Tochter Kore von Hades, dem Gott der Unterwelt, geraubt und in sein Reich entführt wird. Wütend und verzweifelt sucht sie Kore überall, von der Göttin Hekate unterstützt. Schließlich verbietet sie den Pflanzen zu wachsen, den Bäumen Früchte zu tragen und den Tieren sich zu vermehren, bis alle Menschen gestorben sind. Erst wenn Kore aus der Unterwelt zurückgekehrt ist, will sie ihren Fluch zurücknehmen. Die Götter, in Angst vor dem eigenen Untergang, zwingen Hades, Kore freizugeben. Allerdings darf sie nur neun Monate bei der Mutter bleiben, das sind jene Monate, in denen Demeter dem Land wieder Fruchtbarkeit und Leben schenkt, während die drei Monate des Jahres, in denen die Tochter zu Hades, ihrem Gatten, zurück muss, in Kälte und Unfruchtbarkeit erstarren (Winter). Kore wird als Gattin des Hades zu Persephone.

Demeter, die ursprünglich dreifaltige Große Göttin – nach Göttner-Abendroth ist sie zugleich Kore, das Mädchen, Persephone, die reife Frau, und Hekate, das alte Weib – wird bereits aufgespalten und damit teilweise ihrer Macht beraubt. Nur noch neun Monate darf sie ihre Tochter bei sich behalten, die übrige Zeit verliert sie diese an den Mann. Trotzdem versinnbildlicht der Demeter-Kore-Mythos die in der patriarchalen Kultur verloren gegangene weibliche Genealogie. Im Patriarchat wird die Tochter in die Genealogie des Ehemannes eingeführt, sie muss bei ihm wohnen, seinen Namen tragen, seine Kinder gebären. Irigaray nennt dieses Auslöschen der einen Genealogie durch die andere eine sittliche Schuld, die den Geist des Volkes pervertiert. „Die Beziehung zur

15

Mutter ist ... der ‚dark continent' par excellence. Sie liegt im Schatten unserer Kultur, ist ihre Nachtseite, ihre Unterwelt."[17]

Weil die Mutter im Patriarchat machtlos ist, ist auch ihre Liebe machtlos, und nur allzu oft wird sie zur Verräterin an der Tochter, wie es auch in der Gegenwart häufig geschieht. Deshalb, so Irigaray weiter, sollten wir darauf achten, „dass die Mutter, die am Anfang unserer Kultur geopfert worden ist, nicht erneut getötet wird".[18] Damit steht sie in krassem Gegensatz zu Freuds Forderung, die besagt, dass das kleine Mädchen seine Liebe zur Mutter aufgeben soll, um ganz in die Welt des Vaters überwechseln zu können. „Der Mann soll ihr vollkommen Anderes sein. Ihr Modell. Ihr Wesen."[19] Der Mord an der Mutter, wie er im gesamten Patriarchat praktiziert wird, trifft besonders den Mord an der Mutter einer Tochter. Der pervertierte patriarchale Mutterschaftskult, der die Frau auf diese eine Funktion fixiert, ist der Kult der Mutter des Sohnes. Nach Freud ist die Beziehung zwischen Mutter und Sohn die wichtigste und bedeutsamste überhaupt und die Liebe zwischen Frau und Mann nur dann möglich, wenn sie Mutter eines Sohnes geworden ist und ihre Liebe für den Sohn auf den Ehemann überträgt.

Feministinnen sehen das anders. Für sie ist diese verloren gegangene Genealogie, dieses gewaltsame Zerreißen natürlicher Beziehungen ein Faktor für die zunehmende Entwurzelung, der Frauen *und* Männer ausgesetzt sind. Und sie sehen auch einen Zusammenhang zwischen dem „Mord" an der Mutter und einer zunehmenden Unfruchtbarkeit der Erde, einer Umweltverwüstung, wie etwa Carolyn Merchant historisch dargelegt hat.[20]

Der Muttermord in der Mythologie

Der Muttermord hinterlässt seine Spuren in der Mythologie. Während des allmählichen Übergangs zum Patriarchat etwa 3000 v.u.Z. wird die Große, allumfassende Göttin entmachtet, in verschiedene Teilaspekte aufgespalten, von männlichen Göttern geraubt, vergewaltigt oder getötet. Ihre Insignien, Symbole ihrer Macht und ihres Einflusses, werden ihr entwendet und von Göttern übernommen. Das war ein Prozess, der sich über Jahrtausende hinzog, noch im patriarchalen Griechenland und in Rom gab es Göttinnen, die allerdings vielfach zum Spielball gewalttätiger Götter geworden sind. Doch bedurfte es nicht nur brutaler Gewalt, um ihren seit Beginn der Menschheit existierenden Einfluss zu brechen, sondern auch sonderbarer Konstruktionen, die in absurde, die natürlichen Vorgänge auf den Kopf stellende Dogmen mündeten.

Vorerst wurde die Große dreifaltige Göttin auf nur einen Aspekt ihrer ursprünglichen, umfassenden Kraft reduziert wie oben im Demeter-Kore-Mythos beschrieben. Sie wird aufgespaltet in die Göttin der Fruchtbarkeit, die Göttin der Jagd, die Göttin der Liebe, die Göttin der Geburt usw. Damit hatte das patriarchale Prinzip des „teile und herrsche" bereits seinen Anfang genommen, denn in dieser Form war sie leichter überschaubar, kontrollierbar und beherrschbar. So konnte sie anschließend geraubt, vergewaltigt und dem Götter-Gatten dienstbar gemacht werden. Sie wird zur Hüterin der monogamen Ehe und überwacht eifersüchtig die Liebesabenteuer ihrer Gatten, aber auch der Menschen. Ein Vorgang, der dem matriarchalen Weltbild fremd ist, denn das Matriarchat kennt keine Monogamie. Schließlich wird sie auch noch zur folgsamen Tochter umfunktioniert, die brav den Willen Gottvaters befolgt, oder aber zur göttlichen Hure (Aphrodite), während sie noch später zur Inkarnation des Bösen, zur blutsaugenden Nymphomanin und Kinder fressenden Hexe mutiert.

Vergewaltigung ist ein geradezu klassisches Motiv der griechischen Göttersagen. Vor allem Göttervater Zeus wird nicht müde, sämtliche Göttinnen, Halbgöttinnen und Nymphen zu verfolgen, wobei er sich oft in ein Tier oder eine Naturerscheinung verwandelt, um an sein Ziel zu kommen. Aber auch Hades, Herakles und Apollon taten sich durch Frauenraub hervor, wobei die Verfolgten natürlich Widerstand leisten oder sich durch List zu entziehen versuchen, wie etwa Daphne, die sich mit Hilfe der Erdgöttin in einen Lorbeerbaum verwandelt.

Von Widerstand zeugen auch die zahlreichen Götterschlachten, in denen die UrgöttInnen in der Gestalt von Giganten, Kentauren und Kyklopen bekämpft wurden. Im keltischen Mythos waren es Riesen und Zwerge, die zum Aufstand riefen. Einen uns allen bekannten Aufstand-Mythos schildert das Alte Testament mit dem Sturz Luzifers, der als „Lichtbringer" mit dem Morgenstern identifiziert wurde und wohl ursprünglich ein Delegierter der Großen Göttin gewesen ist, die im Orient als Morgenstern verehrt wurde.[21] Zur Strafe für sein Aufbegehren wurde er als „gefallener Engel" in die Hölle (= Unterwelt) gestürzt, wohin ja auch bereits früher, in der antiken Sagenwelt die Erinnyen, die rächenden Muttergöttinnen, verbannt wurden. Luzifer allerdings gab sich keinesfalls geschlagen, er versprach vielmehr – so wie übrigens auch im germanischen Mythos die unterlegene Erdgöttin Jörd – am Ende der Zeiten wiederzukehren und die alte Ordnung der Dinge, die durch die patriarchalen Götter verdreht und gewaltsam zerstört wurde, wiederherzustellen. Eine Vorstellung, die in der Bibel zum

Horrorszenario der Apokalypse geführt hat. Wie ja überhaupt die Angst vor der Wiederkehr weiblicher Kraft und Stärke den patriarchalen Mann bis heute prägt. Diese Angst, gepaart mit Schuldgefühlen, ist treibender Motor der gesamten gewalttätigen patriarchalen Geschichte.

Auch der Widerstand antiker Göttinnen musste auf grausame Weise gebrochen werden. So etwa wurde Hera, die einstige Große dreifaltige Göttin, die eine Rebellion der Olympier angezettelt hatte, von Zeus zur Strafe gefesselt, gefoltert, vergewaltigt und am höchsten Punkt des Himmels aufgehängt. Erst als alle Gehorsam geschworen hatten, befreite er Hera aus ihrer qualvollen Lage.

Auch die alte Muttergöttin Tiamat, die den Tod ihres Gemahls Apsu rächen wollte, wurde in der bereits patriarchalen Theologie Babyloniens furchtbar bestraft. Sie starb durch einen Pfeil des Sonnengottes Marduk, der einst ein sterblicher Gewitter- und Fruchtbarkeitsgott gewesen ist. Er zerfetzte ihre Eingeweide und stellte sich triumphierend auf ihren toten Leib. Anschließend spaltete er in einem als heldenhaft gerühmten Akt ihren Leib in zwei Hälften, um daraus Himmel und Erde zu formen, worauf er zum obersten Sonnen- und Staatsgott emporstieg.

Hier wird bereits deutlich, was die gesamte patriarchale Geistesgeschichte auszeichnet: die Spaltung des mütterlichen, ganzheitlichen Urprinzips in den männlichen Himmel (= Geist) und die weibliche Erde (= Natur). Wobei die große, lebende und Leben spendende Mutter zum toten „Material" wird, zum Objekt, der männlichen Herrschaft unterworfen. Auch der Himmelsgott Schu trennt in der patriarchalen Ideologie Ägyptens die Himmelsgöttin Nut vom Erdgott Geb, obwohl ursprünglich sie die Herrin der Gestirne und allen Seins gewesen ist. Und bereits hier erscheinen jene Verdrehungsmythen, wie sie uns später überreichlich begegnen sollen: Angeblich, so argumentiert der Mythos, sei vor dieser Trennung von Himmel und Erde das Universum ohne Licht gewesen.

Werden die alten Muttergöttinnen nicht vergewaltigt und getötet, dann werden sie verwandelt, entweder in zänkische Weiber, wie etwa Hera, die Gattin des Zeus, oder in Unholdinnen, blutgierige Monster und Hexen. Eine derartige Mutation erfuhr Lilith, die wahrscheinlich die Große matriarchale Göttin eines sumerischen Stammes gewesen ist und später als verführerisch-verderbtes Weib durch ein sexualfeindliches christliches Kulturerbe geistert. Der Prophet Jesaja etwa wird nicht müde, gegen sie zu polemisieren, und im Talmud erscheint sie als weiblicher Unhold mit Flügeln, langen Haaren und nymphomanischer Veranlagung. Im Alphabet des Ben Sira schließlich, das um 200 v.u.Z. auftaucht, wird die Leben spendende Kraft der alten Muttergottheit endgültig in ihr Gegenteil verkehrt: Lilith mutiert zur Kindermörderin, so wie ja auch die Hexen der frühen Neuzeit in der Walpurgisnacht besonders gerne Kinder verspeist haben sollen.

Aneignung und Verfälschung matriarchaler Symbole

Natürlich benötigten die siegreichen Götter, die sich durch Gewalt, Mord und Verleumdung ihre Herrschaft zu sichern begannen, die Insignien der Großen Göttin, die ihre magischen Lebenskräfte symbolisierten. Auch das geschah durch Raub oder List. So etwa wird die Doppelaxt, das Machtsymbol der Göttin, zum „Blitz", mit dem der männliche Obergott gegen seine Gegner kämpft (beim germanischen Thor ist es der „Donnerkeil"). Das Anch, das weibliche Lebenszeichen in der ägyptischen Mythologie, übernimmt der patriarchale Sonnengott Re, und die Taube, der Geist des universalen Eros der Aphrodite, wird vom Heiligen Geist des Christentums verkörpert, womit er eine ausgesprochen erosfeindliche Metamorphose erfährt.

Auch das Feuer, das ebenso wie das Wasser und die Luft der Großen Schöpfergöttin zugeordnet war, wird in Sagen und Mythen von Kulturheroen geraubt, um es männlichen Göttern dienstbar zu machen. Bei den afrikanischen Dogon wurde es von einem legendären Schmied, dem Ahnherrn der patriarchalen Priesterschaft, von der weiblichen Sonne gestohlen, und in einer melanesischen Erzählung stiehlt ein Knabe das Feuer von einer Ahnfrau, die es zwischen ihren Beinen hervorzieht, um es zum Kochen zu benützen. (Immerhin wird die Erfindung des Feuers Frauen zugeschrieben.) Auch der griechische Prometheus wird das Feuer nicht den späteren olympischen Göttern, sondern einer früheren Ahnherrin geraubt haben. Darum auch die furchtbare Strafe: Ab diesem Zeitpunkt hackt ihm ein Adler täglich die Leber aus, die über Nacht wieder nachwächst.[22]

Ein uraltes Symbol der Liebe, der Fruchtbarkeit und des Wissens ist der Apfel, seit jeher – so wie die Schlange – der Großen Göttin zugeordnet. Im patriarchal verfälschten christlichen Mythos reicht die – bereits herabgewürdigte – Muttergöttin Eva dem Mann den Apfel der Erkenntnis, wofür sie bekanntlich grausam bestraft wird. Im griechischen Mythos besitzt der Apfel allerdings noch einen positiven Symbolwert, doch wird er jetzt schon von einem Mann, nämlich dem Heros-König Paris, der Göttin (Aphrodite) gereicht. Und die Äpfel der Hesperiden werden kurzerhand von Herakles, dem Sohn des Zeus und der Alkmene, geraubt. Dieser klassische Held, der sich generell durch Mord und Raub vorwiegend von weiblichen Kultsymbolen hervortat – die von ihm vernichtete neunköpfige Hydra verkörperte ebenso wie der getötete Höllenhund Kerberos und der drachenschwänzige Nemeische Löwe den Todesaspekt der Großen Göttin –, stahl auch den berühmten Dreifuß von Delphi, einst Kultstätte der Gaia, womit er den Olympiern die matriarchale Sehergabe sichern wollte. Verständlich, dass er dafür in der patriarchalen antiken Welt besondere Ehrungen genoss. Die Römer haben ihm 312 v.u.Z. sogar einen Staatskult errichtet.

Der patriarchale Mythos hat sich die Symbole der Muttergöttin, die Weisheit, Kraft und Fruchtbarkeit verhießen, allerdings nicht nur angeeignet, er hat sie auch herabgewürdigt und verfälscht. So etwa wurden die heiligen Tiere der Göttin für Schimpfwörter missbraucht, seit damals gibt es eine „dumme Gans", eine „dumme Ziege" und ein „dummes Schaf". Der Esel, das phallische Sakraltier, wurde ebenso verächtlich gemacht wie das Schwein, ein uraltes Fruchtbarkeitssymbol. Auch war der „gemeine Hund" einst Todesbegleiter der Göttin, und die Schlange, weibliches Unterwelts- und Unsterblichkeitssymbol, wurde zum Inbegriff des Bösen, zur Inkarnation des Teufels (auch er einst ein gehörnter Gott) und in der christlichen Glaubenslehre Ursache der Erbsünde und des Verlustes der Unsterblichkeit.

Dabei ist es ursprünglich natürlich genau umgekehrt gewesen: Die Göttin war Garantin nicht nur für die Geburt, sondern auch die Wiedergeburt, und daher bedeutete der Mord an der Großen Mutter auch den Verlust der Unsterblichkeit. Deutlich wird diese Entwicklung, diese Umkehrung ursprünglicher Werte im Gilgamesch-Epos, das um 2000 v.u.Z. verfasste babylonische Nationalepos, in dem der Niedergang der Göttinnen und die Etablierung patriarchaler Gewaltherrschaft zum Ausdruck kommen. Zentrale Aussage des Epos ist die Sehnsucht des Menschen, der den Glauben an Unsterblichkeit (Wiedergeburt) bereits verloren hat: Der Held Gilgamesch scheitert auf der Suche nach der Pflanze der Unsterblichkeit, weil sie die Urweltschlange (= Große Göttin) im letzten Augenblick verschlingt.

Das Streben nach Unsterblichkeit ist dem Menschen allerdings seitdem eingeschrieben. Es äußert sich in dem religiösen Glauben an ein – gedachtes – Jenseits ebenso wie in dem Bemühen einer Wissenschaft, durch Klonen die Existenz des eigenen Ichs zu verlängern. Die Vorstellung eines verlorenen und erst im Jenseits wiedergefundenen Paradieses führte zu einer Missachtung des irdischen Lebens, wie sie für alle patriarchalen Religionen charakteristisch ist. Eine Missachtung, die Askese und Weltflucht zur Folge hat und in krassem Gegensatz zu der freudigen Diesseits- und Lebensbejahung steht, wie sie die matriachale Religion der Großen Göttin auszeichnet.

Mit der Einschätzung des sterblichen Lebens als böse und als Frucht der Sünde „kommt es unbestreitbar sehr zentral zur Vernachlässigung der Erde, zur Leugnung unserer Gemeinsamkeiten mit Pflanzen und Tieren und zur Verachtung der Arbeit zur Erhaltung der alltäglichen Prozesse des begrenzten, aber erneuerbaren Lebens", meint die Theologin Rosemary Radford-Ruether. Und weiter: „Wenn wir dieses begrenzte, aber erneuerbare Leben als Sünde und Tod, im Unterschied zum ‚unvergänglichen' Leben empfinden, haben wir die Realitäten von Leben und Tod auf den Kopf gestellt. Der Tod als Befreier aus der Sterblichkeit wird dem einzigen wirklichen Leben vorgezogen, das uns erreichbar ist."[23]

Gebärende Götter

Auf den Kopf gestellt hat das Patriarchat sehr viel. So etwa begannen nach dem Mord an der Großen Mutter plötzlich die Götter zu gebären. Das führt zu äußerst sonderbaren Vorstellungen und Konstruktionen. Zeus muss die schwangere Titanen- und Weisheitsgöttin Metis lebendigen Leibes verschlingen, damit er sich nicht nur ihrer geistigen Potenz, sondern auch ihrer Schöpfungskraft bemächtigen kann. Anschließend gebiert er an ihrer Stelle die Göttin Athene, und zwar aus seinem Kopf, worauf sie als Kopfgeburt künftig zur treuen Erfüllerin seiner Gesetze wird. Damit nicht genug, rühmt sich der Göttervater auch der Geburt des Rauschgottes Dionysos, der seinem Oberschenkel entwuchs. Ganz kompliziert wird es hingegen beim ägyptischen Hauptgott Atum, der sich mit der Hand befriedigt, seinen eigenen Samen schluckt und aus seinem Mund Schu und Tefnut gebiert, die nun zu den Eltern der Himmelsherrin Nut und des Erdgottes Geb erklärt werden.

Nachdem sich die Götter gewaltsam oder mit List die Gebärfunktion der Göttin angeeignet hatten, mussten sie das neu geschaffene Leben natürlich auch stillen. War doch die heilige Milch, die aus den Brüsten der Göttin floss, nicht nur Leben erhaltend und Leben erneuernd, sie sorgte auch für Weisheit und Geist. Kein kosmisches Symbol ist so häufig dargestellt worden wie die stillende Göttin, die auch die Menschen nährt mit ihrer Kraft. Isis stillt nicht nur den Horusknaben, sondern zugleich „ihren Sohn", den Kultkönig. Verständlich, dass die Götter, die sich die Gebärkraft der Ursprungsgöttin angeeignet hatten, jetzt auch zu Nahrungsspendern werden wollten. So etwa wurde die Fruchtbarkeit spendende Kraft des Nilwassers durch Nilgötter mit herabhängenden Brüsten symbolisiert, und die Pharaonen, die an nichts mehr interessiert waren als an der Übernahme der Leben spendenden und schöpferischen Qualitäten der Göttin, ließen sich als Nilgötter mit weiblichen Brüsten verehren. Auch Clemens von Alexandrien spricht um 200 u.Z. vom „stillenden Gottesvater". Der Gott, „Bräutigam und Braut" in einer Person, hat sich die „Braut" völlig einverleibt als seine die Geist-Nahrung spendende Brust. Daher besingt er auch in einem Hymnus den Logos Christus als „heilige Milch", die aus den Brüsten Gottes kommt.[24]

Als *das* klassische Beispiel für den Sieg des Vaterprinzips wird allerdings häufig die Orestie des griechischen Dichters Aischylos angeführt, der um 500 v.u.Z. gelebt hat. Sie beschreibt die Geschichte eines Muttermordes, für den der Sohn Orest von den Göttern freigesprochen wird – ein ungeheurer und in der matriarchalen Welt unvorstellbarer Vorgang. Mit diesem Mord rächte Orest den Tod seines Vaters Agamemnon, der von seiner Gattin, Orestens Mutter Klytämnestra, getötet worden war. Kaum erwähnt wird allerdings in späteren Interpretationen die Tatsache, dass die sich durch zahlreiche Liebschaften Agamemnons betrogen fühlende Klytämnestra damit ihrerseits den Tod der von ihm geopferten gemeinsamen Tochter Iphigenie rächen wollte. Der wesentlich früher, nämlich im 8. Jahrhundert v.u.Z. lebende Homer, dem matriarchales Gedankengut noch geläufiger war, weiß auch noch nichts vom Muttermord. In seiner „Telemachie" tötet Orest den Liebhaber seiner Mutter, Ägisth.

Gerechtfertigt hat diesen Muttermord Apoll mit folgender Begründung:
„Die man wohl Mutter heißt, ist des Erzeugten Zeugerin nicht,
ist Amme nur des frisch gesetzten Keims. Es zeugt,
der sie befruchtet; sie hütet Anvertrautes nur,
dem Gut des Gastfreunds gleich, wofern kein Gott dem Schoß
noch Unheil bringt. Ich gebe gleich euch den Beweis,
Dass Vaterschaft auch ohne Mutter sein kann: Als
lebendiges Zeugnis steht vor euch die Tochter Zeus'!
Kein dunkler Schoß hat sie gebildet, und doch ist
so herrlich sie geschaffen wie kein Götterkind." (Die Eumeniden)
Es fügt sich also gut, dass für dieses Urteil schon zuvor die Schöpfergöttin ihrer Macht entkleidet und der Vatergott zum alleinigen Gebärer wurde.

Und Athene war es dann auch, die sich für Orest und damit das Vaterrecht entschied:

„Mein ist das Werk, zu enden diesen Gang:
Ich lege für Orestes diesen Stein.
Da mich kein Mutterschoß gebar, so schlägt
Mein Herz dem Manne, ohne Eheband.
Ganz bin ich meines Vaters, ganz sein Kind
Nie schlag ich Tod der Frauen höher an
Als den des Mannes, der des Hauses Haupt."

(Die Eumeniden) Hier haben wir bereits das gesamte Spektrum, auf das sich später patriarchale Religion, Philosophie und schließlich Medizin stützen werden: Der Vater als alleiniger Erzeuger braucht die Frau, wenn überhaupt, nur noch als Schoß, als Behälter, als Gefäß, als Brutkasten, um den Samen als eigentlichen Gestalter des Lebens aufzunehmen. Eine Vorstellung, die in der gegenwärtigen Reproduktionsmedizin Realität geworden ist.

Während jedoch heute kaum jemand dagegen Stellung bezieht, hatten damals die Erinnyen, die Rachegöttinnen, immerhin noch so viel Macht, Orest in den Wahnsinn zu treiben. Allerdings wird ihm von Apoll, Liebhaber eher von Männern als von Frauen, geholfen, wohingegen Elektra, seine Schwester, im Wahnsinn verbleibt. „Der Mord an der Mutter endet also mit der Straffreiheit des Sohnes und dem Einschluss des Wahnsinns der Frauen – und der Frauen in den Wahnsinn – und dem Entstehen des Bildes der jungfräulichen Göttin, die, geboren vom Vater, unter Missachtung ihrer Mutter allein seinem Gesetz gehorcht", meint Luce Irigaray.[25]

Es sind jetzt vor allem FeministInnen, die sich der alten, ermordeten Muttergöttin erinnern. Mary Daly etwa nennt das Schweigen und Vergessen dieses Mordes die „wahre Sünde", die allerdings rückgängig gemacht werden kann, „indem wir die Göttin in uns wieder beschwören ... Ständige Komplizenschaft beim Verbrechen des Göttinnen-Mordes ist in der Männer-Welt obligatorisch. Wenn wir uns weigern, bei diesem Morden und Verstümmeln unseres eigenen Selbst mitzuwirken, so ist das der Anfang dafür, die Göttin zu er-innern – die tiefere Quelle schöpferischer Integrität in uns Frauen".[26]

Die kontrollierte weibliche Fruchtbarkeit

Gewalt, Vergewaltigung und Entmachtung des Großen Weiblichen, wie sie im Mythos und in der Dichtung zum Ausdruck kommen, spiegeln die realen Verhältnisse. So kam es in den letzten Jahrtausenden v.u.Z.

zu einer stufenweisen Zurückdrängung und Herabwürdigung der Frau. Auch sie wurde, so wie die Göttinnen, aufgespalten und ihrer Ganzheit entkleidet. Sie wurde zur Hure und zur Heiligen, zur guten, entsexualisierten Mutter und zur sexualisierten Hexe. Diese Spaltung existiert noch immer. Sie darf entweder berufstätig oder Hausfrau und Mutter sein, und wenn sie beide Möglichkeiten leben will, bezahlt sie mit Doppel- und Dreifachbelastung. Eine Situation, die eine wirkliche Solidarität zwischen Frauen verhindert hat und die von einer patriarchalen Gesellschaft weidlich ausgenützt wird.

Die Frau wurde aus ihrer Muttersippe herausgerissen und in den Clan ihres Ehemannes integriert. Wobei das besondere Interesse des Mannes schon immer ihrer Fortpflanzungsfunktion galt. Nachdem er nicht gebären konnte, wollte er ihr Gebärverhalten zumindest kontrollieren. Nach Claude Meillassoux und Gerda Lerner ist die Kontrolle der Fruchtbarkeit der Frau – viele Kinder waren bereits bei den Ackerbauern von Wichtigkeit – eine Voraussetzung für die Entstehung von Privateigentum.[27] Womit sie der Theorie Engels widersprechen, in der die Entstehung von Privateigentum der Aneignung der Frau als Gebärende und Arbeitskraft vorausgeht. Erst die Möglichkeit, durch eine kontrollierte und gesteigerte Nachkommenschaft den Ertrag der Böden zu steigern, so Lerner, habe zu Wohlstand geführt. Darum errichtete auch der Mann das Konstrukt der monogamen Ehe – für sie, nicht für ihn, denn er hatte immer seine Nebenfrauen, Konkubinen, Hetären und Prostituierten – die den matriarchalen Gesellschaften fremd gewesen ist. Schließlich – und zwar bereits im mesopotamischen Recht – wurde die Kontrolle der weiblichen Sexualität, die zuvor dem einzelnen Ehemann oblag, zu einer staatlich reglementierten Angelegenheit und die patriarchale Familie als Zelle des gesellschaftlichen Organismus bezeichnet. Die einst freie, über sich selbst verfügende und als Ursprung des Lebens verehrte Frau wurde zum Besitz des Mannes erklärt, der sie in ihre Gemächer einsperrte und aus dem öffentlichen Leben entfernte. Für – ihren – Ehebruch verhängte er häufig die Todesstrafen, während seiner nur dann geahndet wurde, wenn er eine verheiratete Frau – also den Besitz eines anderen Mannes – betraf. Das Große Weibliche, auf dem einst der Kosmos ruhte, wurde zerstückelt, erniedrigt, verschenkt und vergewaltigt. Es wurde zum Un-Wesen, Ehre und Würde der Frau betrafen jetzt vor allem ein unverletztes Hymen vor der Ehe, denn ihr Besitzer musste geklärt sein.

Wie war diese Entwicklung möglich, warum haben Frauen das zugelassen, warum hat ihr Aufschrei nicht die Welt erschüttert?

24

Die Antwort ist relativ einfach: gelungen ist dieser Umbruch nur durch Gewalt und Brutalität, und erpressbar waren – und sind – Frauen durch ihre Kinder. Worauf einst die große Macht der Frau ruhte – nämlich dem Hervorbringen neuen Lebens –, das wurde nun zu ihrer Fessel, und später zu einer Strafe. Die friedlich lebenden Ackerbauern im vorklassischen Griechenland etwa wurden in Wellen etwa ab Beginn des 2. Jahrtausends v.u.Z. von indogermanischen, bereits patriarchal organisierten Hirtenvölkern überrannt, ihre hohe matriarchale Kultur für Jahrhunderte zerstört, die Männer getötet und die Frauen – sofern sie nicht auch umgebracht wurden – vergewaltigt oder zur Ehefrau gemacht, die nun ihren Vergewaltigern Kinder zu gebären hatte. Um ihre Kinder zu schützen, werden sich diese Frauen nach Möglichkeit angepasst haben, obwohl es auch Widerstand gegeben haben mag, der von unserer Geschichtsschreibung weitgehend verschwiegen wird. Nur der griechische Schriftsteller Herodot, der selbst dem unterdrückten Stamm der Karer angehörte, berichtet, dass die Frauen eines Stammes, deren Männer sämtlich ermordet wurden, sich noch viele Jahre später geweigert hatten, mit den Siegern an einem Tisch zu sitzen oder sie auch nur beim Namen zu nennen.[28] Die Sklavin war begehrtere Beute als der Sklave. Denn zum einen war sie nicht nur als Arbeitskraft, sondern auch als Gebärerin neuer Sklaven geschätzt, zum anderen war von ihr, eben der Kinder wegen, weniger Widerstand zu erwarten. Dieses Verstricktsein in familiäre, später gesellschaftliche Strukturen, ihr Eingebundensein und ihre Abhängigkeit haben Frauen bis heute einen Widerstand erschwert.

Diese dramatischen Ereignisse, die zugleich mit der Demoralisierung und Diffamierung der Frau einsetzten, haben Entwicklungen herbeigeführt, die den alten Matriarchaten fremd gewesen sind. Kriege, Sklavenherrschaft, die Entstehung von Privateigentum und die Errichtung von Großreichen waren ihnen unbekannt.

„Arché" heiß „Ursprung"

Die deutsche Matriarchatsforscherin Heide Göttner-Abendroth spricht in diesem Zusammenhang von der „grundsätzlichsten Revolution in der Menschheitsgeschichte überhaupt".[29] Wobei sie unter „Matriarchat" keinesfalls ein Synonym zu Patriarchat versteht (siehe auch Werlhof 1991, 1996) – eine Ansicht, die viel Verwirrung gestiftet hat. Vielmehr leitet sich nach diesen Autorinnen die Ursprungssilbe „arché" vom griechischen Wort „Ursprung" ab, dem erst später, unter bereits patriarchalen Verhältnissen, die Bedeutung „Herrschaft" zugesprochen wurde. Ursprung jedoch bedeutet in diesem Zusammenhang, dass der Anfang allen Lebens in der Mutter liegt, dass sie, die Gebärende und Wiedergebärende, der Ursprung aller Dinge ist, was keinen Bezug zu Herrschaft hat, sondern zu dem Geworden-Sein des Lebens. Und aus diesem Prinzip heraus haben sich auch die Sippengesellschaften entwickelt, die sich immer um die Mutter bildeten und die eine Schöpfung der Frau gewesen sind. Dass Mutterschaft das tragende, soziale und kulturelle Element im Matriarchat war, hat jedoch nichts mit einem Mutterkult zu tun, wie er uns geläufig ist, der die abgespaltete Mutter zur Voraussetzung hat. In matriarchalen Gesellschaften sind Frauen ebenso ökonomisch unabhängig wie Männer und lenken den Clan gemeinsam mit ihren Männern als Brüder. Außerdem sind alle Frauen einer Sippe Mütter, auch jene, die nicht geboren haben. Sie erziehen ebenso wie die Männer die Kinder gemeinsam, und aus diesem Grund gibt es auch keine allein erziehenden Mütter, keine einsamen Alten und keine hilflosen Waisenkinder. Göttner-Abendroth nennt Matriarchate, die nach ihr weltweit bestanden haben, „von Frauen geschaffene und geprägte Gesellschaften, in denen sie dominierten, aber nicht herrschten".[30] Nach inzwischen reichlich vorliegenden Forschungsergebnissen (die bezeichnenderweise immer noch keinen Eingang in die Lehrpläne gefunden haben) kennen diese Sippengesellschaften keine sozialen Hierarchien, kein Privateigentum und keine Befehlsgewalt einer Minderheit. Die Sippenmütter – später ein Dorfrat von Männern – haben nur Rat gebende Macht, sie erteilen keine Befehle. Auch die Archäologin Marija Gimbutas, die in über 3.000 Fundstätten von Süditalien bis zum Donauraum, dem Schwarzen Meer im Osten und der Küste von Kleinasien und Kreta im Süden über 30.000 Miniatursulpturen von Frauengestalten gefunden hat (die sie eindeutig als Göttinnen klassifizierte), spricht von egalitären Gesellschaften, die keinerlei Rangordnung, auch nicht zwischen den Geschlechtern, kannten. Felder und Häuser sind Sippeneigentum und werden von der Sippenmutter verwaltet. Die Sippe ist matrilinear (Herkunft von der Mutter) und matrilokal (Wohnsitz bei der Mutter). Der Mann gilt als nicht mit den Kindern seiner Partnerin, sondern mit jenen seiner Schwester verwandt und er hat die Rolle des sozialen Vaters für seine Nichten und Neffen. An die Verehrung der Göttin schließt sich die Verehrung eines als weiblich verstandenen Kosmos, und die Frau ist heilig als Wiedergebärerin.

26

Dieses Grundmuster – das in manchen Aspekten abgewandelt und erweitert werden kann – kennzeichnet alle auch heute noch existierenden matriarchalen Gesellschaften und hat sich in einem Prozess von Hunderttausenden von Jahren gebildet. Die matriarchalen Ackerbaukulturen entwickelten sich während der Jungsteinzeit zu matriarchalen Hochkulturen, in denen die führenden Funktionen der Sippenmutter von der Kultkönigin bzw. Hohepriesterin übernommen wurden. Es handelte sich dabei um Stadtstaaten mit einer bedeutenden materiellen und geistigen Kultur, spezialisierter Arbeit, wobei der kollektive Bodenbesitz und die kollektive Produktion der bäuerlichen Sippengesellschaften beibehalten wurden. Dass der Göttin eine universale Stellung zukam und die Priesterinnen ausschließlich Frauen waren, ist unbestritten. Weniger eindeutig wird in der Forschung die Frage beantwortet, ob dieser Bedeutung der Frau in der Religion auch ein gleichbedeutender Status in der Gesellschaft zugeschrieben werden kann. Eine Frage, die allerdings falsch gestellt ist, weil es in diesen Staaten, die Göttner-Abendroth „Theakratien" nennt, keine Trennung von Religion und Gesellschaft, wie sie uns geläufig ist, gegeben hat. Der Kult bestimmte das Leben dieser Menschen, und gleichzeitig war das Leben in den Kult integriert. Die priesterliche Funktion im Dienst einer Göttin war also untrennbar mit, wie wir heute sagen, gesellschaftlichen und politischen Funktionen verknüpft, die von der Hohepriesterin gemeinsam mit dem Hohepriester ausgeübt wurden.

Paradiese gibt es nicht

Die Beschreibung dieser weitgehend friedlichen Kulturen, die eine Ausbeutung von Mensch und Natur nicht kannten und deren Verehrung der Frau mit einer Verehrung der Natur konform ging, hat vielfach Kritik erregt, es ist dabei von einer Verherrlichung die Rede, einem Sehnsuchtstraum, der so nicht existiert hat. Natürlich ist es sehr verlockend, angesichts der zunehmenden Zerstörung unseres Lebensraumes, weltweiter Kriege und wachsender Brutalität Trost bei schönen Bildern der Vergangenheit zu suchen. Andererseits gibt es überhaupt keinen Zweifel, dass es in diesen Gesellschaften eine Gewalt gegen Frauen, Männer und Kinder, eine grenzenlose Ausbeutung der Natur und damit verbunden eine Verelendung von Ländern und Regionen, wie wir sie heute erleben, nicht gegeben hat. Das besagen nicht nur der Mythos, archäologische Funde und psychologische Deutungen, sondern auch die Erforschung noch existierender matriarchal organisierter Stämme und indigener Völker, die seit dem 19. Jahrhundert von zahlreichen WissenschaftlerInnen untersucht wurden. Besonders hervorgehoben werden in diesen Berichten stets der liebevolle Umgang der Menschen untereinander, eine gewaltfreie Kindererziehung, an der sich auch die Männer beteiligen, und eine schonende, rücksichtsvolle Behandlung der Natur.[31] Heide Göttner-Abendroth hat auf umfangreichen Forschungsreisen zahlreiche noch lebende Stammesgesellschaften in Ostindien, Nepal, Japan, Tibet, China, Korea, Indonesien und Melanesien sowie Westasien und Afrika besucht und stets ein ähnliches, lokalen Gegebenheiten angeglichenes Grundmuster vorgefunden.[32]

Vor allem die Ansicht, dass es bei diesen Gesellschaften keine Eroberungskriege gegeben hat, wird immer wieder angezweifelt, obwohl die gesamte Struktur dieser Sippengesellschaften gar keine andere Annahme zulässt. Darüber hinaus liefert auch die Archäologie genügend Hinweise dafür. So etwa waren die matriarchalen Siedlungen der Mittelmeerländer unbefestigt, als sie von Hirtenvölkern aus dem Norden im zweiten und dritten Jahrtausend v.u.Z. überrannt wurden, ebenso die minoischen Städte, in denen kaum Waffen gefunden wurden und auf deren Fresken sich keine Darstellungen kriegerischer Szenen finden. Auch die ersten Schichten von Kisch und Ur in Mesopotamien weisen keine Befestigungsmauern auf. Gelegentliche Überfälle hat es sicherlich gegeben, in Zeiten der Nahrungsknappheit vielleicht, um sich Vorräte anzueignen. Das entsetzliche Massenmorden hingegen ist ein Kennzeichen späterer, patriarchaler Gesellschaften, in denen es um Herrschaft, Macht und die Gründung von Großreichen geht. Erich Fromm etwa verlegt die Entstehung des Krieges als Institution erst in die Zeit um etwa 3000 v.u.Z. Das ist jene Epoche des Umbruchs, von der hier die Rede ist.[33]

Warum also sollen Frauen, die die Urheberinnen dieser Gesellschaften gewesen sind und sie in einigen Gebieten immer noch verwalten, nicht an ihre Fähigkeit glauben, ein besseres soziales Gefüge und damit eine friedlichere Welt schaffen zu können? Sara Ruddick etwa, die mütterliches Denken, Fühlen und Handeln untersucht hat, stellt fest, dass Mütter zwar nicht von Natur aus friedfertig sind, dass aber Kindererziehung eine „natürliche Quelle" für Friedenspolitik ist. Mütter, so Ruddick, entwickeln eine Vorstellung von Konfliktlösung, die eine Alternative zu den Konzeptionen der öffentlichen Verhandlungspolitik darstellt.[34] Warum sollen sie nicht an ihr besseres Naturverständnis glauben, an ihre Fähigkeit, schonender mit der Natur umzugehen, die sie sich trotz patriarchaler Überfremdung bewahrt haben, nicht aufgrund eines angeborenen Instinkts, sondern weil sie schon immer für die Bewahrung von Leben – der Kinder, der Alten, der Mitmenschen – zuständig waren. Warum lassen sich Frauen immer kleiner machen und machen sich selbst kleiner, als sie sind? Warum diese Angst, eine vorpatriarchale Gesellschaft, die das Ergebnis einer Entwicklung von Hunderttausenden von Jahren ist und die bis heute in manchen Gegenden gut funktioniert, einer positiven Wertung zu unterziehen? Das hat nichts mit einem verfemten so genannten Biologismus zu tun, der im Grunde patriarchalen Definitionen aufsitzt. Claudia von Werlhof hat daher Recht, wenn sie meint, dass die angebliche oder tatsächliche Naturnähe von Frauen nur dann von Nachteil ist, wenn der patriarchale bzw. anthropozentrische Naturbegriff akzeptiert wird.[35] Schließlich hängt diese abwertende Bedeutung mit einem hierarchischen Denken zusammen, das Natur – ebenso wie Frau – stets unter den – männlichen – Geist gestellt und damit ihre Ausbeutung legitimiert hat.

Ähnlich erging es dem Begriff „Liebe" – auch er wurde und wird missbraucht, weshalb es ja beinahe altmodisch, ja, kitschig geworden ist, davon zu sprechen. Auch „Liebe" wurde und wird mit „Frau" assoziiert und gleichzeitig abgewertet in einer Gesellschaft, die von Beziehungslosigkeit, Gewalt und Profit beherrscht ist. Das ist ja das große Unglück: dass Frauen, wollen sie eine Rolle spielen, sich eine ähnliche Brutalität aneignen müssen, weil sie andernfalls mit der ihnen zugeschriebenen Liebes- und Beziehungsfähigkeit in diesem ausbeuterischen System nur ausgenützt werden. Stattdessen wäre es wichtig, dass Männer sich dorthin begeben, wo sie Frauen haben wollen, nämlich in die bereits unglaublich geschändete und demnächst tote Natur, deren Teil wir trotz allem sind und die uns nach wie vor ernährt, und dass die auf Frauen projizierte Beziehungsfähigkeit und Friedensliebe auch von Männern geübt wird.

Diese ständigen Einwände, dass Frauen keine besseren Menschen sind, schießen am eigentlichen Ziel vorbei! Es wird ja auch nicht darüber diskutiert, ob demokratisch oder autoritär eingestellte Menschen die besseren Menschen sind, sondern es wird darüber diskutiert, ob das System, das sie vertreten, das bessere ist.

Frauen mögen keine besseren Menschen sein, aber sie haben friedlichere Systeme geschaffen, in denen Menschen liebevoller miteinander umgehen, und wir haben der Tatsache, dass sie jahrhunderte- oder jahrtausendelang an einer gleichwertigen Mitgestaltung dieser Erde gehindert wurden, eine androzentrische Gesellschaft zu verdanken, die demnächst

an ihrer Einseitigkeit zu kippen droht. Wie inzwischen zahlreiche Natur-
wissenschaftlerinnen, Philosophinnen und Theologinnen herausgearbeitet
haben, sind sowohl die Wissenschaften als auch die Philosophie und die
Religion unter Ausschluss des Weiblichen einseitig männlich geprägt.

Die alten Matriarchate sind keine Paradiese gewesen, Paradiese gibt
es nicht, die Menschen waren damals von anderen Gefahren umgeben,
vor allem die Natur, deren Unterwerfung und Ausbeutung heute zu den
größten Problemen führt, war damals bedrohlich, auch Krankheiten aller
Art brachten Mühsal und frühen Tod. Aber diese Tatsachen sollten uns
nicht daran hindern, ein viele tausend Jahre hinter uns liegendes Gesell-
schaftssystem als erstaunlich positiv und in vielen grundlegenden Aspekten als dem unseren überlegen anzuerkennen. Und wir sollten die Reste,
die sich davon erhalten haben, auch nicht als „unterentwickelte" Kulturen
begreifen, die es „hinaufzuentwickeln" gilt, sondern wir sollten von ihnen
lernen. Wir können das Rad der Geschichte nicht zurückdrehen, eine Entwicklung nicht rückgängig machen. Aber das Wissen um diese alten Kulturen gibt Frauen die Möglichkeit, im Zusammenhang mit der Großen
Göttin verschüttete weibliche Symbole wiederzuentdecken, das Bild der
unabhängigen, starken Frau neu zu beleben, und es verleiht die Gewissheit, dass unsere Gesellschaft nicht die einzig mögliche ist, sondern dass es
Alternativen gab und gibt, die – in veränderter Form – wieder geschaffen
werden können.

Denn ein Gedanke drängt sich bei diesen teilweise heftig geführten Matri-
archatsdebatten zwischen GegnerInnen und BefürworterInnen doch auf:
dass wieder einmal nicht sein darf, was in einer androzentrischen Gesellschaft (die bekanntlich auch von Frauen verinnerlicht wird) nicht sein soll.
Schließlich widerspricht die Vorstellung, dass Frauen einmal universalen
Einfluss besaßen, jedem patriarchalen Denken. Darum wurden ihre Leistun-
gen in einer männlichen Geschichtsschreibung jahrhundertelang heruntergespielt und erst in den letzten Jahrzehnten von feministischen Historikerinnen wiederentdeckt. Erst damit gibt es so etwas wie eine „her-story". Die
Annahme einer matriarchalen Vergangenheit, die noch weiter zurückliegt
und daher noch schwerer zu beweisen ist, hat mit einem noch größeren
Widerstand zu rechnen.

Die Verklärung dieser matriarchalen Vergangenheit zum Paradies ent-
stammt übrigens Männerhirnen, und ganz offensichtlich sind mit der biblischen Geschichte vom Garten Enden und den griechisch-römischen Legen-
den vom „Goldenen Zeitalter", die noch Ovid als friedlich beschreibt, die

30

alten Matriarchate gemeint. Dass die Schuld am Verlust dieser „Paradiese", in denen es nach der Überlieferung weder Sorgen noch harte Arbeit, Kriege und Sterblichkeit gab, der Frau angelastet wurde, liefert ein weiteres Beispiel für die Verzerrungen und Verdrehungen, die für den patriarchalen Mythos charakteristisch sind. Denn im Grunde war es genau umgekehrt: Ihre „Unschuld" verlor die Menschheit nicht durch böse oder verführende Frauen, sondern durch männliche Herrschaft und Gewalt. Die Geschichte vom Sündenfall und der Vertreibung aus dem Paradies hat ebenso mit der Verunglimpfung und Herabwürdigung alter Göttinnen zu tun wie die Geschichte von Pandora, aus deren geöffneter Büchse alle Krankheiten und Übel entweichen.

Hypothesen zur Entstehung männlicher Herrschaft

Über die Gründe, warum Männer sich dieser frühen „Paradiese", die sie im Nachhinein wehmutsvoll besangen, so gewaltsam entledigten, gibt es die verschiedensten Hypothesen. Wobei wahrscheinlich kein Erklärungsversuch die ganze Wahrheit liefert, sondern bestenfalls viele zusammen.

Kriegerische Hirtennomaden, so heißt es vielfach, die sich eher patriarchal organisierten als die matriarchalen Ackerbauern, hätten mit der Unterwerfung der Frauen begonnen. Denn da die Viehzucht aus der Jagd entstand, gehörte sie von Anfang an zum Arbeitsgebiet des Mannes. Auch wird angenommen, dass Männern erst durch Züchtung von Tieren ihre eigene Rolle bei der Fortpflanzung bewusst geworden ist, eine Erkenntnis, die ihr Selbstbewusstsein erheblich stärkte. Nach Elisabeth Fisher etwa war die Etablierung der monogamen patriarchalen Familie als Kernstück des patriarchalen Staates nicht nur möglich aufgrund des männlichen Waffenmonopols, sondern auch durch eine lange und genaue Beobachtung des reproduktiven Verhaltens der Tiere.[36] Denn so wie die Viehzüchter daran interessiert waren, durch Zwangsbewirtschaftung eine möglichst ergiebige Nachkommenschaft zu züchten, wurde in der Folge auch die Frau dazu verpflichtet, viele Kinder – und dabei vor allem Söhne, jetzt einem einzigen Mann – zu gebären, um die patriarchale Abstammungs- und Erbfolgelinie zu sichern.

Betrachten wir die Parallelen zwischen den gegenwärtigen Versuchen an Zuchttieren, bei denen durch künstliche Befruchtung möglichst ertragreiche Tiere erzeugt werden sollen, und den Versuchen am weiblichen

Körper, wie sie etwa Gena Corea beschrieben hat[37], dann gewinnt diese Ansicht an Glaubwürdigkeit.

Eine weitere Erklärung liefert Göttner-Abendroth. Sie macht für die Bildung von Herrschaft außergewöhnliche Verhältnisse verantwortlich, drastische Veränderungen der Umweltbedingungen, wie etwa extreme Trockenheit, die Stämme zu langen Wanderungen zwingen. In dieser Situation entstünde ein charismatischer Führer, der Befehlsgewalt und einen Herrschaftsanspruch für seine Führung in das „gelobte Land" beansprucht. Wenn dieser einmal etabliert sei, komme es zu einem Druck auf andere, friedlich lebende Völker, die sich entweder nur durch Gegengewalt ihre Unabhängigkeit bewahren können oder aber in Abhängigkeit der Eroberer geraten. In beiden Fällen gehen Gleichheitsnormen verloren.[38] Eine Situation, wie sie drastisch bei kolonisierten Völkern, etwa in Afrika, zu beobachten war, die ihre ursprünglich häufig egalitären Stammesstrukturen unter dem Ansturm der Kolonisatoren aufgaben.

Interessant ist die These der Philosophin und Psychotherapeutin Meier-Seethaler, die den Aufstand der Männer als Folge ihrer – relativen – Bedeutungslosigkeit interpretiert. Denn obwohl Frauen niemals geherrscht haben im Sinne von Unterdrückung und Gewalt, die sexuelle Freiheit für beide Geschlechter gleich groß und die persönliche Liebesbegegnung zueinander in keinem hierarchischen Verhältnis stand, könnte sich der Mann im Matriclan der Frau trotzdem als unterlegen empfunden haben. Meier-Seethaler beschreibt die Identitätsfindung des Mannes als problematisch, er musste, so meint sie, als Sohn der Großen Mutter eine Polarisationstheorie entwickeln, um überhaupt einen Fixpunkt für die eigene Identität zu finden.[39] Auch Lerner spricht von der „Ichbildung des einzelnen Mannes, die sich im Zusammenhang von Furcht, Scheu und möglicherweise sogar ängstlichem Schrecken vor der Frau vollzogen" habe.[40]

Wahrscheinlich war die Bedeutung der Göttin als universales Sein tatsächlich überwältigend, dem der Mann nichts Entsprechendes entgegenzusetzen hatte. Er reagierte mit den Mitteln, über die er verfügte – schließlich gehörte die ursprünglich auf der Jagd benutzte und wohl auch von ihm erfundene Waffe zu seinem ureigensten Bereich. (Weshalb auch Jagd und Jagdzauber lange Zeit als Ursprung einer patriarchalen Kultur gedeutet wurden.) Nach dem Mord an der Großen Muttergöttin brach er die Ganzheit des Lebens auf, womit gleichzeitig das dualistische Denken seinen Anfang nahm. Aber dieser Dualismus bedeutet nicht Gleichheit zweier Prinzipien, er bedeutet immer Herrschaft des einen über das andere. Darin liegt wahrscheinlich die Ursünde des Mannes, dass dualistisches Denken von Anfang an mit der Unterwerfung der Frau und in der Folge mit der Unterwerfung anderer Völker, Rassen und Klassen verknüpft war. Wobei die feministische Theologin Radford-Ruether die „tiefsten Wurzeln" gegenwärtiger Machtverhältnisse „in der männlichen Sozialisation zur Gewalt durch die Negierung der Mutter" sieht.[41] Dass die gewaltsam herbeigeführte Unterdrückung und Ausbeutung der Frau und Mutter die ursprünglichste gewesen ist, darüber sind sich viele Autorinnen und Wissenschaftlerinnen einig (siehe u.a. French, Göttner-Abendroth, Lerner, Mies).

Weil diese Wurzeln nicht erkannt wurden, mussten auch sämtliche Revolutionen, die für mehr Gerechtigkeit und Gleichheit kämpften wie etwa die Französische Revolution, die Revolution des Jahres 1848 und der Marxismus, scheitern. Die Aufhebung der Unterdrückung und Ausbeutung des weiblichen Menschen war den Revolutionären bestenfalls ein sekundäres Anliegen. Auch Marx hat die unbezahlte Hausarbeit der Frau nicht in seine Theorie der Arbeit eingeschlossen, hatte er doch an seiner Frau und vor allem an seiner Tochter Eleanor gefügige Mitarbeiterinnen, die von ihm in jeder Hinsicht ausgenützt wurden.

Trotzdem, so die Psychologin Meier-Seethaler, ist die Emanzipation des Mannes nicht wirklich gelungen. Er hat sich nie aus der fürsorgenden Macht der Mütter, die er zur „Muttersklavin" degradierte, wirklich befreit. Vielmehr kam es zu einer „Verdrängung der Abhängigkeitsgefühle ins Unbewusste oder ihre(r) Verschiebung ins Irrational-Romantische, und daraus folgt die emotionale Infantilität des patriarchalen Mannes und der modernen Mentalität überhaupt". Darum, so meint sie weiter, stehe auch den Errungenschaften unserer rationalen Kultur die Unfähigkeit zur Bewältigung emotionaler Probleme gegenüber und die Hilflosigkeit angesichts psychischer Leiden, Alter und Tod.[42]

Dass in noch existierenden matriarchalen Gesellschaften mit einer anderen Kultur und einem anderen Verständnis von Natur, Ethik und menschlichen Beziehungen allerdings auch die Männer durchwegs zufrieden zu sein scheinen, wird von ForscherInnen einstimmig berichtet. So etwa von der österreichischen Ethnologin Iris Bubenik-Bauer, die in den Jahren 1993 und 1997 das indigene Volk der Mosuo in Südwestchina besuchte, von dem noch ein Viertel in matriarchalen Strukturen lebt. Die jungen, von patriarchalen Männern angegriffenen Mosuomänner verteidigten ihre matriarchale Existenzweise unter anderem so: 1) Es gibt in unserer matriarchalen Gesellschaft weder Raubbau an der heiligen Natur noch eine Hierarchie zwischen „belebter" und „unbelebter" Natur. 2) Niemand bei uns hat ein Recht auf Gewalt gegenüber Dritten. 3) Im Gegensatz zur patriarchalen setzt unsere matriarchale Ethik die Fürsorge für Kinder, Alte, Schwache, Kranke und Behinderte an die erste Stelle. 4) Wir meinen, dass Gewalt und Krieg keine Probleme lösen, sondern neue schaffen. 5) Wir 20.000 matriarchal lebenden Mosuo wollen ein friedliches und respektvolles Zusammenleben aller Völker, unabhängig davon, in welcher Existenzweise und Gesellschaftsform sie leben.[43]

Das hört sich anders an als die häufig tiefe, existentielle Unzufriedenheit unserer Männer, denen diese Welt inzwischen auch nicht mehr gefällt. Eine Welt, an deren patriarchalen Machtverhältnissen natürlich auch Frauen partizipieren, auch sie profitierten und profitieren von der Ausbeutung der Natur und von der Unterdrückung von Rassen und Klassen. Nach Lerner wurde die Kooperation der Frauen im Verlauf der patriarchalen Geschichte auf verschiedene Art sichergestellt: durch Anwendung von Gewalt, durch ökonomische Abhängigkeit, durch das Gewähren von klassenspezifischen Privilegien für die Frauen der Oberschichten und durch ihre Unterteilung in respektable und nicht-respektable Frauen.[44] Auch Frauen haben Geschichte geschrieben, auch sie waren – und sind – Herrscherinnen, Kriegsherrinnen und führende Persönlichkeiten. Weit öfter allerdings sind sie Zuarbeiterinnen, Helferinnen, Unterstützerinnen führender Männer. Denn es ist nicht ihr System, dem sie in diesen Funktionen dienen, eine Frauenkultur wurde ausgelöscht und beginnt sich erst in den letzten Jahrzehnten zögerlich und von vielen Rückschlägen begleitet durch die Initiative einiger Feministinnen in Ansätzen neu zu bilden. Schon Simone de Beauvoir hat das Konzept von der Frau als „der Anderen", der Fremden geprägt. Und die französische Philosophin Luce Irigaray meint, dass wir „uns aus einer Wahn-Welt befreien" müssen, „die in Wirklichkeit nicht die unsere ist. Aus einer Angst vor der Nacht, vor dem nicht Identifizierbaren, vor einem ursprünglichen Mord, der eine Kultur stiftet, die nicht die unsere ist".[45]

II. Verkehrte Verhältnisse

Das Patriarchat gründet sich allerdings nicht nur auf Gewalt, sondern auch auf der Lüge.

Nachdem die alte Schöpfungsgöttin ausgelöscht war und das Weibliche auch als Gefährtin, Gattin oder Tochter zunehmend verächtlich gemacht wurde, begann der eine und einzige Gott die gesamte Schöpfungskraft auf sich zu vereinen. ER schuf jetzt den Himmel, die Erde und alles Leben, und ER schuf aus dem Nichts – denn worauf hätte ER sich berufen können nach der Vernichtung der kosmischen Urmutter und damit des Ursprungs allen Seins?

Diese Revolte war so ungeheuerlich, dass es Jahrtausende bedurfte, ehe sie sich in den Köpfen der Menschen festsetzen konnte, und selbst als patriarchale Herrschaft längst etabliert war, wurden die matriarchalen Göttinnen und Götter immer noch verehrt, sogar im frühchristlichen Europa wetterten Kirchenmänner gegen die „heidnischen" Bräuche, die sich vor allem am Land als Fruchtbarkeitskulte erhalten hatten.

Die Lehre vom universalen Gott, zu der in der Folge sämtliche Weltreligionen tendierten, ist gekennzeichnet von Zentralismus und Fanatismus. Andere GöttInnen werden ebenso wenig geduldet wie individuelle Glaubensauslegungen. Monotheistische Religionen sind immer Staatsreligionen, und in ihrem Namen wurden in Hinkunft Kriege gefochten, Großreiche gebildet und wurde Herrschaft etabliert. Der jeweilige Gott eines Volkes ist meist auch Kriegsgott gewesen (eine Ausnahme bildet der Buddhismus, der die Askese und das Erlöschen im Nirwana empfiehlt), er hat die Waffen gesegnet und die Kriege geheiligt. Klassisches Beispiel ist der unbarmherzige Gott Jahwe im Alten Testament, der in seinem Namen die Vernichtung der unterworfenen Völker befiehlt: „Lass dir nicht grauen ..., denn der Herr, dein Gott ist unter dir, der große und schreckliche Gott. Er wird die Leute ausrotten vor dir her ... wird sie vor dir dahingeben und wird sie mit großer Schlacht schlagen, bis er sie vertilge, und wird dir ihre Könige in die Hand geben, und du sollst ihren Namen umbringen unter dem Himmel! Es wird dir niemand widerstehen, bis du sie vertilgst" (5 Mose 7.21–24).

Dieser eine und einzige Gott fordert unbedingten Gehorsam, und jede Übertretung seiner Gebote wird grausam bestraft. „Du bist hingegangen und hast dir andere Götter gemacht und gegossene Bilder, dass du mich zum Zorne reizest, und hast mich hinter deinen Rücken geworfen. Darum siehe, ich will Unglück über (dein Haus) führen und ausrotten von dir alles, was männlich ist ... Ich will ausfegen die Nachkommen deines Hauses, wie man Kot ausfegt, bis es ganz aus sei mit dir" (1 Könige 14.7–10). Im Grunde aber müssen wir gar nicht so weit zurückgehen, auch der Gott des Islam ruft gerade in jüngster Zeit fanatisierte Gläubige in seinem Namen zu organisiertem Mord und Selbstmord auf.

Der männliche Gott beschränkte sich jetzt also nicht mehr darauf, weitere Götter oder Halbgötter zu gebären, er schuf den gesamten Kosmos, der allerdings keine Einheit mehr bildet, sondern gespalten ist. „Das Patriarchat beginnt mit der Leugnung der Welt als Einheit", meint Göttner-Abendroth.[1] Zusammenhänge werden zerrissen und hierarchische Wertungen eingeführt. Diese Wertung vollzieht sich auch an den Geschlechtern. Während Gott der Herr im jüdischen Ursprungsmythos Frau und Mann noch in gleicher Weise aus Lehm schafft, ist es im so genannten zweiten Schöpfungsbericht bekanntlich die Rippe des Mannes, aus der die Frau entsteht, womit ihre Inferiorität für Jahrtausende festgelegt war, da die Rippe als ein „niedrigerer" Körperteil Adams interpretiert wurde. (Im Sumerischen allerdings bedeutet nach einer Auslegung des Paläolinguisten Richard Fester das Wort TI für „zeugen" auch „Rippe".[2])

Aber natürlich führt bereits im ersten Schöpfungsbericht die Behauptung, die Frau sei das Geschöpf eines Gottes, zu einer totalen Umkehrung bisheriger Glaubenswelten. Ist doch im matriarchalen Glauben der männliche Gott immer ihr Sohn gewesen, den sie – so wie das gesamte Sein – aus sich selbst heraus gebar. Die Geschichte mit der Rippe ist dann endgültig lächerlich, und wir fragen uns neuerlich, wie es möglich ist, dass die Menschheit diese seltsamen Verdrehungen – die Geburt einer Frau aus einem Mann – annehmen und für Jahrtausende glauben konnte. Aber vielleicht sollten wir uns darüber gar nicht so sehr wundern. Auch heute ist es Teil der politischen Strategie, durch ständige Wiederholungen eine gewünschte Botschaft glaubhaft zu machen. Die fanatischen Jahwe-Priester wussten das wesentlich früher, ebenso wie später die Kirchenmänner: Immer und immer wieder hämmerten sie diese Glaubenssätze in die Köpfe ihrer Anhänger, bis der gesunde Menschenverstand ausgeschaltet und ein abwegiges Gedankenkonstrukt fest darin verankert war. Und das war lediglich der Anfang von patriarchalen Verdrehungen und Lügen, die zu jener „verkehrten Welt" geführt haben, die wir heute bewohnen: eine Welt, in der die Göttin ermordet und die lebende Natur vernichtet wurde, um eine „zweite Natur" aus Technik, Maschinen und Beton zu errichten, eine

Welt des Krieges, der Zerstörung lebendiger Zusammenhänge und des gebärenden Mannes im Labor.

Der Mann wird Mutter der Frau

Im alttestamentlichen Schöpfungsmythos ist diese Entwicklung bereits angelegt: „Da sprach der Mensch (Mann): Dieses Mal ist es Gebein von meinen Gebeinen und Fleisch von meinem Fleische. Diese werde genannt Männin, denn vom Manne ist diese genommen worden" (Gen. 2.23). Die Frau wird also als ein Teil des Mannes definiert, sie ist Fleisch von seinem Fleisch – eine Bezeichnung, die höchstens auf die Mutter-Kind-Beziehung zutrifft. Durch diesen einzigartigen Schöpfungsakt Gottes, des Herrn, wird der Mann zur Mutter der Frau. Aber anders als im matriarchalen, universalen Sinn, in dem alle Geschöpfe der Göttin eingebunden waren in das umfassende Mysterium des Weiblichen und in die Weisheit der Natur, wird die aus dem Mann geborene Frau durch den „natürlichen" Weg der Rippen-Geburt automatisch zu seiner Gehilfin. Johannes Calvin etwa spricht in diesem Zusammenhang von einer „Naturordnung", die zu befolgen sei. Außerdem, so heißt es bei Calvin weiter, lag darin „für Adam der Hinweis, dass er in der Gefährtin sich selbst wie in einem Spiegelbild erblicken solle, für Eva die Mahnung, sich willig dem Manne unterzuordnen, von dem sie stammte".[3] Als Spiegel haben die Männer Frauen dann tatsächlich ausgiebig benutzt, ein Spiegel, der das eigene – männliche – Selbst in seiner Bedeutung ständig vergrößert zurückwerfen muss.

Aber mit der Gehilfin war es nicht getan – bekanntlich wurde die Frau auch dafür verantwortlich gemacht, dass die Menschheit aus der Gnade Gottes gefallen war, und damit, wie es ein levitischer Jahwe-Priester formuliert, für alle „Mühsal, Arbeit, Schmerzen und Tod" als Folge des Sündenfalls.[4] Sträflicherweise hat sie sich nämlich durch die Schlange, das kluge Begleittier der Göttin, verführen lassen, vom Baum der Erkenntnis zu essen – schließlich ist immer sie die Wissende gewesen und hat ihr Wissen an den Mann weitergeleitet. Jetzt allerdings wird sie für dieses Wissen mit der Erbsünde bestraft, und um die weibliche Gottheit endgültig zu vernichten und ihrer Symbolkraft zu berauben, wird der Schlange der Kopf zertreten. „Auf deinem Bauch sollst du kriechen und Staub fressen alle Tage deines Lebens, Feindschaft will ich setzen zwischen dir und dem Weibe, zwischen deinem Samen und ihrem Samen ...", verkündet ein rächender Vatergott.[5]

Denn ursprünglich ist Eva natürlich eine alte Göttin gewesen, sie hieß Hawwa, Heba oder Hebe und war die Stammmutter der Juden. Alles Leben brachte sie mit der phallischen Schlange hervor, später hatte sie dann einen Heros, der Abdiheba (Adam) hieß und der Fürst und Schutzheros des präsemitischen Jerusalem war. Nachdem sie ihm den Liebes- und Todesapfel, das klassische Attribut der Göttin, überreicht hatte, feierte sie mit ihm die Heilige Hochzeit, ließ ihn sterben und gab ihm in ihrem Apfelparadies erneut das ewige Leben.[6] Der Lebensbaum und seine Früchte – Granatäpfel, Datteln, Äpfel – werden schon früh in Beziehung zur Fruchtbarkeitsgöttin gesetzt. Abbildungen der Göttin, die in ihren Händen Früchte hält oder den Baum des Lebens wässert, gibt es seit Beginn des 3. Jahrtausends v.u.Z. Das patriarchale Christentum hat aus diesem Lebensbaum einen Totenbaum konstruiert, „das nekrophile Symbol eines toten Körpers, der an totem Holz hängt".[7] Das Kreuz mit dem sterbenden, geschundenen, gequälten Gottes- und Menschensohn, der im Auftrag eines unbarmherzigen Vaters sterben muss, um die Menschheit aus ihrer Erbschuld zu erlösen, ist an die Stelle von Leben und Fruchtbarkeit getreten, die mit der Muttergöttin untrennbar verknüpft waren.

Aber auch Jahwe, der als zorniger Kriegsgott durch das Alte Testament geistert, ist einmal ein sanfter matriarchaler Gott gewesen, wie Gerda Weiler, die in umfangreichen Untersuchungen den matriarchalen Spuren im Alten Testament gefolgt ist, feststellt (sie bezieht sich dabei vor allem auf die in den dreißiger Jahren des 20. Jahrhunderts ausgegrabenen Kulttexte von Ras Schamra an der nordsyrischen Küste).[8] Er war ein Regen- und Fruchtbarkeitsgott, auch er starb zusammen mit der vergehenden Natur und feierte als Priesterkönig die Heilige Hochzeit mit der Priesterin als Inkarnation der Himmelskönigin, und damit auch die Wiedergeburt der Schöpfung.

Nach Weiler ist auch der „Tanz um das goldene Kalb", in der Bibel als Götzendienst gebrandmarkt, nichts anderes als die Heilige Hochzeit des Jahwe gewesen (dass mit dem Stier Jahwe gemeint ist, wird inzwischen auch von Alttestamentlern nicht mehr bestritten). Der starke Stier war im matriarchalen Mythos der Innbegriff männlicher Zeugungskraft, vom „Stier seiner Mutter" ist in Ägypten die Rede, er ist das Mondkalb, der Sohn der Großen Himmelsherrin Nut, wenn die schmale Sichel des zunehmenden Mondes am Himmel steht. Bei Vollmond befindet er sich im Vollbesitz seiner Kräfte, und mit abnehmendem Mond nimmt auch seine Zeugungskraft ab, er stirbt bei Neumond und wird anschließend durch die Große Göttin wiedergeboren. Das Gelage, von dem in der Bibel die

Rede ist, der ausgelassene Reigen um den Altar, Außer-sich-Sein und Ekstase finden also zu Ehren Jahwes, des Sohngeliebten der Großen Mutter statt. Bibelforscher sprechen später von „sexuellen Orgien", eine Ansicht, zu der dualistisches patriarchales Denken, in dem die Sexualität vom Körper abgespalten wurde, zwangsläufig kommen muss. Im matriarchalen Bewusstsein gab es diese Trennung nicht, und Sexualität war heilig. Verbindungen lassen sich hier bis zu den „Sabbatorgien" der neuzeitlichen Hexenprozesse ziehen, in denen sich letzte Reste eines – jetzt heidnisch genannten und von der Kirche verfolgten – Kultes finden, der dem zum Teufel umfunktionierten gehörnten Fruchtbarkeitsgott und der zur Hexe verkommenen Göttin galt. (In Hexenprotokollen ist auch manchmal von der „Königin des Sabbats" die Rede, die zur Rechten des Teufels saß.[9])

Die „Hure" Ašerat

Auch Moses war nach Weiler ursprünglich ein matriarchaler Mann, Träger des matriarchalen Jahwe-Kultes, der erst später von einem kleinen Zirkel judäischer Priester in einen Moses der bekannten, rigiden, levitischen Gesetzesreligion umgewandelt wurde. Auf einen matriarchalen Ursprung weisen auch die Stierhörner, mit denen er noch in der christlichen Kunst häufig abgebildet wurde, wie etwa im Sakramenthaus des Ulmer Münsters oder auf dem Mosesbrunnen in Dijon. Wie erwähnt, ist der Stier für die matriarchale Männlichkeit Sinnbild der innewohnenden, göttlichen Kraft. Und das Leben von Moses trägt auch alle Züge des matriarchalen Kult-Heros: Er ist der Auserwählte, der Befreier und Erlöser seines Volkes, er macht bitteres Wasser süß, lässt Manna vom Himmel fallen und eine Quelle aus einem Felsen entspringen. Zum Religionsstifter einer patriarchalisierten, aggressiven und einen Alleinherrschaftsanspruch fordernden Jahwe-Religion ist er erst durch spätere Überlieferungen geworden.[10]

Das Alte Testament, das jahrtausendelang das abendländische Bewusstsein entscheidend geprägt hat, ist also das Resultat von Umschreibungen und Verfälschungen fanatischer Jahwe-Priester, die in einem beispiellosen, wütenden Rundumschlag jedem Andersgläubigen Vernichtung androhen, „Hitze, Fieber, Brand, Dürre, giftige Luft, Gelbsucht und Pestilenz" und eine ungeheure Hungersnot (5 Mose 28.56f.). Derartige Hasstiraden müssen unter dem Aspekt betrachtet werden, dass der offizielle Staatskult an den Königshöfen in Israel und Juda keinesfalls allein Jahwe galt, sondern dass bis zum Untergang Jerusalems in gleicher Weise die Göttinnen

Ašerat und Ištar mit ihrem Sohngeliebten Tammuz verehrt wurden.[11] Als Jeremia, der Prophet Jahwes, das jüdische Volk zur Anbetung seines Gottes zwingen wollte, bekam er zur Antwort:

„Nach dem Wort, das du im Namen des Herrn uns sagtest,
wollen wir dir nicht gehorchen;
sondern ... wollen der Himmelskönigin räuchern
und ihr Trankopfer darbringen
wie unsere Väter und Fürsten getan haben in den Städten Judas
und auf den Gassen zu Jerusalem.
Da hatten wir auch Brot genug; es ging uns wohl, ...
Seit der Zeit aber,
da wir haben abgelassen,
der Himmelskönigin zu räuchern und ihr Trankopfer zu opfern,
haben wir allen Mangel gelitten
und sind durch Schwert und Hunger umgekommen." (Jeremia 44.15ff.)

Es hat also gegen diesen einzigen und einen Gott erheblichen Widerstand gegeben. Und genau das war es, was die levitische Priesterschaft so aufbrachte. Von der „Hure" Ašerat ist in den Texten zu lesen und von den „Gräueln" matriarchaler Kulte. Dass König Josua (639–609 v.u.Z.) diese Kulte bekämpfte, erfüllte diese Eiferer mit Genugtuung: „Er ließ das Ašeratbild aus dem Hause des Herrn führen hinaus vor Jerusalem an den Bach Kidron und verbrannte es zu Staub und warf den Staub auf die Gräber der gemeinen Leute, und er brach die Häuser der Hurer ab, die am Hause des Herrn waren, darin die Weiber wirkten Gewänder für die Ašerat ... und verunreinigte die Höhen, da die Priester räucherten" (2 Könige 23.7f.). Das ganzheitliche Weltbild mit seiner Auffassung einer kosmischen, Körper und Seele umfassenden Liebe ist zerbrochen. Stattdessen herrscht jetzt ein Kriegsgott, der absoluten Gehorsam fordert und viele Söhne braucht, um fremde Völker zu unterwerfen und autoritäre Herrschaft zu errichten. Die Töchter jedoch werden herabgewürdigt und gedemütigt. Der neue Gott predigt neben Mord auch ihre Vergewaltigung: „So tötet nun alles, was männlich ist unter den Kindern, und alle Frauen, die nicht mehr Jungfrauen sind; aber alle Mädchen, die unberührt sind, die lasst für euch leben" (4 Mose 31.17–18).

Gott wird zum Wort

Erreicht wurde diese ungeheuerliche Umwertung nicht nur durch Gewalt, sondern auch durch das ständige Trommelfeuer propagandistischer Schriften. „Es steht geschrieben", heißt jetzt die Botschaft, die für wahr gehalten werden muss. Denn bemerkenswerterweise fällt die Erfindung der Schrift in die erste Zeit eines patriarchalen Umbruchs, etwa um 3000 v.u.Z. In der matriarchalen Welt war das Bild, das Symbol das Fundament des Glaubens, aber durch die Schrift entstand die Möglichkeit einer „anderen" Realität, einer Realität jenseits des Bildes, ein anderes Symbol. Die Schrift, so meint die Kulturtheoretikerin und Philosophin Christina von Braun, „ersetzt durch ihre Symbole die Realität. Sie produziert Zeichen, die an die Stelle des Lebens, der Natur treten". Sie „schafft die Feindschaft von Sprache und Körper, Natur und Kultur, die für die abendländische Tradition bezeichnend ist. Da aber zwei sich widersprechende ‚Realitäten' miteinander unvereinbar sind, erklärt die ‚neue Realität' des Symbols die ‚alte Realität' des Symbolisierten zur Lüge und drängt zu ihrer Unterwerfung und Vernichtung".[12] Die Entstehung des einzigen Gottes ist also mit einer Fähigkeit zur Abstraktion verbunden, die dem frühgeschichtlichen Menschen fremd gewesen ist. Die Bibel fordert:

„Du sollst dir kein Bildnis
noch irgendein Gleichnis machen,
weder des, das oben im Himmel,
noch des, das unten auf Erden
oder des, das im Wasser unter der Erde ist.
Bete sie nicht an
Und diene ihnen nicht." (2 Mose 4f.)

Die Jahwe-Priester verbrannten die Bilder der Ašerat, verfälschten ihre Symbole oder eigneten sie sich selbst an und predigten die abstrakte Gottesverehrung. Denn die bildliche Darstellung eines gebärenden Vaters ließ sich schwer in ein Symbol fassen. Mit Worten allerdings lässt sich alles sagen.

Am Anfang war das Wort!, heißt es in Hinkunft. Und das Wort war Gott. Und Gott war das Wort. Die Gotteserkenntnis kam von nun an aus dem in der Bibel offenbarten Wort Gottes, und der neue, eine und einzige Vatergott ist Resultat eines Abstraktionsprozesses.

Die Fähigkeit zur Abstraktion bedeutet zweifellos einen Fortschritt im Evolutionsprozess, aber sie schließt im Patriarchat auch Beherrschung des einen durch das andere, Herrschaft des – männlich gedachten – Geistes über die – weiblich gedachte – Materie mit ein. Gleichzeitig vermittelt sie die Vorstellung der unterworfenen Natur und die Herauslösung des Menschen aus allen Naturgesetzen. Jetzt wird der Geist zum Subjekt der Geschichte, ihm wird zeugende Kraft zugeschrieben.

„Mein Angesicht kannst du nicht schauen, denn kein Mensch sieht mich und bleibt am Leben", sagt Jahwe zu Moses. Der neue Gott ist unsichtbar und er will unsichtbar bleiben. Das ist eine Kampfansage an die bunte matriarchale Bilder- und Sinnenwelt, die es zugleich ermöglicht, das Unmögliche in Worte zu fassen: Adam ist die Mutter Evas, und die Herrin des Himmels und Schöpferin allen Lebens wird zur Gehilfin des Mannes.

Die dramatische Umkehrung dessen, was viele Jahrtausende lang selbstverständlicher Glaubensinhalt war, hatte natürlich Parallelen in der Realität. Mythologische Vorstellungen drücken dem tatsächlichen Geschehen ihren Stempel auf und umgekehrt. Die Zusammenhänge zwischen Zeugung und Geburt dürften schon seit längerem bewusst gewesen sein, vorerst vermutlich bei den Viehzüchtern durch die Beobachtung von Tieren. Sobald allerdings dem Mann die Bedeutung seines Zeugungsorgans klar geworden war, begann er nicht nur das gesamte Zeugungsgeschehen zu vereinnahmen, sondern gleichzeitig die Frau abzuwerten: „Deinem Samen geb ich dieses Land", sagt Gott zu Abraham (Gen. 15.4). Womit es jetzt der männliche Samen ist, der mit göttlicher Weihe und Fruchtbarkeit ausgestattet wird. Und bereits an der Wende vom zweiten zum dritten nachchristlichen Jahrhundert kann der griechische Kirchenschriftsteller Origenes aus dieser Tatsache eine männliche Genealogie herleiten, die in den matriarchalen Gesellschaften unvorstellbar gewesen ist: „Nicht vom Weib her wird die Nachkommenschaft benannt, sondern vom Mann, wie der Apostel sagte: ‚Denn nicht ist der Mann aus der Frau entstanden, sondern das Weib aus dem Mann‘ ... und darum wird die sterbliche Nachkommenschaft und die leibliche Folge lieber dem Mann als Urheber angelastet und nicht der Frau".[13]

Die Frau als verkrüppelter Mann

Einer bereits unglaublichen Diffamierung der Frau aufgrund der Abwertung ihrer generativen Rolle begegnen wir beim griechischen Philosophen Aristoteles (384–322 v.u.Z.), der offen von ihrer minderwertigeren biologischen Ausstattung spricht. Nach ihm ist der männliche Same allein für die Schaffung der Seele zuständig, während die Frau mit dem Menstruationsblut den niedriger bewerteten Stoff liefert. Hier wird die für das gesamte Abendland charakteristische hierarchische Struktur von Geist und Materie unmissverständlich formuliert: „Denn ranghöher und göttlicher ist der Bewegungsursprung, der als männlich in allem Werdenden liegt, während der Stoff das Weibliche ist."[14] Aristoteles setzt Menstruationsflüssigkeit und männlichen Samen gleich, allerdings fehlt Ersterer das formende Prinzip, darum bleibt sie auch dem Stofflichen verhaftet. Als Grundlage dient ihm die – von späteren Gelehrten und Anatomen übernommene – Vorstellung, dass Wärme das grundlegende Prinzip der Vervollkommnung der Lebewesen sei, weil sie dazu diene, den Stoff „gar zu kochen". Frauen fehle die nötige Wärme und daher auch die Fähigkeit, Menstruationsblut in Samen umzuwandeln. Diese Bearbeitung müsse durch den Mann geliefert werden, da er der Aktive und sie die Passive sei. Außerdem macht Aristoteles für monströse Gestalten, zu denen er nicht nur Kinder, sondern auch Frauen zählt, ein Überwiegen des weiblichen Anteils und daher eine Entgleisung im Zeugungsvorgang verantwortlich. Die Frau ist also ein „missglückter Mann", ein „verkrüppelter Mann", deren Samen „die Lebensquelle" fehle, „denn diese bringt erst der männliche Same mit".

Die Definition der Frau als verstümmeltes Männchen, der die Seele erst vom Mann „eingehaucht" werden muss, weitet Aristoteles dann auf ihre sonstigen Fähigkeiten aus, natürlich ist sie jetzt auch in ihrem Denken oder in der Kraft ihrer Entscheidungen minderwertig. Außerdem überträgt er dieses ursprünglich auf das Geschlechterverhältnis bezogene hierarchische Konstrukt auf die Gesellschaft: „Der Sklave besitzt den selbständig überlegenden und beschließenden Seelenanteil überhaupt nicht, das Weibliche besitzt ihn, aber ohne (genügend) Durchschlagskraft, und das Kind besitzt ihn, aber ohne dass es voll ausgebildet ist."[15] Die Philosophie des Aristoteles macht also eindeutig klar, dass sich aus der sexuellen Dominanz des Mannes über die Frau in der Folge die Dominanz von Rassen und Klassen entwickelt hat.

Denn das Verhängnisvolle an dieser aristotelischen Lehre war ihre Übernahme durch die Autoritäten der mittelalterlichen Kirche, der damaligen moralischen Instanz des christlichen Abendlandes, die sich in ihrer Misogynie bestätigt sahen und damit das Bild der Frau für Jahrtausende geprägt haben. Sowohl Augustinus (354–430) als auch die großen Theologen der Hochscholastik wie Albertus Magnus und sein Schüler Thomas von Aquin predigten ihre untergeordnete Rolle beim Zeugungsakt und daraus folgend ihre gesamte Inferiorität. Die Frau wird zum leeren Gefäß, das erst der männliche Same mit seiner schöpferischen Kraft füllen muss. Für den berühmten Arzt und Naturgelehrten Paracelsus (1493–1541) enthält der männliche Samen gleich das ganze, fertige kleine Menschenkind, das beim Zeugungsakt in den Leib der Frau versenkt und von ihr, dem „Acker", nur noch ausgetragen wird.[16] Weshalb es auch kaum verwundert, wenn der den alchemistischen Vorstellungen nahe stehende Arzt die Ansicht vertrat, dass die Geburt eines – natürlich männlichen – Kindes eines Tages außerhalb des Mutterleibes „durch Kunst" möglich sein werde.[17] Damit bewies er einen erstaunlichen Weitblick: Die moderne Forschung ist tatsächlich bald so weit.

„Lass sie nur tottragen ..."

Während die alte Gefäßgöttin Fülle, Reichtum und Weisheit verkörperte, wird nach Abschaffung der Göttin die Frau zum leeren Behälter stilisiert, ja mehr noch, zu einer Missgeburt, einem Mängelwesen, das im Grunde überflüssig ist. Denn eigentlich will die aktive Kraft im männlichen Samen etwas gleich Vollkommenes hervorbringen, und nur durch ungünstige Umstände entsteht die Frau. Dass Frauen entbehrlich sind und ihre einzige Funktion in der Brutpflege besteht, diese Ansicht begegnet uns in der gesamten patriarchalen Geschichte. „Gynai" wurde die Frau im alten Griechenland genannt, das heißt „die Gebärende". Davon abgesehen war ihre Bedeutung gering, sie stand unter der Vormundschaft des Mannes und durfte nur selten das Haus verlassen. Im Mittelalter übt sich der heilige Augustinus, der „engelgleiche Lehrer" (doctor angelicus) mit folgendem Ausspruch in gottgefälliger Überheblichkeit: „Wenn die Frau nicht zur Hilfe des Kindergebärens dem Mann gegeben ist, zu welcher Hilfe dann? Etwa, damit sie zusammen die Erde bearbeiten sollen? Wenn dazu eine Hilfe notwendig gewesen wäre, dann wäre der Mann dem Manne eine bessere Hilfe. Das gleiche gilt vom Trost in der Einsamkeit. Wie viel angenehmer für das Leben und das Gespräch ist es doch, wenn zwei Freunde zusammenwohnen, als wenn Mann und Frau beieinander wohnen."[18] Und für Luther ist der Tod einer Frau überhaupt zweitrangig, wenn sie nur ihre Gebärpflicht erfüllt: „Ob sie sich aber auch müde und zuletzt tottragen, das schadet nicht, lass sie nur tottragen, sie sind drum da."[19] Selbst noch im 20. Jahrhundert wird von der katholischen Kirche eine Abtreibung bei Todesgefahr der Mutter abgelehnt, respektiert wird hier lediglich die Gewissensentscheidung der Ärzte.[20] Die Mutter selbst hat auch heute in vielen europäischen Ländern nichts zu entscheiden – sie muss sich einer ärztlichen Beratung unterziehen, gerät also von einer Fremdbestimmung in die andere.

Ginge es nach dem christlichen Selbstverständnis, müssten wir uns also nach wie vor „tottragen". Die medizinische Wissenschaft ist da ein klein wenig humaner, allerdings um den Preis der Kontrolle weiblicher Fruchtbarkeit. Damit nicht genug, arbeitet eine überwiegend männliche Ärzteschaft besessen daran, die Entstehung neuen Lebens aus dem Mutterbauch in die Retorte zu verlagern. Der uralte Schöpfungstraum das Mannes scheint damit Wirklichkeit zu werden: die Erschaffung des Lebens ohne Frau. Noch ist sie als Brutkasten notwendig, aber sämtliche Bestrebungen laufen darauf hinaus, sie auch als solchen abzuschaffen. Freud's Theorie vom Penisneid, eine der Grundlagen der modernen Psychologie, ist wahrscheinlich sein größter Irrtum gewesen. Denn die Frau hat den Mann sicher nie um sein Zeugungsorgan beneidet – eher schon um seinen gesellschaftlichen Einfluss und um seine Macht, für die vielleicht der Penis als Symbol gelten kann. Vielmehr zieht sich der Neid des Mannes auf die Gebärfunktion der Frau wie ein roter Faden durch die gesamte patriarchale Geschichte. Wobei es natürlich nicht nur um den Gebärneid geht – das würde eine Verkürzung des tatsächlichen Geschehens bedeuten. Es geht um den Neid auf die gesamte Kreativität und Weisheit der Frau, die im Gebärneid lediglich kulminiert.

Das „Baby" des Robert Oppenheimer

Würde die Mutter tatsächlich abgeschafft, hätte die „zweite", die künstliche Natur einen endgültigen Sieg errungen. Aber diese „zweite Natur" bedeutet Vernichtung alles Lebendigen, wie wir sie heute in einer patriarchalen/androzentrischen Gesellschaft erleben. Sie bedeutet Tod! Der Kulturphilosoph Dietmar Kamper meint in seinen Untersuchungen, dass das Gehirn des Mannes wie das Geschlecht der Frau funktioniere: „Das Denken ist eine Art Gebären." Und er befürchtet angesichts „der Tatsache der Verkoppelung der Usurpation der Fruchtbarkeit mit einem praktischen Nihilismus, der tendenziell tödlich ist" eine „drohende Selbstvernichtung der Menschheit".[21] Diese „Selbstvernichtung" materialisiert sich unter anderem in der Atombombe, die bezeichnenderweise „Baby" ihres Schöpfers Robert Oppenheimer genannt wurde. „Die Babies", schrieb Kriegsminister Henry Stimson an Winston Churchill nach den ersten erfolgreich verlaufenen Tests, „sind zur Zufriedenheit geboren." Dass es sich dabei um „little boys" und „kein Mädchen, das heißt einen Blindgänger," handelte, wie Wissenschaftler erleichtert feststellten, ist nur folgerichtig.[22] Die Geburt des Mannes ist in diesem Fall der Tod.

In den Anfängen patriarchaler Geschichte können wir bereits die Ursachen für die spätere Entwicklung ausmachen. Indem die Frau, seit Menschengedenken als Leben schaffend begriffen, mit seelenloser, zerfallender, vergänglicher Materie und daher mit Tod assoziiert wird, kommt der Tod als „schreckliche Geburt" in diese Welt. Dass nach der – vom christlichen Abendland übernommenen – Lehre des Aristoteles nur der Vater aktive, formende Kraft besitzt, durch die der Mensch seiner Vergänglichkeit entkommt, hingegen die Frau und Mutter dem Tod verwandt erscheint, wird vielleicht nirgendwo so deutlich wie im „Hexenhammer", dieser furchtbaren Vernichtungsschrift katholischer Inquisitoren: „Ich fand das Weib bitterer als den Tod; sie ist eine Schlinge des Jägers; ein Netz ist ihr Herz; Fesseln sind ihre Hände; wer Gott gefällt, wird sie fliehen; wer aber ein Sünder ist, wird von ihr gefangen werden ... Es ist bitterer als der Tod, d.h. der Teufel ... Ihr Name ist Tod ... Nochmals bitterer als der Tod, weil dieser natürlich ist und nur den Leib vernichtet; aber die Sünde, vom Weibe begonnen, tötet die Seele durch Beraubung der Gnade und ebenso den Leib zur Strafe der Sünde ... Nochmals bitterer als der Tod, weil der Tod des Körpers ein offener, schrecklicher Feind ist; das Weib aber ein heimlicher, schmeichelnder Feind ...“[23]

Der Geifer, mit dem hier die Frau übergossen wird, ist kaum noch zu überbieten, und wohin diese Diffamierungen geführt haben, wurde oben beschrieben. Die Verdrehung der Frau zur Todesmutter (und damit die Verleugnung des Lebens generell) in einer perversen Phantasie führt zu der ebenso perversen „Geburt" einer Bombe, die jetzt allerdings nicht nur in der Phantasie existiert, sondern tatsächlich schätzungsweise hunderttausend Menschenleben gefordert hat. „Der Mann liebt den Tod – er erregt ihn sexuell, und da er innerlich schon tot ist, möchte er sterben", meint Valerie Solanas hellsichtig.[24] Wenn wir uns die Kriegsliteratur und die dokumentierten Zeugnisse von Vietnam-Veteranen ansehen, in denen immer wieder der Zusammenhang zwischen töten und sexueller Erregung hervorgehoben wird, können wir dieser Ansicht nur zustimmen.[25]

Die von Aristoteles übernommene Lehre von der Frau als defektem Mann (die im Übrigen zu seiner Zeit eine extreme Position gewesen ist – viele Theoretiker wie etwa Anaxagoras oder auch Hippokrates meinten, dass der Fötus eine Kombination von männlichem und weiblichem Samen sei) hat auch die im gesamten Mittelalter bis in die frühe Neuzeit hinein geltende Ein-Geschlecht-Theorie zur Folge. Bereits der berühmte griechisch-römische Arzt Galen (129–199) behauptete, dass die Frau in ihrer körperlichen (Geschlechts-)Ausstattung dem Mann gleiche, weil das, was sich beim Mann außen befinde – also Penis und Hoden – bei der Frau eine innere Entsprechung mit Vagina und Ovarien habe. Diese innere Lage der weiblichen Genitalien, so belehrt Galen, könne nur auf eine gehemmte Entwicklung zurückzuführen sein, sie sind sozusagen unvollkommen, während die vollkommene Geschlechtlichkeit der Mann besitzt. Dass die Frau nach Galen auch über einen Samen verfügt, bedeutet eine Abweichung von der Lehre des Aristoteles, ändert allerdings wenig an ihrer Unterordnung, denn immerhin ist dieser kleiner, schwächer und unbedeutender.

Äußerst kurios argumentiert Galen auch, wenn es darum geht, den physiologischen Ursprung des weiblichen Mangels an Wärme und somit die Minderwertigkeit des weiblichen Samens zu konstruieren. Die Begründung für seine Behauptung ist Aristoteles nämlich schuldig geblieben, das, so meint Galen, müsse nachgeholt werden. Die umfangreichen Überlegungen, die er dazu anstellt, führen zu dem Schluss, dass der weibliche Samen für die Zeugung eines Mädchens durch die linke Nierenvene wandert, die angefüllt ist mit wässrigem, unreinem Blut, das erst gereinigt werden muss. Hingegen das Sperma für die Zeugung eines männlichen Kindes aus dem rechten, mit reinem Blut aus der Vena cava gefüllten Samengefäß kommt. Da die Frau daher aus unreinem Blut empfangen wurde, ist sie auch kälter als der Mann.

Dieses seltsame Gedankenkonstrukt beflügelte die Wissenschaftler bis weit hinein in das 16. Jahrhundert. Berücksichtigen wir die bereits fest verankerte Lehrmeinung von der Frau als inferiorem Geschöpft, wundert es nicht weiter, wenn etwa der italienische Anatom und Philosoph Alessandro Achillini (1463–1512) feststellt, dass der Frau, aus unreinem Blut gezeugt, auch der „reiche Geist" des Mannes fehle. Ähnlich argumentiert der Professor für Medizin und Anatomie an der Universität von Padua Alessandro Benedetti (1450–1521), wenn er meint, dass „die wichtigen Glieder ... vom männlichen Samen geschaffen" werden „und nur die anderen, niederen vom weiblichen, gerade so wie – als sei sie aus reinerem Stoff – die Geisteskraft (von ihm) erzeugt wird".[26]

Erst im 16. Jahrhundert, als sich die Anatomie zu etablieren begann, wurden Widersprüche zwischen der Lehre Galens und seiner Nachfolger und den tatsächlichen Befunden sichtbar. Noch viel länger allerdings dauerte es bis zur Erkenntnis, dass die weiblichen Organe keine Minderform der männlichen sind und die Frau kein missglückter Mann ist, sondern dass ihr eine körperliche Eigenständigkeit zusteht. Auch als Renaldus Columbus 1559 für sich beanspruchte, die Klitoris entdeckt zu haben und diese als weiblichen Penis bezeichnete, störte das keinesfalls die allgemeine Ansicht, dass die Frau nun eben zwei Penisse habe – einen nach innen gerichteten (die Vagina) und einen kleineren außen (die Klitoris). „Der Hals des Uterus ist wie ein Penis und sein Behältnis mit Testikeln und Gefäßen ist wie das Scrotum", meint Jacopo Berengario 1522, und im 17. Jahrhundert beschreibt der Entdecker der menschlichen Eibläschen, der niederländische Anatom Reinier de Graaf, den Eierstock als „testiculus mulieris", als „Hoden der Frau". Noch 1832 meinte der Frauenarzt Jörg, dass die „Ovarien den Hoden gleichen. Diese sowohl als jene erhalten ihre Bildung in der Bauchhöhle, und erst kurz vor der Geburt wird diesen ein von jenen ganz verschiedener Wohnsitz angewiesen, indem sie nämlich hinauf in das Scrotum steigen".[27]

Frau fragt sich, wie es noch im 19. Jahrhundert, als die Anatomie bereits eine Selbstverständlichkeit geworden war, zu derartigen Fehleinschätzungen kommen konnte. Aber es ging hier nicht um wissenschaftliche Genauigkeit, sondern vornehmlich darum, die Zweitrangigkeit der Frau mit so genannten „wissenschaftlichen Mitteln" zu bestätigen. Schließlich gelang es noch in ebendiesem Jahrhundert, durch Vergleiche des männlichen und weiblichen Schädelumfangs und der Gehirnmasse die angebliche geistige Unterlegenheit der Frau zu beweisen. Dass die Wissenschaft auch heute nicht den Objektivitätsanspruch erfüllt, den sie für sich behauptet, stellen – unter anderen – die Biophysikerin Evelyn Fox-Keller und die Philosophin Cornelia Klinger fest. Vielmehr erzeuge sie durch den Ausschluss von Frauen aus dem wissenschaftlichen Erkennen einen Androzentrismus, der zu einem verzerrten Bild der Realität führe, das einen einseitigen, männlich orientierten Standpunkt vermittle.[28] Thomas Laqueur sieht daher in dieser Ein-Geschlecht-Theorie auch „ein Manöver zur Bewahrung des Vaters als desjenigen ..., der nicht nur für Ordnung steht, sondern geradezu für das Bestehen der Zivilisation überhaupt".[29]

Zweifel an diesem Modell entstanden erstmals im 18. Jahrhundert, was allerdings keinesfalls bedeutete, dass es völlig beiseite gelegt wurde. Noch im 19. Jahrhundert war die Funktion des Eierstocks innerhalb der Reproduktionsphysiologie der Frau wenig bekannt.

Der schwangere Mann und das Männerkindbett

Im nun geschaffenen patriarchalen Kosmos war also der Mann Schöpfer und vollkommeneres Geschöpf geworden, das gleichzeitig mit vollkommeneren Zeugungsorganen ausgestattet war, während die Frau zur minderwertigen Brutstätte degenerierte. Dass sich die Menschen allerdings über diese sonderbare Konstruktion eines gebärenden Mannes auch lustig machten, zeigen die zahlreichen Anekdoten, Märchen und literarischen Zeugnisse vom schwangeren Mann, wie sie etwa bei den amerikanischen Indianern ebenso wie in den Volksmärchen im mittelalterlichen Europa zu finden sind. Kurioserweise handelt es sich dabei meist um schwangere Priester, die ein Tier, häufig ein Kalb, ein Insekt, einen Fuchs oder Hasen, gebären. Es wird angenommen, dass deswegen vor allem Priester mit der weiblichen Eigenschaft des Gebärens in Verbindung gebracht wurden, weil sie auf ihre männliche Potenz verzichtet und sich somit symbolisch selbst kastriert hatten.[30]

Interessant in diesem Zusammenhang ist auch der Brauch der so genannten Couvade, des Männerkindbetts. Die Couvade wurde auf allen Kontinenten praktiziert, nicht nur in der Antike, sondern bis in die Neuzeit hinein. Im 17. Jahrhundert kannte man sie in Brasilien und auf den Antillen, selbst im 19. Jahrhundert gab es noch Reste davon im Baskenland, in Navarra und der Gegend von Nevers, und im 20. Jahrhundert etwa bei den Indianern Nordamerikas, in Indien oder auch in Südamerika und Ozeanien. Bei diesem sonderbaren Brauch simuliert der Mann die Wehen der Frau, er wird bedauert, verhätschelt und mit Geschenken überhäuft, manchmal gibt er auch zum Schein dem Kind die Brust, während die Mutter nach der Geburt, die sich im Hintergrund abspielt, gleich wieder aufstehen und ihre Arbeit verrichten muss. Dieses Ritual, das von den Ausführenden niemand lächerlich findet, wurde verschieden interpretiert. Die einen (Briffault, Malinowski) sehen darin den Versuch des Vaters, die soziale Vaterschaft durch symbolische Gleichsetzung des Vaters mit der Mutter auf sich zu nehmen und damit die Verbindung des Ehemannes mit der Frau zu betonen. Bruno Bettelheim hingegen betrachtet diesen Brauch außerdem als einen Ausdruck des männlichen Gebärneids, der sich in einem „Nachäffen von Oberflächlichkeiten" erschöpfen muss und daher umso stärker betone, „wie sehr die realen, wesentlichen Kräfte geneidet werden".[31]

Heute allerdings scheint auch der männliche Traum vom „schwangeren Mann" in greifbare Nähe gerückt. So etwa behauptet der Medizinethiker Joseph Fletcher, dass der Uterus auch in den Körper eines Mannes eingepflanzt werden kann, sobald die automatische Abstoßung fremder Gewebe überwunden ist. Der Mann, so Fletcher weiter, habe genug Platz in seinem

Bauch für eine Schwangerschaft mit künstlicher Befruchtung und Eitransfer. Die Ärzte könnten dann auch „seine rudimentären Brüste zur Milchproduktion stimulieren, denn auch Männer haben Milchdrüsen". Auch Jerome Lejeune, französischer Genetikprofessor, meinte 1983 bei einer Konferenz über Retortenbabys in London, dass es sehr wohl möglich sei, einem Mann das mit seinem Sperma befruchtete Ei einer Frau in den Bauch einzupflanzen und neun Monate später durch Kaiserschnitt zur Welt zu bringen.[32] Wer Derartiges als abstrus abtut, möge bedenken, dass Männerphantasien – und ihre Realisationen – sich häufig durch eine – gefährliche – Abstrusität auszeichnen, angefangen von der Atombombe über die Genmanipulationen von Pflanzen und Tieren bis zur Reproduktionsmedizin und den damit verbundenen Eingriff in das Erbgut des Menschen. Das brennende Bedürfnis, Gott spielen zu wollen, in die Evolution einzugreifen, das Leben nach eigenen Vorstellungen zu manipulieren, ist männlich. Frauen, die dieses Leben in sich tragen und gebären, haben dieses Bedürfnis in weit geringerem Ausmaß.

Bettelheim ermöglicht uns einen Einblick in den massiven Gebärneid früherer Völker und Stammesgesellschaften. Beinahe alle von ihm beschriebenen männlichen Pubertätsriten beziehen sich auf eine Nachahmung oder Übernahme weiblicher Gebärkraft. Den Ursprung semitischer Beschneidung etwa sieht er in einem Opfer an die Große Muttergöttin, der zu Ehren sich die Galloi (Priester der Kybele) freiwillig kastriert hätten, um anschließend ihre Genitalien und männlichen Kleider in das Brautgemach der Kybele zu bringen, Frauenkleider anzulegen und ihr Haar lang zu tragen, um damit „weiblich" zu werden. Bettelheim vermutet, dass sich Männer eine Belohnung für dieses Opfer erwarteten, einen „Anteil an der großen und verborgenen Schöpfungskraft der Frauen ..., ein Geschenk, das nur Frauen machen können, da nur Frauen es besitzen".[33] Auch in der von einigen Völkern praktizierten so genannten rituellen Subinzision, bei der der Harnleiter an der Unterseite des Penis ganz oder teilweise aufgeschnitten wird, wobei die Wunde „Vulva" genannt wird, sieht er einen Versuch, symbolisch das weibliche Sexualorgan herzustellen. Ebenso inzisieren etliche Stämme, wie etwa die Männer der Wogeo, Murgin und Dwoma Neuguineas, periodisch ihren Penis, wobei das Blut aus der Subinzisionsöffnung dieselbe Bezeichnung erhält wie das Menstruationsblut. Bettelheim beschreibt darüber hinaus eine Fülle von Initiationsriten, die sämtlich eine neue – jetzt männlich initiierte –

Geburt symbolisieren. Der Junge soll dabei von der Mutter entfernt und in den Männerclan eingeführt werden.

Die Geburt des neuen Menschen-Mannes

Eine drastische Geschichte wird in diesem Zusammenhang von der indonesischen Insel Ceram erzählt. Hier werden die Knaben zur Zeit der Geschlechtsreife in die Kakianvereinigung aufgenommen. Nachdem sie zu diesem Zweck mit verbundenen Augen in das Kakianhaus, einen länglichen Holzschuppen tief im Wald, geführt wurden, ertönt ein schrecklicher Schrei, und ein bluttriefendes Schwert oder ein Speer wird durch das Dach des Schuppens hinausgestreckt. Das bedeutet, dass der Knabe geköpft worden ist. Die anwesenden Mütter müssen jetzt weinen und trauern, weil der Teufel ihre Kinder ermordet hat. (Was Anthropologen hier „Teufel" nennen, ist meist ein verstorbener Vorfahre.) Nach ein bis zwei Tagen kehren die erschöpften und mit Schmutz bedeckten Männer zusammen mit den Jungen – ihren „Paten" – in das Dorf zurück und verkünden die frohe Botschaft, dass die Knaben durch Vermittlung der Priester wieder zum Leben erweckt wurden. Bettelheim deutet die Hütte als Mutterleib, während die schwachen und wie aus der Unterwelt zurückkehrenden Männer wohl Frauen nach der Geburt symbolisieren. Tatsächlich haben sich die Knaben anschließend orientierungslos wie Säuglinge zu verhalten, sie müssen die täglichen Verrichtungen neu lernen und sich von Männern – die damit die Funktion der Mütter übernommen haben – trösten und auf dem Rücken herumtragen lassen.[34]

Männer sind also jetzt Gebärende, sie haben dem heranwachsenden jungen Mann ein neues Leben geschenkt. Manche bekommen dabei einen neuen Namen, die Indianer Virginias gaben den Jungen ein Brechmittel, die Nandi-Jungen bekamen ein Abführmittel, damit die Erinnerung an die Vergangenheit – also die Mutter – ausgelöscht wird. Meist ist dieser Vorgang mit dem Zufügen von Schmerz verbunden, womit das Weiblich-Fleischliche, assoziiert mit Schwächlichkeit, vernichtet werden soll. Wie stark die Bindung an die Mutter und ihre angebliche Schwäche (tatsächlich sind Frauen sehr stark im Ertragen von Schmerzen) jedoch ist, zeigen die teilweise sehr rigiden Praktiken, mit denen die Mutter ausgetrieben werden soll. So etwa streifen die Initianden nordamerikanischer Indianerstämme wochenlang einsam durch die Wildnis, um sich durch Fasten, Schlafentzug und Kasteiungen in einen psychischen Ausnahmezustand zu versetzen, in dem ihnen dann der persönliche, männliche Schutzgeist erscheint.

Parallelen zu moderner Männer-Initiation, wie etwa der schlagenden Verbindung, drängen sich dabei auf. Auch das Militär verkündet die Geburt des neuen Mannes. Er muss durch Drill, Demütigung, absoluten Gehorsam, Ausschaltung jedes Gefühls und Negation des Weiblichen zum Töten tauglich werden. Der Rekrut wird vorerst seiner (zivilen) Kleidung, vielfach seiner Haare, seiner Würde, seiner Identität beraubt und erst langsam in ritualisierten Etappen zu einer neuen Identität zusammengefügt. Das Männerhaus bei den Naturvölkern, in dem männliche Identität immer eng mit Krieg und Kriegsbereitschaft verknüpft war und aus dem Frauen ausgeschlossen waren, ebenso wie viele Initiationsriten sind sicherlich als Vorstufe dieser Entwicklung zu betrachten.

Interessant sind auch die Geheimniskrämerei und die Täuschungsmanöver, mit denen den Frauen dieser Völker eine andere Wirklichkeit vorgegaukelt wurde. Stets wurde dabei den Initianden unter Androhung strengster Strafe verboten, diese geheimen Männerriten den Frauen zu verraten. Die Männlichkeit, die sie damit erringen wollen, beruht also auf einer Fiktion. Nicht immer allerdings scheinen die Frauen darauf hereingefallen zu sein. Bei den Dschagga beispielsweise, deren Männer den sonderbaren Brauch hatten, ihr Mannestum durch einen verstopften After zu beweisen, zeigten sich die Frauen eher amüsiert. (Nach Bettelheim wird beim fiktiven Herausreißen des verstopfenden Blockes, wobei blutende Fleischteile einer geschlachteten Ziege für reichlich rinnendes Blut sorgen, die Menstruation imitiert, hingegen beim Einsetzen des Pflockes das Aufhören der Menstruation angedeutet und damit eine beginnende Schwangerschaft.) Bei ihrer eigenen Initiation wurde den Mädchen gesagt, dass die Männer sehr wohl defäkieren, dies aber vor den Frauen geheim halten würden. Allerdings wurden sie gleichzeitig gewarnt, nicht darüber zu lachen, denn das könnte fatale Folgen haben. Auch heute noch kommt es bei einigen Völkern vor, dass Frauen, die diese Riten beobachten, getötet werden.[35]

Wahrscheinlich ist es diese Sicherheit der Frau, ihr Wissen um das eigentliche Geschehen und ihre Unentbehrlichkeit, die sie jahrtausendelang Unterdrückung, Gewalt, Diffamierung und Verfälschung tatsächlicher Gegebenheiten ertragen ließ. Inzwischen allerdings hat eine Entwicklung eingesetzt, die ihr auch diese letzte Sicherheit nimmt, nämlich die Gewissheit der Entstehung des Lebens aus einer Frau.

III. Die männliche Geistgeburt

Weil das tatsächliche Gebären von Männern an biologische Grenzen stößt, gebiert der Mann im Geiste. Schon der alte Schöpfergott verdankt, wie wir gesehen haben, seine Existenz einem Abstraktionsprozess. Die männliche Geistgeburt sollte in den kommenden Jahrhunderten oder Jahrtausenden eine ungeheure Blüte erleben, sie hat Kunst, Kultur, unsere Gesellschaft geschaffen bzw. entscheidend geprägt, immer unter Negierung des Weiblichen, das als Mater/Materie von diesen geistigen Prozessen ausgeschlossen oder ihnen untergeordnet blieb. Es hat Natur durch Zivilisation und damit Leben durch tote Dinge ersetzt, und allmählich werden wir von diesen toten Dingen zugeschüttet, das Leben – und damit wir selbst – erstickt unter toten Dingen, die sich immer weiter anhäufen und den Globus umspannen.

Der griechische Philosoph Platon (427–347) ist neben Aristoteles sicher einer der ersten gewesen, der diese männliche Geistgeburt in ein philosophisches Lehrgebäude eingebunden hat. Er spricht von philosophischer Erkenntnis als „seelischer" Zeugung, und auf Sokrates bezogen meint er, dass dessen „Hebammenkunst ... für gebärende Seelen Sorge trägt und nicht für Leiber". Gleichzeitig jedoch wird in seinem „Symposion" ein Modell der Hierarchie zwischen geistiger und körperlicher Fruchtbarkeit entworfen. Jene, die „im Körper ... schwanger" seien, also Frauen, haben durch ihre leiblichen Kinder teil an einer minderen Form der Unsterblichkeit, wohingegen jene, die „in der Seele schwanger" sind, also Männer, die höchste Form der Unsterblichkeit erreichen. Dieses Gebären im Geiste ist allerdings nur in der homoerotischen Liebe möglich, „indem er den Schönen anfasst und mit ihm umgeht, zeugt und gebiert er, womit er längst trächtig ist. Und anwesend und abwesend daran denkend, zieht er gemeinschaftlich mit jenem das Erzeugte auf, so dass sie viel engere Gemeinschaft als andere durch Kinder miteinander haben und festere Freundschaft, weil sie durch schönere und unsterblichere Kinder miteinander verbunden sind. Und jeder würde sich lieber solche Kinder geboren sehen als die menschlichen ...".[1] Frauen ebenso wie mindere Männer haben also keinen Anteil an dieser höchsten Form der Unsterblichkeit, sie werden zurückgeworfen auf ihren Leib, auf Materie, der das Geistige ausgetrieben wurde. Der strahlende, Fruchtbarkeit, Weisheit und Wiedergeburt schenkende Leib der alten Göttin wird zum toten, mit allen Übeln behafteten und der Vergänglichkeit anheim fallende weibliche Körper, wie er uns in der gesamten Geschichte des christlichen Abendlandes begegnet. „Denn der Leib macht uns tausenderlei zu schaffen wegen der notwendigen Nahrung, dann auch wenn uns Krankheiten zustoßen, ... und auch mit Gelüsten und Begierden ..."[2] Diese „niederen" Leidenschaften werden jetzt auf die Frau und ihre vergängliche, und daher dem Tod verwandte Leiblichkeit projiziert, während Unsterblichkeit bei Platon ebenso wie im christlichen Glauben nur nach dem Tod, in einem – geistig gedachten – Jenseits möglich ist.

Das Abstrakte wird dem Lebendigen, die „Idee" der sinnlichen Erfahrung übergeordnet. „Der männliche Denker schafft sich einen geistigen Ersatz für das kreative Anknüpfen des Lebens an den Tod, das die Frau kraft ihrer Gebärfähigkeit besitzt, in dem er den Unsterblichkeitsfaden zwischen seiner reinen Vernunft und dem Geistprinzip knüpft."[3]

Mit der Verdrängung der Geburt des Menschen aus der Frau löst sich der Mann aus den Naturgesetzen, um mit einer unglaublichen, bis heute andauernden Kraftanstrengung und Besessenheit „künstliches", aus seinem – dem männlichen – Geist entspringendes Leben zu schaffen, für das er allerdings nach wie vor das abgespaltene, auf die Frau projizierte und daher niedriger bewertete Stoffliche braucht, weil Leben weder ohne das eine noch ohne das andere möglich ist. Die Frau und gleichzeitig auch ihre Leibesfrucht als „Stoff", mit dem herumexperimentiert, der manipuliert und gehandelt werden kann, wird auch so lange wesentliches „Material" für medizinische Forschung bleiben, solange diese Wissenschaft die Forderung einer männlichen, nach dualistischen Prinzipien funktionierenden „Geistgeburt" akzeptiert.

Dieses dualistische Denken hat sich mit Platon etabliert, und gleichzeitig damit die Abwertung des Sinnlichen und die Idee, dass Erlösung nur durch Überwindung von Leidenschaft und Begierde möglich sei. Das Weibliche stand dieser Erlösung entgegen, es wird mit Wildheit, Impulsivität, Hysterie, Lüge, Hexerei und Schwäche assoziiert, es wird zur Gefahr, zur Verführung und muss daher unter Kontrolle gebracht werden. Diese lust- und lebensfeindliche Philosophie bildet den Nährboden für ein sexualfeindliches Christentum, das den Körper der Frau zur Sünde erklärt und ihn in den Hexenverfolgungen überhaupt auslöschen wollte. (Platon verherrlichte noch die Homoerotik – mittelalterliche Kirchenmänner haben die „fleischliche Liebe" generell verdammt.)

„Mutter Natur" stand ihrer Ausbeutung entgegen

Platon wird allgemein als Schöpfer des „Logozentrismus" bezeichnet, der die Herrschaft des reinen Intellekts predigt und Frauen aus dem geistigen

Leben ausschließt. Diese misogyne Einstellung der Logometaphysik prägt die philosophischen Traditionen bis zum heutigen Tag und beeinflusst nicht nur die christlichen Religionen, sondern auch die neuzeitliche Wissenschaft.

Francis Bacon (1561–1626), allgemein als „Vater der Naturwissenschaft" bezeichnet, übernimmt die Vorstellung Platons von der hierarchischen Beziehung zwischen Geist und Materie und damit zwischen männlich und weiblich, obwohl er die platonische Lehre in vielen Aspekten verwirft. Vor allem aber ist er in seinen Forderungen wesentlich aggressiver, er will der Philosophie der Worte (logoi) eine Philosophie der Taten folgen lassen, ein neues Modell gesellschaftlicher Macht und Herrschaft über die Natur, die in vielen Denksystemen noch bis in die Renaissance hinein als lebendiger Organismus betrachtet und mit einer Nahrung spendenden Mutter verglichen wurde. In dieser Vorstellung einer „Mutter Natur", wie sie uns in vielen Abbildungen erhalten ist, haben sich Reste der Großen alten Göttin erhalten, obwohl sie jetzt bereits als ausführendes Organ Gottes dargestellt wird, als Schöpferin und Hervorbringerin der materiellen Welt, dem Menschen überlegen, aber Gott untertan. Carolyn Merchant und Evelyn Fox-Keller haben diese Zusammenhänge näher untersucht,[4] sie beschreiben eine Entwicklung von der Antike bis in die frühe Neuzeit, in der eine als lebend und fühlend gedachte Erde ihrer Ausbeutung entgegenstand.

Wenn Paracelsus noch im 16. Jahrhundert die Erde mit einer Frau vergleicht, deren Schoß alles Leben, Pflanzen, Tiere sowie Menschen, hervorbringt, so zeigt sich darin deutlich altes, matriarchales Gedankengut. In den Eingeweiden von Mutter Erde zu wühlen war schändlich, weshalb auch für den Abbau von Erz Sühneabgaben und zeremonielle Opfer geleistet werden mussten. Die Wasseradern der Erde wurden als dem menschlichen Blutsystem verwandt betrachtet, und die übrigen Flüssigkeiten vergleichbar dem Schleim, Speichel, Schweiß oder anderen Absonderungen des Körpers. Auch die Indianer Nordamerikas haben in der Natur eine nährende, wohltätige Mutter gesehen. „Ihr verlangt von mir, dass ich den Boden pflüge? Soll ich ein Messer nehmen und die Brust meiner Mutter zerfleischen?", meinte noch um 1800 ein Angehöriger der Stämme des Columbia-Beckens gegenüber einem Europäer. „Dann wird sie mich, wenn ich sterbe, nicht an ihren Busen nehmen, dass ich ausruhe ... Ihr verlangt von mir, dass ich nach Steinen grabe? Soll ich unter meiner Mutter Haut nach Knochen graben? ... Ihr verlangt von mir, dass ich das Gras schneide und Heu mache und es verkaufe, um reich zu werden wie weiße Männer? Aber wie kann ich es wagen, meiner Mutter Haare abzuschneiden?"[5]

Die geistlose Mater/Materie wird zur Hure

Je mehr jedoch die Vorstellung von einer geist- und fühllosen Materie Einfluss gewann, umso mehr wurden diese ursprünglichen Hemmungen abgebaut. Ausschlaggebend für diese Entwicklung waren Marin Mersenne (1588–1648), Pierre Gassendi (1592–1655) und René Descartes (1596–1650), die eine mechanistische Philosophie entwarfen, in der die Welt und ihre weibliche Seele zu einem System toter Körperteilchen werden. Eine Vorstellung, die Thomas Hobbes (1588–1679) weiterentwickelt hat. Er reduziert Seele, Wille, Verstand und Begierden des Menschen auf mechanisch bewegte Materie und entwickelt in seinem „Leviathan" (1651) ein mechanistisches Modell der Gesellschaft, das die soziale Gesetzlosigkeit beheben soll. Weil er die Natur mit Chaos, Anarchie und Furcht assoziiert, muss sie gezähmt, gebändigt, überwältigt werden.

Denn das war schon immer die andere Seite der Frau, die andere Seite der guten, fruchtbaren Mutter Natur: Sie ist auch für Hungersnot zuständig, für Dürre, Unwetter und Pest. Und je gründlicher das Bild der Welt mechanisiert und rationalisiert wurde, umso mehr wurde die Metapher von der Erde als Nahrung spendende Mutter von der Metapher einer wilden, störenden und gesetzlosen Natur abgelöst, die beherrscht werden musste. Dass die Hexenverfolgungen genau zu dieser Zeit ihren Höhepunkt erreichten, ist natürlich kein Zufall. Ist doch die Hexe Symbol für sündhaftes weibliches Fleisch, gleichzeitig aber auch für eine gewalttätige Natur, die Ernten vernichtet, Krankheiten verursacht und den Mann kastriert. Sie muss daher, ebenso wie eine chaotische Natur, unter Kontrolle gebracht werden. Tatsächlich überliefert uns die bildende Kunst dieser Zeit zahlreiche Darstellungen von aufsässigen, frechen und gewalttätigen Frauen – triebhafte Wesen, die ihren Ehemann schlagen oder sexuell belästigen.

Bacon hat aus all diesen Entwicklungen seine Schlussfolgerung gezogen: Die Natur war dazu da, um bezwungen, beherrscht zu werden, sie ist die „Sklavin" des Menschen/Mannes, und es ist ihre Aufgabe, diesem zu dienen. Als Folge verwandelt sich die als lebend und fühlend gedachte Mutter Erde in einen „Krüppel", ein „bleich Gespenst" und eine „trock'ne Aschen", wie es der Dichter John Donnes in seinem Gedicht auf den Tod der Welt (1611/12) formuliert. „Sie, sie ist tot; sie ist tot", beklagt er den Verfall der Weltenseele.[6]

Auch Bacon beschreibt die bereits geistlose Materie häufig mit Bildern des – abgewerteten – Weiblichen, sie ist eine „Kokotte" oder „Hure". Darüber hinaus ist sein Denken geprägt von Bildern der Natur als Frau, die erobert, vergewaltigt, in die „eingedrungen" und die ausgebeutet werden muss. Wobei es kaum noch überrascht, dass er Vergleiche zwischen den Methoden der Wissenschaft und den Foltermethoden der Hexenprozesse anstellt. Ähnlich wie den Frauen die Geheimnisse ihrer Hexerei, müssen auch der Natur ihre Geheimnisse entrissen werden.[7] Gleichzeitig erinnert sich der Wissenschaftler dabei auch an die christliche Lehre vom Sündenfall: Weil durch die Sünde Evas dem Mann die ursprüngliche Kontrolle der Natur entglitten sei, muss er sie jetzt als Repräsentant von Gottes Herrschaft auf Erden wiederherstellen. Wobei jenes berühmte Bibelwort, wonach der Mensch auserwählt sei, sich die Erde untertan zu machen, eine entsprechende Rechtfertigung liefert.

Die Maschine als bessere Mutter

Descartes hat den Menschen noch mit einer Maschine verglichen – der Mensch, so meint er, ist *wie* eine Maschine. Der Arzt Julien Offray LaMettrie (1709–1751) hingegen geht noch einen Schritt weiter, wenn er sagt, der Mensch *ist* eine Maschine. Denken wird bei ihm eine mechanische Bewegung und die Seele ein Ausdruck des Körpers. Die Maschine, sagt Claudia von Werlhof, ist „die einzige genuin männliche Erfindung der Geschichte neben der Gewalt", sie ist „die Theorie und Materialisierung des historischen männlichen Projekts, die Mutter, die Welt und die Natur nicht nur zu unterwerfen, zu verdrängen und zu vernichten, sondern auch zu ersetzen. Die Maschine ist sowohl die angeblich bessere zweite Natur, wie die bessere Mutter ... und die viel bessere sklavische Frau des ‚freien Mannes'", sie ist „die endliche Realisation dessen, was Männer sagen wollten, als sie anfingen, die Mutter, die Göttin zu verhöhnen und zu ermorden. Gleichzeitig ist sie Ausdruck der männlichen Unfähigkeit, der Mutter und der Göttin tatsächlich etwas entgegenzusetzen".[8]

Menschenautomaten haben bereits die Antike fasziniert, wo sie „Androide" genannt wurden. Im Mythos baut Hephaistos einen eisernen Riesen für König Minos auf Kreta, und auch Dädalus soll Minos mit künstlichen Menschen versorgt haben. Im ausgehenden Mittelalter hat sich dann vornehmlich Paracelsus (1494–1541) mit dem so genannten „Homunkulus" beschäftigt. In seiner Schrift „De generatione rerum naturalium" (1537) beschreibt er, wie ein Mensch „ausserthalben weyblichen Leibs und seiner natürlichen Mutter möge geboren werden", und zwar auf chemischem Wege aus Urin, Sperma und Blut und mit einem Wachstum von 40 Tagen.[9] Auf diesen „Homunkulus" bezieht sich auch Goethe, der in Faust 2. Teil von 1832 diesen künstlichen Menschen vom Famulus Wagner mit Hilfe Mephistos herstellen lässt. Schon damals wird diese Geburt im Reagenzglas als die „höhere", „reinere", weil geistige gefeiert:

„Behüte Gott, wie sonst das Zeugen Mode war,
Erklären wir für eitel Possen ...
Wenn sich das Tier noch weiter dran ergetzt,
So muss der Mensch mit seinen großen Gaben
Doch künftig höhern, höhern Ursprung haben ...
Das Glas erklingt von lieblicher Gewalt,
Es trübt, es klärt sich, also muss es werden!
Ich seh in zierlicher Gestalt
Ein artig Männlein sich gebärden."

Immerhin ist bei diesem Unterfangen noch der Teufel beteiligt, womit es in gewisser Weise als ruchlos gebrandmarkt wird. Auch der Golem, ursprünglich im Umkreis der talmudischen Tradition beheimatet und im Mittelalter die Bezeichnung eines der Seele beraubten menschlichen Körpers, wird später in der Golem-Legende zu einem vom Menschen aus Lehm geschaffenen künstlichen Helfer, der dem menschlichen Willen bedingungslos unterworfen ist. Als Strafe für die Anmaßung, Gott spielen zu wollen, entgleitet der Golem jedoch letztendlich der Kontrolle seines Konstrukteurs, den er noch vor seiner Vernichtung schwer verletzt oder tötet.

Diese jahrhundertelange Scheu, in den Plan eines Schöpfers, oder nennen wir es heute in die Evolution, einzugreifen und die Angst vor den Folgen haben die heutigen Genetiker ebenso verloren wie die hemmungslosen Profiteure eines ausbeuterischen (Wirtschafts-)Systems, die den noch im Mittelalter existierenden Respekt vor „Mutter Erde" vergessen haben. Das Resultat eines verwüsteten Globus ist bekannt, das Resultat eines veränderten Erbguts der Pflanzen, Tiere und jetzt auch Menschen wird sich in seinem ganzen zerstörerischen Ausmaß erst zeigen.

An der Wende vom 18. zum 19. Jahrhundert wurde dann der Maschinenmensch neu belebt. Es kam zur Entstehung gehender, sprechender, schreibender und Musik spielender so genannter Automaten. Sie waren *die* Attraktion dieser Zeit und bezeichnenderweise überwiegend weiblich. Auf Jahrmärkten und Ausstellungen begeisterten sie ein fasziniertes Publikum, das die Wunderwerke moderner Technik bestaunte. Hier konnten Frauen endlich so präsentiert werden, wie *Mann* sie immer haben wollte: schön, gehorsam, sanft, ästhetisch, weitgehend schweigsam und ewig jung. Diese Kunstfrau hat anschließend auch die Phantasie männlicher Literaten beflügelt, sie ist uns vor allem als Olympia in E.T.A. Hoffmanns „Sandmann" präsent, aber auch Jean Paul hat sie in „Frau aus Holz" nachgestaltet ebenso wie Villiers de L'Isle-Adams in „L'Ève future".[10]

Die idealen, von ihren Liebhabern bewunderten Phantasiegestalten sind vor allem eines: künstlich, Produkte des männlichen Geistes und damit der Natur und den „natürlichen", sinnlichen, gebärenden, menstruierenden und alternden Frauen entgegengesetzt. Allerdings müssen auch sie am Ende dieser Romane und Satiren auseinanderfallen, sie werden zerstört oder zerstören sich selbst. Zukunft haben sie keine.

Die Intention, die hinter der Sehnsucht nach Erschaffung eines künstlichen Menschen steht, ist klar: Es ist der Wunsch nach Abschaffung der Mutter, des weiblichen Uterus, den die männliche Geistgeburt ersetzen soll. Dass jeder Mensch und damit auch jeder Mann – vorläufig noch – aus einer Frau geboren wird, hat die patriarchale, die androzentrische Gesellschaft immer zutiefst irritiert. Darin liegt ein wesentlicher Grund, warum Frauen und Mütter abgewertet, kontrolliert, isoliert und an Bildung und Selbstverwirklichung gehindert wurden und werden. Wahrscheinlich wird dieser bereits Jahrtausende dauernde Prozess, in den Männer ungeheure Energien, Kräfte, finanzielle Mittel stecken, erst dann beendet sein, wenn die Geburt im Labor, die Ausschaltung weiblicher Gebärkraft tatsächlich gelungen ist, mit allen heute bereits abzusehenden zerstörerischen Folgen. Möglich, dass dann, wenn die Mutter abgeschafft, wenn in die Keimbahn eingegriffen und Leben verändert wird, wenn die Geschlechter sich damit angeglichen und beide mit ähnlichen Problemen zu kämpfen haben, der Krieg gegen die Frau als Sexualwesen beendet ist. Möglich aber auch, dass er sich auf anderer Ebene fortsetzt. In die Zukunft können wir nicht blicken.

So wie bei anderen Entwicklungen hat es natürlich auch hier Gegenkonzepte gegeben, sie haben sich allerdings nicht durchgesetzt. Der so genannte Vitalismus etwa wandte sich vehement gegen den von Descartes postulierten Dualismus und betrachtete die Natur als Einheit, in der Körper und Geist einander durchdringen. Bedeutendste VertreterInnen waren Wilhelm von Leibniz und bezeichnenderweise eine Frau, die zu Lebzeiten geachtete und berühmte Philosophin Anne Conway. Dass sie heute weitgehend in Vergessenheit geraten ist, verdankt sie dem üblichen Schicksal begabter Frauen: Ihr einziges Buch „Prinzipia Philosophiae Antiquissimae et Recentissimae" wurde nach ihrem Tod im Jahr 1690 von Mercurius van Helmont herausgegeben und daher fälschlicherweise bis weit ins 19. Jahrhundert hinein diesem zugeschrieben. Tatsächlich jedoch war Leibniz in dem fundamentalsten Begriff seiner Philosophie, der Monade, wesentlich von Conway beeinflusst.[11]

Erst dieser, bereits in der Antike formulierte und in der frühen Neuzeit radikal durchgesetzte Dualismus hat nach der Spaltung von Körper und Seele/Geist die Spaltung der Menschen in Herrscher und Beherrschte, in Subjekt und Objekt erreicht, er schafft Hierarchien, Ausbeuter und Ausgebeutete, Erste und Dritte Welt und er prägt mit Ungleichheit und Ungerechtigkeit unsere gesamte Gesellschaft, Politik, Technik und Ökonomie, wobei Natur und Frau immer als unterlegen dargestellt werden. Aber dieser Dualismus ist ein männliches Produkt. Für Frauen ist die Abspaltung des Geistes von einem für tot erklärten Körper weniger nachvollziehbar als für den Mann, weil sie diesen Körper als Ursprung des Lebens erfahren. Sie sind immer be-seelter, be-geisterter Leib. (Die Wörter „Leben" und „Leib" sind etymologisch über das mittelhochdeutsche Wort „lib" verwandt. „Körper" hingegen geht auf das mittelhochdeutsche „korper" zurück und bedeutet Leiche, Leichnam. Der „Leib" ist ein Synonym von „Leben", der „Körper" von „Tod". Die Ablösung des Begriffs „Leib" durch den Begriff „Körper" wurde bezeichnenderweise im 18. Jahrhundert vollzogen, als sich männliche Ärzte nicht nur des Geburtsvorganges, sondern auch des geöffneten Frauenleibs bemächtigten.[12])

Darum sind auch sämtliche patriarchalen Religionen mit ihrer teilweise strengen Askese, die eine Auslöschung des Leibes ersehnt, mit ihren Erlösungstheorien vom Nirwana, vom Jenseits, einem weiblichen Weltbild entgegengesetzt, selbst wenn sich viele Frauen diesen Anforderungen unterworfen haben. Aber weil Frauen nun einmal auch Mütter sind, werden sie unter diesen Dualismen immer eine Seite ihres Wesens verleugnen müssen, und zwar wesentlich rigider als der Mann, der diese Spaltung allerdings auch als Vergewaltigung erleben kann. Die aufgespaltene Frau als Nur-Geist-Frau und Nur-Leib-Mutter-Geliebte-Frau durchzieht demnach auch die gesamte androzentrische Geschichte. Dass Frauen immer beides sind, kann der patriarchale Mann offenbar schwer ertragen. Diese Spaltung dient nach dem Motto „teile und herrsche" ihrer Schwächung. Auch die Aufteilung in – eine schmutzige – Sexualität und reine, weil geistige Liebe (Agape) muss Frauen fremd sein. Sexualität ist Vorbedingung für Fruchtbarkeit, und Fruchtbarkeit ist immanenter Teil ihres Leibes und Vorbedingung für ein neues, geistig-körperliches Leben.

Weil das ganzheitliche Weltbild den Frauen ständig zerstückelt, zerrissen, beschädigt wird, werden sie zur „Anderen", zur Fremden, wie es Simone de Beauvoir sehr richtig erkannt hat. Aber sie hat diese Spaltung nicht aufgehoben. Auch sie beschreitet einen androzentrischen Weg, wenn sie „von der Unterjochung des Körpers durch die Fortpflanzungsfunktion"[13] spricht und Mutterschaft als hinderlich für die Selbst-Werdung der Frau darstellt. Die abgeschaffte Mutter ist aber – trotz patriarchalem Mutterkult und Diskriminierung der kinderlosen Frau – immer ein männlicher Wunsch gewesen. Für Frauen stellt sie einen Verlust dar, ihnen aufgezwungen durch ökonomische, gesellschaftliche Bedingungen. Verlust einer wesentlichen Erfahrung, aber auch von Macht. Das wusste/weiß niemand so gut wie der Mann. Weshalb es auch symptomatisch ist, dass seine Geistgeburt im Labor triumphal gefeiert wird, während Frauen für ihre Mutterschaft nach wie vor mit ökonomischen Nachteilen und/oder Abhängigkeit vom Mann und Einschränkung ihrer Persönlichkeitsentwicklung bestraft werden.

Künstliches Leben ohne Mutterbauch

Wenn die Mechanisten den Menschen-Mann befähigen wollten, Gott, der als Ingenieur begriffen wurde, „in äußeren Hervorbringungen" nachzuahmen,[14] so bilden sie damit lediglich die Vorhut heutigen wissenschaftlichen Denkens, das in der gegenwärtigen Gen- und Reproduktionstechnologie seinen vorläufigen Höhepunkt erreicht. Es gipfelt in der gewaltsamen Zerstörung gewachsener Zusammenhänge, auf der gewaltsamen Zerlegung und Zerstückelung lebender Organismen, die dann erneut nach dem Plan des männlichen (gottähnlichen) Ingenieurs „zu neuem Leben erweckt", das heißt in diesem Fall zu einer toten Maschine zusammengesetzt werden. Die Hervorbringung von Leben soll der Natur, Gott/Göttin, der Frau abgenommen und im Labor „geschaffen" werden. Seit Jahren müht sich etwa der Genetikexperte Craig Venter damit ab, künstliches Leben ohne Mutterbauch herzustellen. Ein Vorhaben, dessen Realisierung seiner Ansicht nach in greifbare Nähe gerückt ist. Es wurde in einer österreichischen Tageszeitung bezeichnenderweise in Anlehnung an den biblischen Schöpfungsmythos unter dem Titel „Und Venter sah, dass es gut war" kommentiert.[15] Auch dem Biologen Hans Schöler, Leiter der Abteilung Zell- und Entwicklungsbiologie am Max-Planck-Institut für Molekulare Biomedizin in Münster, gelang 2003 erstmals die erfolgreiche Züchtung reifer Eizellen aus embryonalen Stammzellen der Maus, was ein freudiges bis triumphales Medienecho zur Folge hatte. War doch damit eine Voraussetzung für die technische Herstellung von Lebewesen geschaffen, also die Entstehung von Leben im Labor.[16]

Damit wäre ein uralter Männerwunsch, wie er im Mythos ebenso wie in der gesamten Männergeschichte zum Ausdruck kommt, endlich realisiert. Eigentlich ist die besiegte Mutter Grundmotiv der gesamten abendländischen Kultur, nur durch ihre Verwerfung kann sich das männliche Genie entfalten. Ihre Notwendigkeit für die Entstehung von Leben wird zwar – und vielfach sogar mit Bedauern – akzeptiert, aber die eigentlichen, wesentlichen Entwicklungen ergeben sich aus ihrer Zerstörung. Das ist bei Bachofen, dem „Entdecker" des „Mutterrechts", ebenso nachzulesen wie bei Freud, der die „Befreiung von der Mutter" als wichtig vor allem für das Erwachsenwerden des Knaben (das heißt für seinen Eintritt in eine patriarchale Kultur) begreift. Bachofen wiederum liefert in seiner Beschreibung des Übergangs vom Mutter- zum Vaterrecht die klassische Maxime einer patriarchalen Kultur: „Ein Weltalter geht unter, ein neues erhebt sich auf dessen Trümmern, das apollinische ... Auf die Göttlichkeit der Mutter folgt die des Vaters, auf das Prinzip der Nacht das des Tages ... dort stoffliche Gebundenheit, hier geistige Entwicklung; dort unbewusste Gesetzmäßigkeit, hier Individualismus; dort Hingabe an die Natur, hier Erhebung über dieselbe, Durchbrechung der alten Schranken des Daseins ... im Kampf wird der Mann sich seiner Vaternatur bewusst, kämpfend erhebt er sich über das Muttertum ... Für ihn liegt die Quelle der Unsterblichkeit nicht mehr in dem gebärenden Weibe, sondern in dem männlich-schaffenden Prinzip ... Überall dieselbe Erhebung, von der Erde zum Himmel, von dem Stoffe zur Unstofflichkeit, von der Mutter zum Vater, überall jenes Prinzip, das in der Richtung von unten nach oben eine sukzessive Läuterung des Lebens annimmt."[17]

Kaum jemand hat die Prinzipien einer patriarchalen Kultur dermaßen erhellend auf den Punkt gebracht: Herrschaft durch Krieg und Gewalt, Individualismus und damit im Zusammenhang Zerstörung lebendiger Beziehungen und zunehmende Isolation, Erhebung über das Stofflich-Weibliche und in der Folge seine Erniedrigung, Erhebung über die Natur und gleichzeitig ihre Zerstörung.

Unter den zahlreichen künstlerischen Manifestationen eines Denkens, in dem schöpferisches Tun auf der Überwindung des Mütterlich-Weiblichen beruht, seien lediglich zwei aus der jüngeren Vergangenheit herausgegriffen: Egon Schieles Gemälde der „Toten Mutter" und einige Zeilen des Literaturkritikers und Schriftstellers Walter Benjamin aus seinem Text „Nach der Vollendung". Doris Hansmann hat sich mit den Mütter-Bildern Schieles auseinandergesetzt und beschreibt sie als „Beschwörungsformel künstlerischer Autonomie, die ihre Herkunft nicht der Frau und Mutter verdankt", sondern den Ausbruch des Genies als einen Befreiungsakt zeigt, dem die Mutter geopfert werden muss.[18] Und der Schriftsteller und Kunstkritiker Walter Benjamin beschreibt analog Bachofen männliche Schöpfungskraft folgendermaßen: „Beseligt überholt er (der Mann) die Natur: denn dieses Dasein, das er zum ersten Mal aus der dunklen Tiefe des Mutterschoßes empfing, wird er nun einem helleren Reiche zu danken haben. Nicht wo er geboren wurde, ist seine Heimat, sondern er kommt zur Welt, wo seine Heimat ist. Er ist der männliche Erstgeborene des Werkes, das er einstmals empfangen hatte."[19]

Den modernen „Pharmakraten" (Gena Corea) scheint jetzt diese „Befreiung vom Mutterleib", in einer patriarchalen Kultur jahrtausendelang beschworen, endlich tatsächlich gelungen zu sein. Die „geistige" Geburt im Reagenzglas ist bereits eine halbe Tatsache und harrt ihrer Vollendung.

Prothesennatur und Prothesenleben

Warum, so fragt frau wiederholt, dieses fanatische Bemühen, die Gebärkraft der Frau abzuschaffen und selbst zu übernehmen? Warum diese grenzenlose Kraftanstrengung, diese ungeheuren Gelder, die in Reproduktionstechnologien gesteckt werden, dieser Triumph, wenn wieder eine Laborgeburt gelingt, während schätzungsweise vier Millionen Neugeborene jährlich weltweit sterben, die zu drei Viertel mit geringem Aufwand verhindert werden könnten?[20] Im Grunde, so wird klar, geht es gar nicht um die Erhaltung des Lebens, sondern es geht um Kontrolle und Macht. Der männliche Forschergeist, der geradezu als Sucht zu bezeichnen ist, konzentriert sich auf komplizierteste Zusammenhänge, während das – natürliche – Leben stirbt. Denn die Geistgeburten im Labor können immer nur „Prothesengeburten" sein, um Freuds Hinweis auf einen „Prothesengott" in seinem berühmten Aufsatz über „Das Unbehagen in der Kultur" weiter zu verfolgen. Dieser Freud'sche „Prothesengott" kann nur eine „Prothesennatur" erzeugen und daher auch nur ein „Prothesenleben". Aber weil nach wie vor alles, was männlicher Geist geschaffen hat, über weibliche Kreativität gestellt wird, gilt auch die männliche Geistgeburt im Labor – die inzwischen zu einem riesigen Geschäft geworden ist – mit der heute bereits bestehenden Möglichkeit der Pränatal- und Präimplantationsdiagnostik vielfach bereits als besser, sicherer und vollkommener als das Gebären aus einer Frau.

Und warum, so müssen wir weiter fragen, dieser Hass auf die Frau als Geschlechtswesen, auf die Frau als Mutter, wie er in der gesamten patriarchalen Geschichte zum Ausdruck kommt? Warum Verstümmelung der Frau, Vergewaltigung der Frau, Mord an der Frau? Warum diese unglaublichen, bis zum heutigen Tag andauernden Diskriminierungen der Frau aufgrund ihrer Geschlechtlichkeit, ihrer Mutterschaft, warum ihre Ausgrenzung aus dem gesellschaftlichen, kulturellen, geistigen Leben, ihr Hineindrängen in – männliche – Abhängigkeit, ihre Verächtlichmachung als ledige Mutter oder ihre heutige Doppelbelastung. Gleichzeitig jedoch die Fixierung auf ihre Gebärfähigkeit als einzigen Daseinszweck und Herabwürdigung jener Frauen, die diese „weibliche Bestimmung" verfehlt haben?

Mit Erklärungen haben sich PsychologInnen, HistorikerInnen, PhilosophInnen bereits ausgiebig abgemüht. Der Gebärneid des Mannes bildet sicherlich einen wesentlichen Aspekt, wenn auch nicht den einzigen. Eine weitere Ursache kann im männlichen Unsterblichkeitswahn gesucht werden, dem die Geburt des Menschen aus der – sterblichen – Frau entgegensteht. Darauf weist auch ihre – nicht nur im „Hexenhammer" – beschworene Todesnähe hin, ihr als böse beschriebenes – sterbliches – Fleisch, das die männliche Geistgeburt besiegen soll. Eine befriedigende Antwort wurde bislang allerdings nicht gefunden.

Denn die Verherrlichung der Frau als schöne Geliebte und gute Mutter, wie sie ebenfalls durch die patriarchale Geschichte geistert, ist im Grunde eine verlogene Herablassung, sie gilt einem männlichen Konstrukt, dem Produkt männlicher Phantasien und hat mit der tatsächlichen Frau, ihren wirklichen Wünschen und Bedürfnissen meist wenig bis nichts zu tun. Dass es Frauen erst in diesen letzten Jahrzehnten in immer größerer Zahl – aber nach wie vor angefeindet – möglich war, diese Wünsche und Vorstellungen zu formulieren, ist Unglück und Chance zugleich. Unglück, weil es so spät, Chance, dass es überhaupt passiert. Die Definitionsmacht der Männer aufzubrechen, die für Jahrtausende bestimmte, was Norm zu sein hat, wird allerdings sehr lange dauern.

Aber vielleicht werden diese männlichen Konstrukte, diese Geist-Geburten zerfallen wie die schönen Kunstfrauen in den Romanen des 19. Jahrhunderts, weil sie ebenso wenig überlebensfähig sind. Und vielleicht zerfällt mit ihnen auch diese gesamte, mit einem riesigen Aufwand an Geld und Energie erzeugte lebens-, frauen- und kinderfeindliche Automaten-, Beton- und Warenwelt, in der immer alles besser werden soll und gleichzeitig die Depressionen zunehmen und der Mensch langsam überflüssig wird, weil seine Arbeit, die einmal ein kreativer Prozess gewesen ist, zunehmend Maschinen, Automaten, Computer übernehmen, während er selbst in die Arbeitslosigkeit oder in eine Freizeitindustrie gedrängt wird. Bei der Hightech-Weltausstellung in Japan im Frühjahr 2005 wurden Roboter vorgestellt, die in der Kinderbetreuung und Altenfürsorge eingesetzt werden sollen. Die Maschine wird hier bewusst als Ersatz für menschliche Liebe und Fürsorge angeboten. Dass der prominente US-Ökonom Jeremy Rifkin diesen technologischen „Fortschritt" außerdem als „wirklichen Jobkiller" bezeichnet, ist nur folgerichtig.[21] Maschinen bestimmen unser Leben, wir haben sie bereits verinnerlicht – nicht nur gedanklich, sondern auch körperlich. Cyborgs heißen die Mischwesen aus Mensch, Tier und Maschine, wie sie durch Gentechnologie und das Einpflanzen etwa von Herzschrittmachern und Chips unter die Haut schon gängige Praxis sind. Eine Entwicklung, der die feministische Biologin Donna Haraway in einer provokanten These auch positive Aspekte abgewinnen kann: Sie sieht darin eine Überwindung des dualen Natur-Kultur-Verhältnisses, weil in diesem Prozess die Unterscheidung zwischen Mensch und Natur, Mensch und Maschine, Subjekt und Objekt durchbrochen wird.[22] Eine Theorie, die an dieser Stelle angezweifelt werden darf. Vielmehr symbolisiert eine zunehmende „Ent-Lebendigung" der Welt auch Todesnähe, wie sie für patriarchale Gesellschaften generell charakteristisch ist. Außerdem wird damit einer hemmungslosen Manipulierbarkeit der menschlichen und außermenschlichen Natur der Weg bereitet. Es geht aber um Erhaltung von Leben, von „gutem Leben" (Maria Mies), das „künstlichen Geburten" im Labor und manipuliertem Leben diametral entgegengesetzt ist.

Denn die Rechtfertigung, mit der diese männlichen Geistgeburten auf verschiedensten Gebieten betrieben werden, nämlich damit dem Wohl der Menschheit zu dienen, ist angesichts eines zunehmenden, weltweiten menschlichen Elends (in manchen Ländern ist die Lebenserwartung auf unter 40 Jahre gesunken), das allmählich auch die Industriestaaten erfasst, schon längst obsolet geworden. Und die Technik, einst als Chance für die Verwirklichung eines glücklicheren, besseren Lebens verherrlicht, wurde längst zur Last. Schon versorgen uns populärmedizinische Zeitschriften mit Ratschlägen, wie wir dem täglichen, durch Handys, Fax, E-Mail, Computer, Radio, TV etc. erzeugten „Techno-Stress" entkommen können, der sich in Konzentrationsstörungen, Erschöpfung, Gleichgültigkeit, aber auch Aggressivität und Hyperaktivität äußert.[23] Aber statt dieser Entwicklung Einhalt zu bieten, Energie, Geld und Zeit dort zu investieren, wo es um wesentliche, vernachlässigte Interessen der Menschen und unseres ausgebeuteten Globus geht, wird munter weiter an angeblich immer besseren Geräten experimentiert und produziert, die zugleich immer komplizierter, teurer und anfälliger werden und unser Leben beherrschen, statt es freier zu gestalten. Die High-Tech-Sucht hat sich im Sinn eines expandierenden Marktinteresses verselbständigt, die Prioritäten werden falsch gesetzt, denn was die Menschen dieser Welt wirklich brauchen, war noch nie Gegenstand eines androzentrischen Machtinteresses.

IV. Der sündige Leib Evas

Eva, die alte Göttin und Urmutter der Menschen, wurde für ihr Streben nach Erkenntnis und Weisheit (die sie im Grunde immer schon besaß) von Gott dem Herrn zusammen mit ihrem einstigen Sohngeliebten Abdiheba (Adam) nicht nur aus ihrem Apfelparadies vertrieben, ihr fruchtbarer Körper, im Matriarchat heilig und verehrt, wurde außerdem schmutzig und sündhaft und ihre Gebärkraft eine Strafe. „Mit Schmerzen sollst du Kinder gebären", heißt es nun über die folgenden Jahrhunderte, und: „In Schuld bin ich gezeugt worden, und in Sünde hat mich meine Mutter empfangen." Ein Fluch, der die Lebenskraft und Freude nicht nur der Frau vernichten soll, sondern der alles Leben von Anfang an schuldig spricht! Ist es zu verwundern, dass dieser Glaubenssatz, zusammen mit dem Gebot, sich die Erde untertan zu machen, in die Leblosigkeit führen musste, wie wir sie heute erfahren, in den Tod der Natur, die Freudlosigkeit unserer Beziehungen?

Göttner-Abendroth sieht in den monotheistischen Religionen mit ihren abstrakten Prinzipien die Basis für die – im Patriarchat entstanden – Philosophien, die dann übergehen in die patriarchalen Wissenschaften und Technologien. „Kennzeichnend für diese Entwicklung ist, dass in ihrem Umkreis das Weibliche stets das negative Prinzip darstellt: Im Umkreis der patriarchalen Großreligionen ist die Frau das Prinzip des Schlechten, Verwerflichen, Unreinen, Sündigen, Bösen schlechthin. Im Umkreis patriarchaler Philosophie und Wissenschaft ist sie das Prinzip des Irrationalen, Unlogischen, Beschränkten, Mangelhaften, der Dummheit schlechthin. Die misogyne Literatur seit Entstehen der patriarchalen Großreligionen und philosophisch-wissenschaftlichen Systeme ist Legion, sie hat bis heute nicht aufgehört."[1]

Natürlich konnte sich der patriarchale Mann trotz grundsätzlicher Verachtung des Weiblichen nie von seinem Begehren befreien. Selbst der heilige Hieronymus vermag es nicht, trotz Beten, Fasten und empfindlichen Kasteiungen seinen schändlichen Trieb zu unterdrücken: „Mein Gesicht war bleich vom Fasten, aber der Geist glühte im kalten Körper vor heißen Begierden, und in der Phantasie eines Menschen, der dem Fleisch nach längst gestorben, kochte nur noch das Feuer der bösen Lust."[2] Die Psychologin Meier-Seethaler spricht von einem „Sexualdilemma", das die gesamte – nicht nur christliche – androzentrische Kultur prägt. Es äußert sich in sexueller Gewalt, in Sadismus und Masochismus (wobei Ersteres meist Männern, Letzteres Frauen zugeschrieben wird), aber auch in unerfüllten Sehnsüchten, in einer Inflation von Weiblichkeit etwa in der bildenden Kunst, Produkte männlicher Phantasien, denen keine Grenzen gesetzt wurden. Selbstentwürfe von Frauen gab es selten oder gar nicht, und wenn, dann haben sie sich patriarchaler Definitionsmacht angeglichen (was heute noch häufig zu beobachten ist). Frauen waren jahrtausendelang zum Schweigen gebracht worden, ausgeschlossen von Bildung, eingeschlossen in ihren Leib, der zwar als notwendig, aber trotzdem minderwertig galt. „Man wird erst wissen, was die Frauen sind, wenn ihnen nicht mehr vorgeschrieben wird, was sie sein sollen",[3] meint Rosa Mayreder, eine der ersten österreichischen Feministinnen an der Wende vom 19. zum 20. Jahrhundert, als sich Frauen – im Übrigen nicht zum ersten Mal in der Geschichte – gegen ihre Herabwürdigung aufzulehnen begannen.

Auch Maria, die Mutter Gottes und die einzige Frau, die im christlichen Glaubenskanon bestehen konnte und kann, ist ein Konstrukt des männlichen Geistes. Ihr fehlt vor allem, wovor sich der zölibatäre Gottesmann am meisten fürchtet, die (weibliche) Sexualität. Nur frei davon kann sie „rein" sein, sie wurde auch nicht „in Sünde" gezeugt – ihre Empfängnis verlief „unbefleckt". Und natürlich empfängt sie auch den „Sohn Gottes" (nicht der Göttin) keinesfalls „fleischlich", sondern sie wird befruchtet durch den Heiligen Geist. (Inzwischen ist die Jungfrauengeburt allerdings auch im Labor möglich geworden, was auf eine gewisse geistige Gemeinschaft zwischen Christentum und Wissenschaft hindeutet. Auch der von Augustinus beschworene paradiesische Zustand einer Zeugung ohne Lust lässt sich hier mühelos verwirklichen.) Maria ist das Gefäß, in das der Mann seine Wünsche deponieren konnte, sie ist tugendhaft, demütig, ehrfurchtsvoll, gehorsam, hingebend, gütig, leidensfähig, dienend und treu. Daran änderte auch ihre Verherrlichung nichts, denn natürlich hat Maria in Abbildungen viel von der alten kosmischen Göttin übernommen. Sie ist die „Königin des Himmels", die „Herrin der Engel" und wird häufig auf einem Halbmond stehend gezeigt mit einem Kranz von Sternen um ihr Haupt. Denn zu diesem Zugeständnis mussten sich die frühen Kirchenmänner dann doch bequemen. Um ihre Religion dem Volk zugänglich zu machen, konnten sie das Weibliche nicht völlig ausschließen. So erklärten sie 431 auf dem Konzil zu Ephesos die zu Lebzeiten gar nicht so geschätzte Mutter Jesus zur „theotokos", zur Gottesgebärerin. Aber sie ist keine Göttin, sondern „die Magd des Herrn", die kniend ihren Sohn anbetet.

68

Die Stigmatisierung des Fleisches als böse und verderblich

Die Mutter Gottes als „Magd des Herrn" passte in das patriarchale Weltbild. Darum sind auch die fanatischsten Hexenjäger die glühendsten Marienverehrer gewesen. Denn die wirkliche Frau, die Frau der Realität war Eva, deren göttliche Reste auf dem Blocksberg zur Hexe verkamen. Die Frau war Fleisch, und Fleisch war Sünde, wie es im Hexenhammer deutlich ausgesprochen wird: „Alles geschieht aus fleischlicher Begierde, die bei ihnen (den Frauen) unersättlich ist. Sprüche am Vorletzten: ‚Dreierlei ist unersättlich (etc) und das vierte, das niemals spricht: es ist genug, nämlich die Öffnung der Gebärmutter'. Darum haben sie auch mit den Dämonen zu schaffen, um ihre Begierden zu stillen."[4]

Der einst Leben, Liebe und Glück spendende Leib der Frau wird eine Gefahr für den asketischen Gottesmann, eine ständige Bedrohung. „Das Auge des Weibes berührt und beunruhigt unsere Seele", meint der Prediger Johannes Chrysostomos (gest. 407), „und zwar nicht nur das Auge des zügellosen, sondern auch des züchtigen Weibes."[5] Sexualität, in den alten Matriarchaten heilig, wird zur „bösen Lust", verwandt dem Tod. Die Eigenschaften, die der Frau zugeschrieben werden, sind Synonyme für Tod: Passivität, Stummheit, Schwäche, Willenlosigkeit, während der Mann Merkmale besitzt, die für Leben stehen, wie Aktivität, Kreativität, Stärke. Bei Otto Weininger am Beginn des 20. Jahrhunderts, für den die Frau reine Sexualität, nicht Sexualwesen, also Subjekt ist, wird sie Ichlos, „weil sie nichts ist als Sexualität, weil sie die Sexualität selbst ist ... Grob ausgedrückt: der Mann hat den Penis, aber die Vagina hat die Frau".[6]

Diese Stigmatisierung des Fleisches als böse und verderblich, zugleich aber auch vergänglich und schwach und der Frau als gefährliche Verführerin, deren Biologie (= Gebären) ihr als Fluch ausgelegt wurde, hatte weitreichende Folgen. Sie bildete nicht nur einen der wesentlichen Gründe für die Hexenverfolgungen, mit dem weiblichen Körper wurden auch seine Funktionen wie Menstruation und Schwangerschaft als unrein erklärt, und der Geburts- ebenso wie der Menstruationsschmerz galt als ewige Buße für die Urschuld Evas und die fleischlichen Gelüste der Frauen. Gleichzeitig jedoch wurde ihnen die Chance eingeräumt, durch das Gebären möglichst vieler Kinder selig zu werden. Eine Aufforderung, die in kommenden Jahrhunderten zu den von ständigen Schwangerschaften erschöpften Frauen, zu häufigem Kindstot und Kinderelend und einem ungeheuren Bevölkerungsanstieg nicht unwesentlich beigetragen hat (siehe Kapitel VI).

Die Vorstellung vom gefährlichen, sündhaften Körper der Frau beschränkte sich keinesfalls nur auf kirchliches Glaubensgut, sie beeinflusste vielmehr massiv das Alltagsleben der Frauen, und das nicht nur durch die Hexenverfolgungen. So etwa hatte sich die Vorstellung vom Geburtsschmerz als Strafe für die weibliche Erbschuld tief eingegraben, wie zahlreiche Gebete für Gebärende beweisen, die keinen besonderen Trost vermitteln, sondern eher die willige Selbstauslöschung predigen, wie folgendes Beispiel zeigt: „Gib meinem Herzen Kraft, o Herr, dass es die Schmerzen der Niederkunft ertrage und dass ich sie als Ausdruck Deiner Gerechtigkeit hinnehme, die Du wegen der Sünde der ersten Frau an unserem Geschlecht übst. Dass ich um dieses Fluches willen, der auf mir ruht, und wegen meiner eigenen Sünden in der Ehe die schlimmsten Schmerzen freudig erdulden möge ... Mein Leiden ist niemals genug, um meine Sünden auszulöschen, denn obgleich das Sakrament der Ehe meine Schwangerschaft rechtfertigt, bekenne ich, dass die Fleischeslust ihr Gift in mich gesenkt und mich zu Taten verleitet hat, die Dir missfallen. Wenn es Dein Wille ist, dass ich bei der Niederkunft sterbe, will ich dieses gnädige Schicksal willig und in Anbetung auf mich nehmen."[7]

Gebären heißt Leiden, es ist gottgefällige Pflicht! Ein größerer Gegensatz zur freudigen, lebensbejahenden Fruchtbarkeit, die der alten Göttin zugeschrieben wurde, lässt sich kaum vorstellen.

Der sündige Körper der Frau und ihr unreines Blut dienten auch als Rechtfertigung, sie vom Altardienst auszuschließen. Der eine und einzige Gott gestattet ihr nicht die Sakramente zu spenden, und das bis zum heutigen Tag (immerhin wird die Kirche nach wie vor als moralische Instanz des christlichen Abendlandes bezeichnet). Menstruierende durften lange Zeit nicht das Haus der männlichen Dreieinigkeit betreten, sie wurden von Kirchgang und Kommunion ausgeschlossen und es war ihnen nicht gestattet, die Hand des Priesters zu küssen. Noch im 16. und 17. Jahrhundert kam es bei Übertretungen zu öffentlichen Erniedrigungen. Außerdem hatte das unreine Frauenblut wegen seiner außerordentlichen Giftigkeit auch die Isolation der Menstruierenden zur Folge. Sie war zu meiden, konnte Pflanzen verdorren lassen, Krankheiten übertragen und den bösen Blick verursachen. „Nichts ist unreiner als eine Frau in ihrer Periode; was sie anrührt, macht sie unrein", meinte der heilige Hieronymus.[8] Diese Ansicht war nicht auf die Kirche beschränkt. Auch einflussreiche Mediziner wie Jean

Fernel (1497) und Girolamo Cardano (1501–1576) betonten die Giftigkeit des Menstrualblutes, und Paracelsus hielt es sogar für das gefährlichste aller bekannten Gifte.[9]

Besonders hart traf das kirchliche Verdammungsurteil jene Frauen, die gerade ein Kind geboren hatten. Sie mussten nämlich wegen des vorangegangenen Geschlechtsverkehrs Buße tun, um sich mit der Kirche wieder „auszusöhnen". Dazu war eine „Reinigungszeit" von vierzig Tagen bei Knaben und achtzig bei – ganz offensichtlich mit größerer Erbschuld belegten – Mädchen notwendig. Das hieß in der Praxis, dass sich die Frau durchschnittlich vier bis sechs Wochen nach der Geburt nicht aus ihrem Haus entfernen durfte, was wohl einerseits einen Schutz vor zu schwerer Arbeit, andererseits aber auch Isolation und soziale Ausgrenzung bedeutete. Vor allem am Land, wo ein Großteil der Bevölkerung lebte, fehlte durch die häufigen Schwangerschaften eine wichtige Arbeitskraft. Ein Übertreten dieses Gebots zog allerdings nicht nur kirchliche Strafen, sondern auch weltliche Geldstrafen nach sich, und Wöchnerinnen, die ohne die notwendige „Aussegnung" starben, wurde bis ins 16. Jahrhundert die Beerdigung am Friedhof verweigert. („Ausgesegnet" wurden Frauen in ländlichen Gegenden übrigens bis in die sechziger Jahre des 20. Jahrhunderts.) Denn die Gemeinschaft hatte sich auch vor ihren unheilvollen Kräften zu schützen, ihre Berührungen verdarben Lebensmittel, Ernte und Vieh und unterlagen daher einer genauen Kontrolle. So etwa durften sie nicht am Brunnen Wasser schöpfen, denn dann würde das Wasser Würmer bekommen, versiegen oder sie selbst würden von Krätze befallen. Sollten sie über Felder gehen, so würde Hagel das Land verwüsten, und der Gang über das Grab einer Wöchnerin löste bei ihnen selbst einen unstillbaren Blutfluss aus. Ebenso wie während der Schwangerschaft hatten sie spezielle Essvorschriften, sexuelle Enthaltsamkeit, Abwehr und Schutzriten zu beachten, die Frauen während ihres gesamten gebärfähigen Alters als gefährdete und gefährliche Personen kennzeichneten. Sie waren einerseits hilflos und schutzbedürftig, andererseits aber auch Unheil bringend, außerdem wurde ihnen eine ungeheure Verantwortung aufgebürdet. Hielten sie sich nämlich nicht an die zahlreichen Regeln, die ihnen während der Schwangerschaft auferlegt wurden, und kam ein totes oder missgebildetes Kind zur Welt, so wurden sie schuldig gesprochen, was entsprechende Sanktionen der Dorfgemeinschaft zur Folge hatte.[10]

Die Tabuisierung von Menstruation und Geburt ist bei allen patriarchalen Völkern zu finden, sie ist Ausdruck von Furcht vor dem Mysterium der Mutterschaft, aber auch von Neid auf die Gebärkraft der Frau, auf ihr Geheimnis, das mit Beschwörungsformeln versehen, abgewertet oder entschlüsselt werden sollte (was der modernen Forschung inzwischen perfekt gelungen ist). In Teilen Indiens beispielsweise gilt die Mutter während der Geburt und zehn Tage danach noch heute als „unberührbar". Ähnliches wird von vietnamesischen Frauen berichtet. Rituelle Reinigung der Frauen nach der Geburt finden wir auch bei den Juden, den Arabern und vom Kaukasus bis Südafrika.[11]

Matriarchale Reste

Allerdings hat die Notwendigkeit einer möglichst gesunden Nachkommenschaft auch für gewisse Schutzmaßnahmen gesorgt, in denen sich gelegentlich alte matriarchale Reste finden lassen. Im Mittelalter und in der frühen Neuzeit war Schwangeren in manchen Gegenden die Ernte von Früchten, der Fischfang oder Holzfällen verboten und es war eine Befreiung oder Einschränkung von Steuerzahlungen gestattet. Sie genossen auch besonderen Schutz im Kriegsfall, und Gewalt gegen schwangere Frauen hatte schwere Strafen zur Folge. Das alles betraf allerdings nur solche, die einen Ehemann vorzuweisen hatten. Ledige Schwangere wurden nicht nur zu schweren Arbeiten herangezogen, man bestrafte sie auch mit Auspeitschen, Stehen am Pranger, Haft im Turm oder in Zucht- und Arbeitshäusern. Ging es doch kaum je um das Wohl der Mutter, und auch ein uneheliches Kind besaß wenig Wert. Immerhin wurden schwangere Frauen auch im Zuchthaus besser verköstigt, außerdem durften sie nicht gefoltert und auch nicht hingerichtet werden. Eva Labouvie zitiert in ihrer Kulturgeschichte der Geburt zahlreiche Gerichtsprotokolle, die belegen, wie Frauen diesen relativen Schutzraum, diese begrenzte Zeitspanne in der Phase der Gravidität zu nutzen wussten, um einer Hinrichtung zu entgehen oder Handgreiflichkeiten des Ehemannes, aber auch anderer DorfbewohnerInnen auszuschalten bzw. zu rächen.[12]

Reste matriarchaler Vorstellungen zeigen sich auch in der Ansicht, dass die Mutter mit ihrem Blut nicht nur während der Schwangerschaft das Kind ernährt, sondern dieses Blut in der Folge zu Muttermilch wird. Die Idee, dass die Frau in ihrem Körper transformiert, also Blut in Milch verwandelt, mit der neues Leben genährt wird, und damit verbunden die Vorstellung vom Weiterleben und von Macht über Leben und Tod sind uraltes matriarchales Gedankengut, das sich wahrscheinlich in den Volksglauben hineingerettet hat. Dass diese alten Vorstellungen am Beginn der Neuzeit in die Lehrbücher Eingang gefunden haben, mag mit neueren Kenntnissen in der Medizin zusammenhängen. Immerhin wurde damit eine Giftigkeit des Menstrualblutes von der Ärzteschaft zunehmend in Frage gestellt, aber auch ein neues, naturwissenschaftliches Weltbild trug dazu bei, den kirchlichen Einfluss etwas zurückzudrängen.

Auch die Bedeutung der Plazenta, des Mutterkuchens, der häufig unter einem Obstbaum begraben oder pulverisiert als besonderes Mittel gegen Unfruchtbarkeit in Apotheken angeboten wurde, erinnert an alte Fruchtbarkeitskulte. War die Plazenta doch „Ernährerin des Kindes", sie besaß daher heilende Kräfte, allerdings musste nach der Geburt sorgsam mit ihr umgegangen werden, sonst konnte sie auch schädigen. Oft wurde sie in der Nähe des Hauses begraben oder an einem geheimen Platz zum Trocknen aufgehängt, um die Fruchtbarkeit der BewohnerInnen zu gewährleisten. Natürlich waren diese alten Riten der Kirche ebenso wie der aufgeklärten Ärzteschaft ein Dorn im Auge, weshalb sie, zusammen mit den letzten, jetzt als heidnisch und Aberglauben bezeichneten matriarchalen Überresten in den folgenden Jahrhunderten auch verschwanden.

„Krankheit Frau"

Dafür geriet der Leib Evas zunehmend unter ärztliche Kontrolle, denn er war nicht nur böse und verwerflich, seine Existenz erzeugte nicht nur Schuld und Scham, er war auch krank. So etwa möchte Paracelsus schon im 16. Jahrhundert die gefährliche, der Fleischeslust (und daher dem Teufel) verfallene Hexe durch das kranke, törichte und verführte Weib ersetzen, das nicht auf den Scheiterhaufen gehört, sondern in die Praxis des Arztes. Eine vorerst revolutionäre Ansicht, die von Johann Weyer, Leibarzt am Hofe von Herzog Wilhelm V. von Kleve, Jülich und Berg, weiter ausgebaut wurde und bald auch Anhänger gewann.[13] Zur allgemeinen Lehrmeinung entwickelte sie sich allerdings erst nach über hundert Jahren, als Frauen durch die brutalen Verfolgungen so weit eingeschüchtert und ihres gefährlichen Nimbus beraubt waren, dass das Bild der harmlos Verwirrten oder nicht ernst zu nehmenden Besessenen Allgemeingut werden konnte.

Die Vorstellung von der „Krankheit Frau" (Fischer-Homberger) ist allerdings viel älter, im Grunde durchzieht sie die gesamte patriarchale Geschichte. Wobei das eigentliche – weibliche – Übel bezeichnenderweise im Sitz des Lebens, nämlich in der Gebärmutter lag. Es handelt sich dabei um die ursprünglich ausschließliche Frauenkrankheit der Hysterie, ein Wort, das im Griechischen mit Gebärmutter gleichgesetzt wurde. Vom Uterus als der „Ursache von tausend Übeln" wusste bereits der berühmte griechische Arzt Hippokrates. Schon damals existierte die Vorstellung von der Gebärmutter als unheilvollem „Wesen im Wesen", das in Bauch und Brustkorb der Frau herumwandert und „bis in die Augen" steigen kann. Den Grund dafür ortete der griechische Philosoph Platon in der sexuellen Unersättlichkeit der Frauen, die ihren Sitz im Uterus als einem „nach Befruchtung gierigen Tier" habe. Darum komme dieser im Frauenkörper nicht zur Ruhe und könne nur durch „übelriechende Dinge" festgehalten werden, weshalb so genannte „Räucherungen" der Geschlechtsteile von der Antike bis zum Mittelalter sehr beliebt waren. Noch wirksamer jedoch ist es nach Platon, wenn die Frau dem Wunsch der aufgebrachten Gebärmutter Folge leistet und sich befruchten lässt, um damit ihrer eigentlichen Berufung zur Mutter zu entsprechen. Denn die Frau, so der Gelehrte in seiner naturphilosophischen Schrift „Timaios", ist aufgrund ihrer untergeordneten Stellung in der Gesellschaft dem weiblichen Urtrieb zum Gebären verhaftet, während es dem Mann möglich ist, durch die Läuterung der Seele und die Disziplin der Vernunft seinen Geschlechtstrieb zu beherrschen.

Auch hier wird die Übereinstimmung mit der bereits im Alten Testament auftretenden und später vom Christentum übernommenen Vorstellung vom männlichen Logos – Gott ist Geist – als wichtigstem Lebensprinzip deutlich, während die Frau einschränkend über ihre Leiblichkeit definiert wurde, um ihr damit einen untergeordneten Platz zuzuschreiben. Die moderne Reproduktionstechnologie allerdings hat eine andere Entwicklung eingeleitet, sie will die Frau als Geschlechtswesen überhaupt abschaffen. Ihr gebärender, Leben schenkender Leib ist jetzt nicht mehr sündig – er wird überflüssig. „Der Logos", meint Christina von Braun, „hat die Mutterschaft vernichtet, das ‚Band' zwischen Müttern und Kindern durchschnitten; andererseits hat er eine Mutterschaft nach seinem Ebenbild geschaffen: eine Mutterschaft, in der er sich der Beziehung zwischen Mutter und Kind bemächtigt, um schließlich selbst ‚Mutter' werden zu können."[14]

Frauen, die wie Männer agieren, sind diesem System nicht mehr gefährlich, darum dürfen sie auch mehr und mehr Verantwortung übernehmen. Es handelt sich um einen ähnlichen Prozess, wie er nach dem Abflauen der Hexenverfolgung zu beobachten war. Auch damals hatte die

Hexe als Heilkundige, als Geburtshelferin mit ihrer Macht über entstehendes Leben ihren Einfluss und damit ihre Gefährlichkeit für ein patriarchales System verloren. Sie konnte daher zur harmlosen Kranken oder zur Besessenen erklärt werden, die nicht ernst zu nehmen war. Heute sind vor allem jene Frauen willkommen, die sich einem immer kälteren, mitleidloseren, profitorientierteren und durchrationalisierten System anzupassen wissen. Weil Kinder – und damit auch Mütter – für das reibungslose Funktionieren dieser Gesellschaft einen Störfaktor darstellen, ist das vor allem die kinderlose Frau.

V. Die gewaltsame Erforschung des Lebensursprungs

Mit dem Aufkommen der Naturwissenschaften gerieten religiöse und philosophische Überlegungen über Zeugung und Geburt langsam in den Hintergrund, jetzt wollte „Mann" wissen, wie es tatsächlich zuging bei der Entstehung von Leben, und vor allem, was sich dabei im Leib der Frau abspielt. Zu dieser Kenntnis verhalf ihm einerseits die Aneignung weiblichen Geburtswissens und andererseits der durch die Weiterentwicklung der Anatomie möglich gewordene Zutritt in das Innere des weiblichen Körpers. Beides erforderte das Überschreiten bislang geachteter Schranken, wie sie etwa das weibliche Schamgefühl ebenso wie religiöse Bedenken gegen das Zergliedern menschlicher Körper auferlegt hatten. Und beides ist verbunden mit Herabwürdigung und Gewalt.

Bis ins 18. Jahrhundert waren Schwangerschaft und Geburt Frauensache (in ländlichen Gebieten auch länger), und für das entstehende Leben im Leib der Frau war allein sie selbst zuständig, das war ihr – unsichtbares – Geheimnis. Der Fötus als „öffentlicher Ort" (Barbara Duden) ist erst ein Ergebnis der letzten Jahrzehnte, und er ist ausschließlich auf männliche Bemühungen, auf männliches Interesse zurückzuführen. Frauen hatten kein Bedürfnis, diesen Ort der Menschwerdung zu entschleiern, er ist schließlich Teil ihres Selbst, im Schwanger-Gehen erfahren sie die Entstehung eines neuen Lebens, sie spüren sein Wachsen, seine Bewegungen, es war nicht nötig, diesen Vorgang öffentlich zu machen. Für Männer hingegen ist dieser Prozess nicht erfahrbar, er war ihnen stets unheimlich, unfassbar und vor allem in der Frühzeit verehrungswürdig. Darüber hinaus bedeutete er Macht, Einfluss auf werdendes Leben, den sie selbst gerne besitzen wollten/wollen.

Macht besaßen aber auch die Frauen, die diesen Ursprung des Lebens überwachten und die Geburt einleiteten: die Hebammen, Ärztinnen und weisen Frauen. Dass die Hexenjäger gerade auf sie ein besonderes Auge geworfen hatten, ist nur folgerichtig, verwalteten sie doch bis in die Neuzeit hinein ein Gebiet, das Männern weitgehend verschlossen war. „Niemand schadet dem katholischen Glauben mehr als die Hebammen", steht im Hexenhammer zu lesen. „Denn wenn sie die Kinder nicht töten, dann tragen sie, gleich als wollten sie etwas besorgen, die Kinder aus der Kammer hinaus und sie in die Luft hebend opfern sie dieselben den Dämonen."[1]

Dass Hebammen ein bevorzugtes Opfer der Inquisitoren waren, wird von etlichen Autoren in Frage gestellt, eine gezielte Ermordung sei in den Quellen nicht nachweisbar. Hier muss allerdings berücksichtigt werden, dass zur Zeit der Entstehung des „Hexenhammers" (1487) die professionell arbeitende Hebamme noch nicht sehr häufig war, wirkte sie doch bis etwa gegen Ende des 15. Jahrhunderts frei, unbesoldet und ungeprüft, sie war Heilkundige, Zauberkundige und Geburtshelferin zugleich und begann sich erst allmählich zünftig zu organisieren. Im Grunde war zu dieser Zeit und noch weit darüber hinaus beinahe jede Frau eines Dorfes, die geboren hatte und bei Entbindungen von Verwandten oder Nachbarinnen dabei gewesen war, eine „Hebamme". Die Professionalisierung der Geburtshilfe entwickelte sich erst allmählich in den Städten. Etwa 90 Prozent der Bevölkerung lebten damals jedoch auf dem Land, und hier war die Geburtshilfe eine kollektive Angelegenheit der Dorfbewohnerinnen. Die Inquisitoren hatten also jeden Grund, den Begriff „Hebamme" weiter zu fassen. Darunter fiel ein großer Teil der weiblichen Dorfbevölkerung. Dazu kam, dass diese Frauen natürlich auch über die Wirkung von Kräutern mit antikonzeptioneller oder abortiver Wirkung Bescheid wussten und schmerzstillende Mittel bei der Geburt anwendeten, was stets mit magischen Handlungen verbunden war und der Kirche ein Dorn im Auge sein musste. Immerhin wurde in den Dekretalien Papst Gregors IX. Anfang des 13. Jahrhunderts Verhütung als Mord bezeichnet,[2] weshalb die beiden Hexenjäger Heinrich Institoris und Jakob Sprenger auch für jede Sterilisationshexerei die Todesstrafe forderten. Dass die „Peinliche Gerichtsordnung" Kaiser Karls V. von 1532 ebenso Empfängnisverhütung und Abtreibung der beseelten Leibesfrucht mit der Todesstrafe belegt, beweist ebenfalls das Zusammenwirken von kirchlicher und weltlicher Macht, wenn es um die Zurückdrängung und Ausschaltung weiblicher Selbstbestimmung und weiblichen Einflusses geht.

Generell waren Frauen seit der Frühzeit Heilerinnen, als Sammlerinnen war ihnen die Wirkung von Kräutern vertraut und als Mütter und Krankenpflegerinnen wussten sie damit umzugehen. Ärztinnen hat es noch in der Antike und bis ins hohe Mittelalter hinein gegeben, auch Chirurginnen sind bezeugt. Frauen stellten bestimmte Heil- und Arzneimittel her, sie wurden in dieser Funktion teilweise vor dem Rat vereidigt, und obwohl sie bis auf wenige Ausnahmen von der zünftigen, offiziell anerkannten Pharmazie ausgeschlossen waren, hat es bis ins 17. Jahrhundert hinein noch freie Apothekerinnen gegeben.

Bereits in der frühen Neuzeit, als ihnen der Zutritt zu den jetzt entstehenden Universitäten verwehrt wurde (einzig die 900 gegründete Hochschule von Salerno, aus der viele berühmte Ärztinnen hervorgegangen sind, bildete eine Ausnahme), wurden diese weisen, heilkundigen Frauen jedoch mehr und mehr in den Untergrund gedrängt. Trotzdem waren es noch lange Frauen mit ihrer Erfahrung, denen das Volk mehr vertraute als den so genannten Buchmedizinern mit ihrem rein theoretischen Wissen.

Wir wissen wenig über diese Frauen, über ihren Stand und wie sie sich ihre Kenntnisse aneigneten. Weil die meisten von ihnen Analphabetinnen waren und keine schriftlichen Zeugnisse hinterließen, sind sie im Dunkel der Geschichte verschwunden, wie so vieles aus der Erlebniswelt der Frauen. Wahrscheinlich haben sie ihre Kenntnisse mündlich weitergegeben, von der Mutter auf die Tochter, von der Lehrerin auf die Schülerin. Die allmähliche Verdrängung der Frauen aus den Heilberufen, ihr Ausschluss von den Stätten höherer Bildung und ihre Diffamierung als Quacksalberinnen und Kurpfuscherinnen wirkte sich allerdings verhängnisvoll vor allem für die Geburtshilfe aus. Denn gerade davon hatten Männer wenig oder keine Ahnung.

Die Werke antiker Ärzte wurden nach der Völkerwanderungszeit zwar in den Klöstern verwahrt und fanden von hier aus auch Eingang in die Ärzteschaft. Die Sexual- und Frauenfeindlichkeit der Kirche hat jedoch eine Verbreitung gynäkologischen Wissens verhindert. Ein weiteres Hemmnis bildeten die geringen Kenntnisse der Ärzte über Anatomie im Allgemeinen und die weibliche Anatomie im Besonderen – auf die Ein-Geschlecht-Theorie wurde bereits hingewiesen. Frauen hingegen kannten sich durch Praxis und Erfahrung auch auf diesem Gebiet wesentlich besser aus. In allen einschlägigen Werken des Mittelalters wird der Kaiserschnitt an jeder vor oder während der Geburt verstorbenen Frau durch Hebammen erwähnt, sie verfügten über optimale Techniken, auch schwierige Geburten einzuleiten, beherrschten die Praxis des Dammschutzes ebenso wie die einer Plazentalösung, nähten den Dammriss und benutzten wehenfördernde Mittel, die sie nach eigenen Rezepten zubereiteten. Sie verwendeten auch damals schon die Geburtszange, allerdings nur zur Extraktion toter Kinder. Ein Marterinstrument, wie später unter männlichen Geburtshelfern, ist die Zange damals noch nicht gewesen. Die Anwesenheit eines Arztes bei der Geburtshilfe wäre bis in die frühe Neuzeit hinein unvorstellbar gewesen. Das hätte ihn selbst, aber auch die Gebärende entehrt.

Der Prozess der Enteignung hat sich langsam, über die Jahrhunderte hinweg vollzogen. Während städtische Verordnungen bereits seit der Mitte des 14. Jahrhunderts Verfügungen enthielten, welche Frauen die Ausübung des Arztberufes untersagten, wurde ab der zweiten Hälfte des 16. Jahrhunderts auch die Geburtshilfe mehr und mehr von Ärzten übernommen. Sie mussten sich das entsprechende Wissen allerdings erst durch Unterricht bei Hebammen aneignen, wie etwa Wiener Ärzte, die noch in der ersten Hälfte des 18. Jahrhunderts Privatunterricht in der *ars obstetricia* von Pariser Hebammen erhielten.[3] Auch der Arzt und Leiter der Göttinger Gebäranstalt Friedrich Benjamin Osiander (1759–1822) besuchte neben seinem Studium in Straßburg einen Kurs bei einer Hebamme.[4] Ebenso wird Eucharius Rösslin, der bereits 1513 das erste Hebammenlehrbuch verfasste, seine Kenntnisse von Hebammen bezogen haben, was ihn allerdings nicht daran hinderte, ihnen Unwissenheit, Nachlässigkeit und „Kindverderben" vorzuwerfen. Die teilweise unglaublich gehässigen Diffamierungen der Hebammen und weisen Frauen ziehen sich wie ein roter Faden durch das gesamte Schrifttum bis herauf ins 19., teilweise auch noch ins 20. Jahrhundert und beginnen erst abzuflauen, als der Einfluss der Hebammen gebrochen und sie in die Bedeutungslosigkeit gedrängt waren.

Andererseits scheuten sich männliche Autoren trotz ihrer Unwissenheit nicht, in der Folge zahlreiche Hebammenbücher zu verfassen, mit denen sie Frauen belehren und gleichzeitig kontrollieren wollten. Wie ja überhaupt beinahe die gesamte Literatur zur Geburtshilfe von Männern stammt. Dass sich trotzdem einige Hebammen behaupten und sogar zur Berühmtheit aufsteigen konnten, spricht für ihre Stärke und ihr Wissen. Louise Bourgeois (1563–1636) etwa wurde Hofhebamme der Königin von Frankreich und veröffentlichte als erste Frau ein Buch über Hebammenkunst, was so ungewöhnlich war, dass sie damit in ganz Europa berühmt wurde. Auch Justine Siegemund (1636–1705) die „Königlich-Preußische und Chur-Brandenburgische Hof-Wehemutter" hat ein Lehrbuch veröffentlicht, ebenso Marie Louise Lachapelle (1769–1821), die als bedeutendste Geburtshelferin Europas galt. In der ersten Hälfte des 19. Jahrhunderts gab es dann sogar Frauen, denen nach einem privaten universitären Unterricht – der offizielle Zugang war ihnen ja bekanntlich bis zur Jahrhundertwende verwehrt – die Doktorwürde zuerkannt wurde, wie etwa Regina Josepha von Siebold (1771–1849), die den „Doctor honoriae artis obstetriciae" der Universität Gießen erhielt. Auch ihre

Tochter, Charlotte Heiland von Siebold (1788–1859), wurde mit der Doktorwürde ausgezeichnet.

„Elendes Weiberhandwerk"

Aber das waren Ausnahmefrauen, die es immer gab. Die „gewöhnliche" Hebamme hingegen wurde herabgewürdigt, in ihrer Berufsausübung eingeschränkt, und der Zugang zu neueren medizinischen Kenntnissen wurde ihr verwehrt. Bereits im 15. Jahrhundert setzten Hebammenordnungen Regeln für ihre Qualifikation und ihr Berufsverhalten fest, und seit dem 16. Jahrhundert ist dann ein verstärktes Bemühen der männlichen Ärzteschaft festzustellen, den Einfluss der Hebammen zurückzudrängen. Bei schwierigen Geburten musste jetzt ein „gelehrter Medicus" beigezogen und Prüfungen mussten paradoxerweise vor einem Stadtphysikus abgelegt werden, der über die Materie wahrscheinlich weniger Bescheid wusste als die zu prüfenden Frauen. Hebammen durften keine inneren Arzneien wie etwa wehentreibende Mittel mehr anwenden, der Kaiserschnitt wurde ihnen verboten, und Totgeburten hatten sie den Chirurgen und Barbieren zu überlassen.

Besonders perfide war auch, dass sie als Kontrollinstrument für Frauen eingesetzt wurden: So etwa mussten sie sich verpflichten, jene Frauen anzuzeigen, die Abtreibungs- und Verhütungsmittel nahmen, auch uneheliche Geburten hatten sie zu melden, was Kirchenbuße, Geld- und Haftstrafen für die Mutter zur Folge hatte. Damit wurde die Hebamme von einer Vertrauten der Frau zu ihrer Feindin gemacht, wie ja die Spaltung unter Frauen bis heute ein beliebtes Mittel des Patriarchats geblieben ist, um sie zu schwächen. Am entsetzlichsten aber war ihr Einsatz bei Hexenprozessen, wo sie Mädchen häufig auf den Verlust ihrer Virginität untersuchen mussten, was bei vermuteter Teufelsbuhlschaft von Bedeutung war und, wenn dies als zutreffend beurteilt wurde, den sicheren Tod bedeutete. (Gleichzeitig jedoch zog sich der Streit unter gelehrten Medizinern, ob Hebammen bei Gerichtsverfahren befugt oder überhaupt fähig seien, eine Jungfrauenschaft festzustellen, durch das gesamte 16. bis 18. Jahrhundert.) Darüber hinaus hatten sie Kindern von 12 oder 13 Jahren, die zum Tode verurteilt waren, als besondere „Gnade" im warmen Bad die Adern zu öffnen und sie ausbluten zu lassen. Damit wurde ihre ursprüngliche Funktion, nämlich bei der Entstehung des Lebens zu helfen, auf furchtbarste Art und Weise in das Gegenteil verkehrt. Es soll auch Hebammen gegeben haben, die sich – wahrscheinlich unter Lebensgefahr – diesen Anordnungen widersetzten.[5]

In der zweiten Hälfte des 18. Jahrhunderts verstärkten sich dann die Angriffe auf die Hebammen und ihr „elendes Weiberhandwerk". Befanden sich doch auch die Ärzte in einer relativ ungünstigen sozioökonomischen Situation. Trotz ihrer geringen Anzahl fanden die „gelehrten Medici" kaum das nötige Auskommen, da sie einerseits wenig Anerkennung besaßen und andererseits für die breite Masse der Bevölkerung viel zu teuer waren. Immerhin kostete eine Arztvisite gemäß der Medizinaltaxe von 1725 so viel, wie eine Köchin wöchentlich einnahm, weshalb sich diesen Luxus nur begüterte Adelige und Bürger leisten konnten.

Die Wut der Ärzteschaft traf daher mit voller Wucht die Konkurrentinnen, die sich im Volk immer noch größerer Beliebtheit erfreuten. Wurden ihnen bislang vor allem bei schwierigen Geburten das nötige Wissen und die Handfertigkeit abgesprochen, so sollten sie jetzt auch die ganz normale Entbindungspraxis männlichen Geburtshelfern überlassen, die ab dem 18. Jahrhundert in Erscheinung traten. In zahllosen Hetzschriften wurde den Hebammen nicht nur totale „Unwissenheit und Ungeschicklichkeit", „verwegene Bosheit" und „Herrschsucht" vorgeworfen, durch ihre Unfähigkeit würden außerdem tausend, ja Millionen Menschen dem Staat verloren gehen. „Wem kann es noch unbekannt sein, dass durch die große Unwissenheit der Hebammen eine Menge fruchtbarer Bürgerinnen und rechtschaffener Mütter, welche noch viele Mitglieder dem Staat liefern könnten, oft bei der ersten Geburt auf die grausamste Art erwürgt werden? Wer weiß es nicht, dass jährlich eine große Menge unschuldiger Kinder, noch ehe sie geboren worden, von denen mörderischen Händen ungeschickter Wehemütter wieder getödtet, oder, wenn sie auch am Leben, verstümmelt werden", meint der Hebammenlehrer und Arzt Graff im Jahr 1787.[6]

Und 1784 schreibt der deutsche Geburtshelfer B. C. Faust: „Die Hebammen sind wahrlich eine der ersten größten Ursachen der Zerstörung der Gesundheit und Stärke, also des Elends und des Verfalls der Menschheit."[7] Würde doch das Neugeborene, wie es in einer Flugschrift aus dem Jahr 1782 heißt, von „diesen tollpatschigen Wehmüttern ... die plump, hässlich wie die Nacht, unfähig sind" mit „Händen so groß wie Schlaghölzer ... misshandelt, zerfetzt und beschädigt".[8]

Es hat sicherlich Widerstand der so unglaublich Beschuldigten gegeben, allerdings ist uns hier wenig Schriftliches überliefert, weil die meisten Frauen Analphabetinnen waren. Am meisten scheinen sich englische Hebammen gewehrt zu haben, hier existieren etliche Streitschriften wie etwa jene einer anonymen Verfasserin aus dem Jahr 1751, „The Petition of the unborn Babys", in der sich die ungeborenen Kinder im Mutterleib über die grausame Behandlung der Ärzte mit ihren Zangen, Haken und sonstigen Werkzeugen beklagen. Auch die Wortführerin der englischen Hebammen, Elisabeth Nihell, trat 1760 mit der Schrift „Treatise on the art of midwefery" gegen die Instrumentenwut männlicher Kollegen auf.[9]

Allmählich aber mussten die Hebammen dem Druck, der nicht nur von der Ärzteschaft, sondern auch von Staat und Kirche ausgeübt wurde, weichen. Das umso eher, je mehr sich die männlichen Ärzte durch eine nun eifrig betriebene Anatomie am weiblichen Körper in den entstehenden Gebärkliniken ein neues Wissen aneigneten, von dem Frauen ausgeschlossen blieben. 1751 wurde der erste Lehrstuhl für Geburtshilfe errichtet, gleichzeitig entstanden zahlreiche Hebammenschulen, in denen das praktische Wissen durch ein – vom männlichen Geburtshelfer vermitteltes – theoretisches Wissen ersetzt werden sollte. Auch an den Gebäranstalten nahmen nun städtische Hebammen am theoretischen ebenso wie praktischen Unterricht teil, allerdings besaß die Ausbildung der Mediziner Vorrang, Hebammen wurden nur in den Semesterferien zu den Geburten zugelassen. Die Folge dieser Entwicklung war, dass die städtische Hebamme, abgeschnitten von den alltäglichen Erfahrungen um das Geburtsgeschehen, zur Assistentin des männlichen Geburtshelfers herabsinken musste. Und als diese wurde sie auch gerne gesehen. Die Hebamme, so lautet eine Verordnung, habe sich in ihrem Betragen „durch Bescheidenheit, Sanftmuth, Geduld, Leutseligkeit, Friedfertigkeit, Verträglichkeit, ... Verschwiegenheit, … Ehrbarkeit, Dienstfertigkeit, Uneigennützigkeit, Mitleid, Schonung", vor allem aber durch „Ehrerbietung und Dankbarkeit gegen Ärzte, Geburtshelfer und Lehrer" auszuzeichnen.[10]

Dass vor allem die Landbevölkerung eine Hebamme lange einem *Accoucheur*, wie der Geburtshelfer auch genannt wurde, vorzog, lag jedoch nicht nur an den niedrigeren Honoraren. Frauen hatten vor allem Angst vor seiner reichlichen und leichtsinnigen Anwendung von Instrumenten, mit denen Mutter und Kind oft verletzt wurden. Tatsächlich ist die Betreuung der Gebärenden durch die Hebamme immer wesentlich besser als jene durch den männlichen Geburtshelfer gewesen. Schließlich war/ist Frauen der Zustand von Schwangerschaft und Geburt häufig durch eigenes Erleben vertraut, sie wissen daher auch am besten damit umzugehen. Eine Hebamme kümmerte sich um die Frau kontinuierlich ab dem letzten

Schwangerschaftsdrittel, gab Ratschläge und blieb bis nach ihrer Entbindung. Männliche Geburtshelfer hingegen waren lediglich für den Geburtsvorgang zuständig, zu dem sie meist dann gerufen wurden, wenn es sich um eine schwierige Geburt handelte, die den Einsatz von Zangen, Kaiserschnitt oder eine innere Wendung notwendig machte, Eingriffe, die der Hebamme verboten waren. Auch heute tritt der Arzt eher sporadisch in Erscheinung, während die Hebamme als Begleiterin vor, während und nach der Geburt wichtig ist.

Dass sich gegenwärtig der gesamte Bereich der Gynäkologie fest in Männerhand befindet (am Wiener Allgemeinen Krankenhaus etwa sind rund 70 Prozent der Frauenärzte männlich, in den österreichischen Bundesländern ist die Situation noch dramatischer – dort gibt es manchmal keine einzige Gynäkologin), ist also Ergebnis einer neuen Entwicklung. Denn in den Dörfern brachten Frauen im gesamten 19. Jahrhundert und teilweise auch noch in der ersten Hälfte des 20. Jahrhunderts ihr Kind meist zu Hause zur Welt, und für Hausgeburten war nach wie vor die Hebamme zuständig. Die Klinikgeburt und damit die totale – überwiegend männliche – Kontrolle über die Gebärleistung der Frau ist in den Industriestaaten erst in den letzten Jahrzehnten die Regel geworden. (Weltweit entbinden noch heute 80 Prozent der Frauen zu Hause, unterstützt durch eine Geburtshelferin.)

Festkultur der Dörflerinnen

Gleichzeitig mit der Zurückdrängung und Herabwürdigung der Hebammen in der frühen Neuzeit verstärkten sich die Bemühungen, Frauen generell aus der Geburtshilfe zu vertreiben, die damit verbundenen Feste abzuschaffen und die Kontrolle von Obrigkeit und Staat zu verschärfen. Wie bereits erwähnt, waren Schwangerschaft, Geburt, Taufe oder Tod eines Kindes vor allem unter Dorffrauen eine gemeinschaftliche Angelegenheit, in der sich zusammen mit gemeinsamer Feldarbeit, Prozessionen und Frauenwallfahrten, dem gemeinsamen Brotbacken und den Zusammenkünften in den Spinnstuben eine Frauenkultur relativ lang gehalten hat. Die Historikerin Eva Labouvie berichtet anhand von Quellenmaterial aus dem 16. bis 18. Jahrhundert über ein umfangreiches Brauchtum im nordwestlichen Deutschland, das sich um Geburt und Tod rankte und ausschließlich von der weiblichen Dorfgemeinschaft verwaltet wurde.[11] Da professionelle Hebammen selten zur Verfügung standen,

84

waren die Dorffrauen für die Kontrolle der Schwangeren und Gebärenden ebenso zuständig wie für Geburtshilfe. Die anschließenden Kindbettfeiern, Tauffeierlichkeiten und die Bestattung verstorbener Kinder und Säuglinge sowie verstorbener Wöchnerinnen waren ausschließlich Frauensache. Verordnungen gegen die zahlreichen „Weiberzechen" gab es bereits im 16. Jahrhundert, sie versuchten vor allem die Zahl der geladenen Frauen ebenso wie die Festessen einzuschränken, wobei allerdings ständige Wiederholungen darauf hinweisen, dass sie wenig beachtet wurden, und das bis hinein ins 18. Jahrhundert. Nicht nur nach der Niederkunft, auch nach der Taufe und dem ersten Kirchgang der Kindbetterin kam es zu zwei- und mehrtägigen Feiern, wobei von 20 bis 25 geladenen Frauen berichtet wird. Sie blieben manchmal von der Mittagsstunde bis Mitternacht und nahmen nicht nur Wein und Brezeln, sondern auch „brandtewein und Zucker", Kaffee, Tee, Mandeln, Fleisch und „confect" zu sich.[12] Auch begann die männliche Ärzteschaft im 18. Jahrhundert zunehmend an der großen Schar von Helferinnen Anstoß zu nehmen, die Frauen, so heißt es vielfach, würden einen geordneten Ablauf der Geburt verhindern, der Lärm sei unerträglich, Ruhe und Stille den Gebärenden zuträglicher. Von den Frauen selbst ist allerdings keine Klage überliefert, die seit Jahrhunderten selbstverständliche Anwesenheit von Helferinnen scheint ihnen durchaus erwünscht gewesen zu sein.

Die Nachbarschaftshilfe für die Kindbetterin, die ja wochenlang das Haus hüten musste, bis sie von der Kirche ausgesegnet werden konnte, war auch darum so wichtig, weil sie mit Nahrungslieferung und Gesellschaft verbunden war. Ohne diese Zuwendungen hätten eine Wöchnerin und ihre Familie diese Isolation und den damit verbundenen Arbeitsausfall der Frau nicht durchgehalten. Immerhin hat sie im gebärfähigen Alter durchschnittlich alle zwei bis zweieinhalb Jahre ein Kind geboren, sie verbrachte also einen großen Teil dieser Zeit im Wochenbett. Die untersuchten Quellen geben Auskunft, wie schwierig das für viele Frauen gewesen sein muss. Manche, so heißt es, seien „rasend" geworden, andere wurden „schwarmuttig", konnten nicht mehr stillen oder hatten Halluzinationen. Der Teufel, so meinten sie, sei nachts zu ihnen ins Bett gekommen und habe mit ihnen geschlafen.[13]

Die immer rigideren Verordnungen, die eine Unterstützung durch Geschenke und Nahrungsmittel bei empfindlicher Strafe verboten, hatten dann auch zur Folge, dass die Wöchnerinnen die vorgeschriebene Wochenbettzeit nicht mehr einhielten und früher das Haus verließen. Die „Huren und leichtfertigen Mädchen", meist ledige Dienstmägde, die ohnedies nicht ausgesegnet werden durften, ihre „Schuld" also durchs Leben tragen mussten, haben ihre Arbeit ohnedies immer schon nach wenigen Tagen fortgesetzt, um ihr meist bei einer Pflegemutter untergebrachtes Kind zu ernähren.

Es dauerte lange, bis die Festkultur der Dörflerinnen vernichtet war. Der Zusammenhalt der Frauen, die gemeinsame weibliche Geburtshilfe auf dem Land ist bis ins 20. Jahrhundert bezeugt.[14] In gewisser Weise haben Frauen damit den Bannfluch, der ihnen für ihre Gebärfähigkeit von der Kirche auferlegt wurde, unterwandert. Während sie wochenlang wie Exkommunizierte aus der Gemeinschaft der Gläubigen und von den Sakramenten ausgeschlossen waren, feierten sie mit festlichen Gelagen die Geburt eines gesunden Kindes und empfingen Trost und Hilfe, wenn das Kind tot geboren wurde oder bald darauf starb.

Das Jenseits ist wichtiger als das Leben im Diesseits

Frauen wurden allerdings auch noch mit anderen lebensfeindlichen Geboten belegt. So etwa waren Hebammen angehalten, die Nottaufe bei einem ungeborenen Kind durchzuführen, um dieses vor der ewigen Verdammnis im Jenseits zu bewahren. Zu diesem Zweck wurde eine Taufspritze entwickelt, die, mit Weihwasser gefüllt und oft unsteril und rostig, bis in die Gebärmutter eingeführt werden musste, um ungeachtet der Gefahr, die diese Manipulation für die Mutter bedeutete, das Kind damit zu bespritzen.[15] Weil in patriarchalen Religionen generell Jenseits-Vorstellungen wichtiger sind als das Leben im Diesseits, ist es auch nicht zu verwundern, dass die Taufe eines Kindes über alle anderen Überlegungen gestellt wurde. Immerhin kam es damit ohne Umweg über das Fegefeuer direkt als Engel in den Himmel und wurde so zu einem Fürbitter für die Lebenden. Das ungetaufte Kind hingegen, das ebenso wie die nicht ausgesegnete Wöchnerin bis ins 16. Jahrhundert an abgesonderten Orten begraben werden musste, fand keine Erlösung und Ruhe und konnte im Volksglauben durch Seuchen und Unwetter Rache nehmen. Aus diesem Grund unternahmen Eltern alles, um dem Kind und sich selbst dieses Unglück zu ersparen. Viele pilgerten zu speziellen Gnadenstätten wie etwa dem schweizerischen Oberbüren, das im Ruf stand, ein totes ungetauftes Kind für den Augenblick der Taufe wieder zum Leben zu erwecken. Wobei es wohl der übermächtige Wunsch war, der dieses Wunder bewirkte. Bischof Otto von

Sonnberg berichtet aus dem Jahr 1486, dass manche Frauen das tote Kind mit Kohlen und brennenden Kerzen erwärmen und dann Federn auf dessen Lippen legen würden. Wenn sich diese durch Luft und Wärme bewegten, wurde dies als Zeichen genommen, dass das Kind für einen Augenblick lebendig geworden war, lang genug, um rasch getauft und dann begraben zu werden.[16]

Dass die unbedingt zu befolgende Taufe innerhalb von drei bis acht Tagen generell in einer Pfarre stattfinden musste und nur bei schwerer Krankheit oder Schwächlichkeit des Kindes zu Hause durchgeführt werden durfte, konnte für den neugeborenen Säugling allerdings katastrophale Folgen haben. Pfarren waren oft weit entfernt von den Höfen, um sie zu erreichen, waren lange Fußmärsche – oft die ganze Nacht hindurch – notwendig. Das bedeutete eine Tortur für das Neugeborene, das sich vor allem im Winter häufig erkältete und manchmal starb. Trotzdem wurde die Haustaufe nicht nur von der Kirche abgelehnt, sondern seit der Mitte des 18. Jahrhunderts auch durch zahlreiche weltliche Verordnungen rigoros untersagt.[17]

Die Taufe war stets eine sehr festliche Angelegenheit, die beinahe ausschließlich von Frauen begangen wurde. Nach Labouvie waren in den Moselgemeinden bis zur Mitte des 20. Jahrhunderts Männer mit Ausnahme eines eventuellen Paten ausgegrenzt. An der Spitze gingen entweder PatInnen oder die Hebamme mit dem Kind, ihnen folgte häufig eine Wasserträgerin, die das Taufwasser aus dem Haus der Familie des Täuflings zur Kirche brachte, den anschließenden Zug bildeten die Dorffrauen. Die ausschließlich weibliche Präsenz konnte jedoch nicht verhindern, dass bei der Taufe von Jungen die Kirchenglocken einmal mehr läuteten als bei Mädchen, außerdem wurden Knaben mit der großen und Mädchen mit der kleinen Glocke eingeläutet, und bei gleichzeitiger Taufe eines männlichen und eines weiblichen Täuflings wurde Ersterem der Vorzug gegeben.[18] Die sekundäre Rolle der Frau musste also auch hier deutlich dokumentiert werden.

Das Mutteropfer

Allerdings gab es von der Kirche propagierte Glaubensvorstellungen, die sich im Volk nicht oder nur halbherzig durchsetzten. So etwa wurde bis ins 19. Jahrhundert hinein im Zweifelsfall das Leben der Mutter über jenes des Kindes gestellt, was nicht unbedingt kirchlichen Vorstellungen entsprach. Zwar haben sich noch in der Antike und auch im Mittelalter bedeutende Theologen in diesem Sinne geäußert, andererseits jedoch besaß das ungeborene Leben in der Kirche immer schon einen hohen Stellenwert, es musste unter allen Umständen geschützt werden, nicht selten unter Opferung der Mutter. Eine Tendenz, die sich in den folgenden Jahrhunderten verschärfte. Vor allem die Taufe des Kindes hatte Vorrang vor dem Leben der Mutter. Im 18. Jahrhundert forderten bedeutende Theologen das Mutteropfer, es sei, so meinten sie, im Zweifelsfall „aus Barmherzigkeit ... das geistige Leben des Kindes ihrem eigenen materiellen vorzuziehen".[19] Auch die Abtreibung ungeborenen Lebens wird bekanntlich von der Kirche selbst bei Todesgefahr der Mutter untersagt. Die weltweit erste Professorin für Theologie Uta Ranke-Heinemann (der 1987 die kirchliche Lehrbefugnis wegen Zweifels an der Jungfrauengeburt entzogen wurde) zitiert Beispiele aus der zweiten Hälfte des 19. Jahrhunderts, in der Anträge von Ärzten, wonach eine Mutter nur durch Entfernung und Zerstückelung eines noch nicht lebensfähigen Embryos vor dem sicheren Tod gerettet werden könnte, von Rom negativ beantwortet wurden. Das heißt, dass die Kirche im Zweifelsfall sogar bereit ist, zwei Leben statt nur einem zu opfern, weil „das gewaltsame Vernichten eines unschuldigen Lebens", wie es in der „Katholischen Moraltheologie" von Mausbach-Tischleder aus dem Jahr 1938 heißt, „eben niemals erlaubt" sei.[20] Die grundsätzliche Missachtung der Mutter und des mütterlichen Lebens durch eine sexual- und frauenfeindliche Kirche kommt hier deutlich zum Ausdruck. Denn das christliche Gebot „Du sollst nicht töten" ist immer ein sehr unvollkommenes Gebot gewesen, es bezieht sich weder auf Kriege noch auf die Todesstrafe, und es hat auch mütterliches Leben als sündhaft und schuldbeladen missachtet.

Dass bis in die frühe Neuzeit hinein dennoch im Volk das Überleben der Mutter einen hohen Stellenwert besaß, hatte auch praktische Gründe. Konnte sie doch im Lauf ihres Lebens noch mehr Kinder bekommen, und das war wichtig, denn eheliche Fruchtbarkeit gehörte zu ihrer notwendigen Pflicht. Ebenso scheint sich eine gewisse Ehrfurcht vor der Integrität ihres toten Leibes vor allem auf dem Land ziemlich lange gehalten haben. Der Kaiserschnitt an der toten Frau, in früheren Zeiten nur in Ausnahmefällen gestattet, um das Kind zu retten, in der ersten Hälfte des 18. Jahrhunderts jedoch vielfach durch Gesetze vorgeschrieben, stieß auf erheblichen Widerstand der Hebammen, aber auch der Bevölkerung. Mutter und Kind wurden noch als untrennbare Einheit betrachtet, beide sollten „beinander bleiben", die Leibesöffnung erschien als eine „zu grausame Sache", ebenso die Bestattung der Frau mit geöffnetem Leib.[21] Als noch brutaler, als gotteslästerlich und als Mord an der Mutter wurde dann der Kaiserschnitt an der noch lebenden Frau empfunden, wie er von Ärzten Ende des 18. Jahrhunderts propagiert wurde. Tatsächlich starben in dieser Zeit 60 bis 88 Prozent der Frauen an den Folgen der Operation.[22] Auch die damals beginnende Praxis der künstlichen Einleitung von Frühgeburten hatte überwiegend tote oder geschädigte Babys zur Folge.

Doch die opferfreudige Mutter, wie sie nun nicht nur von den Theologen, sondern auch von der medizinischen Wissenschaft gefordert wurde, passte zum neuen Bild der Frau, das sich im 18. Jahrhundert zu verfestigen begann. Es wollte sie passiv, demütig und sanft, geduldig, fürsorglich und abhängig vom Mann. Schließlich hatten die Hexenjäger ganze Arbeit geleistet, die wilde, widerständige Frau, wie sie noch in Karikaturen des 16. und 17. Jahrhunderts anzutreffen ist, hatte der guten Mutter und Hausfrau Platz gemacht.

Es war auch dieses Frauenbild, das vermehrt gegen ausgelassene Frauenfeste eingesetzt wurde. Das übermütige Gelage war jetzt „unanständig", „skandalös" und „unweiblich", es fügte sich nicht in den eingeforderten Katalog weiblicher Tugenden. Auch dass Frauen unter Ausschluss der Männer zusammenkamen, erregte Anstoß und brachte sie in den Verdacht aufsässig zu sein. Die Tauffeiern begannen sich daher zunehmend in Familienfeste zu verwandeln, bei denen nicht mehr das weibliche Gebärvermögen gefeiert wurde, sondern die Hausfrau und Mutter als Repräsentantin eines unter männlicher Führung stehenden Haushaltes auftrat.

Der geöffnete Frauenleib

Mit der Zurückdrängung der Hebammen und von Frauen generell aus der Geburtshilfe eröffnete sich dem männlichen Mediziner der Zugang zum weiblichen Körper, der ihm bislang verschlossen gewesen war. Er wollte jetzt „alles so sehen, wie es noch kein Mann je zuvor gesehen hat",[23] er wollte wissen, was sich da abspielte im Mutterbauch. Bis zu diesem Zeitpunkt vollzog sich werdendes Leben im Verborgenen, und Schwangerschaft konnte nur festgestellt werden durch die Selbstbeobachtung der Frau. Der Arzt war bestenfalls in der zweiten Hälfte der Schwangerschaft in der Lage, ein Urteil zu fällen, wenn der Bauch angeschwollen war und das Kind sich regte. Zuvor war sich allerdings auch die Frau über ihren

Zustand im Unklaren. Es konnte sich um Blähungen handeln, um Winde, um ein Mondkalb. Auch das Anschwellen der Brüste musste nicht unbedingt auf eine Schwangerschaft hindeuten, es kam auch bei ledigen Frauen vor. Ebenso wenig war das Ausbleiben der Regel ein unfehlbares Zeichen, es könnte eine vorübergehende Unregelmäßigkeit eingetreten sein, eine „Stockung des Geblüths", eine „böße versamblung", die durch entsprechende Mittel zu beheben war.

Die Vorstellung einer ausbleibenden „Reinigung" wurde auch von Ärzten als Zeichen von Krankheit gedeutet und bestand teilweise noch im 19. Jahrhundert. Der Hebammenlehrer Anton Moriz, der 1773/74 ein Lehrbuch für Hebammen verfasste, vertrat die Ansicht, dass Erscheinungen wie Übelkeit, Erbrechen und Schwindel in den ersten Schwangerschaftsmonaten auf die fehlende „Reinigung" des Körpers zurückzuführen seien, und empfiehlt daher in diesem Fall den Aderlass.[24] Ärzte verschrieben Mittel, um den Blutfluss wieder herzustellen, wobei natürlich darauf Bedacht genommen werden musste, eine eventuell vorhandene Leibesfrucht nicht zu schädigen. Diese verschwommenen Vorstellungen halfen Frauen bis zum Beginn des 20. Jahrhunderts, eine unerwünschte Schwangerschaft in den ersten Monaten zu beseitigen. Das Argument, es handle sich um die Wiederherstellung eines notwendigen Blutflusses, war auch damals noch wirksam.

Der Frauenleib war nicht nur innerlich, sondern auch äußerlich ein unsichtbarer Ort. Im Allgemeinen entbanden Hebammen unter dem Rock der Gebärenden, die sich ihre Stellung selbst aussuchen konnte. Meist fand die Geburt im Sitzen, aber auch in der Hocke, auf den Knien oder im Stehen statt. Erst als männliche Ärzte die Geburtshilfe übernahmen, wurde die horizontale Stellung üblich, das war für sie, aber nicht für die Gebärenden bequemer. Inzwischen jedoch stimmen die Ansichten überein, dass die vertikale Stellung, in der nach wie vor sämtliche Naturvölker gebären, für die Frau die zuträglichere ist, weil dabei die Schwerkraft wirkt. Erst die Medikalisierung der Geburtshilfe in den Industriestaaten hat Frauen dazu gebracht, sich in eine passive, horizontale Stellung zu begeben, in der ihre eigenständige Arbeit, Herumgehen, Bewegung, Hocken, Sitzen ausgeschaltet sind. Gleichzeitig wurde aus einem natürlichen Vorgang ein krankheitsähnlicher Zustand, der einer ständigen Überwachung, Kontrolle und Beaufsichtigung bedarf.

Die Vorstellung vom schwachen und hilflosen Frauenkörper begann sich im 18. Jahrhundert zu vertiefen, und besonders krank war dieser

Körper natürlich im Zustand der Schwangerschaft und Menstruation. Der sündige Leib Evas war mit den Hexenprozessen untergegangen, jetzt galt es, ihren kranken Körper zu überwachen. Vor allem aber wurde er zum „Forschungsmaterial" für wissbegierige Ärzte. Es ist symptomatisch, dass die ersten stationären Kliniken im deutschen Sprachraum nicht etwa medizinische, sondern Gebärkliniken waren. Denn die so genannten Accouchieranstalten, wie Gebärkliniken auch genant wurden, die in rascher Folge in der zweiten Hälfte des 18. Jahrhunderts gegründet wurden, dienten weniger der Betreuung von mittellosen Schwangeren und Gebärenden, wie ursprünglich suggeriert, sondern vorrangig Forschungszwecken am nun entblößten und zugänglichen Frauenleib. Die damit verbundene Entwürdigung und Gefährdung konnte ausschließlich armen, meist ledigen Frauen zugemutet werden, Dienstmägden, Tagelöhnerinnen ohne jeden familiären Rückhalt. Eine nur einigermaßen abgesicherte Frau hätte sich niemals diesen öffentlichen Blicken preisgegeben, und selbst die ärmsten Frauen haben ihr Kind oft lieber im Stall, am Heuboden oder auf dem Feld als in den Gebärstuben der Accouchieranstalten geboren. Hatte es sich doch schnell herumgesprochen, dass sie dort die Möglichkeit, kostenlos ihre „Schande" zur Welt zu bringen, mit ihrer Verfügbarkeit als „Unterrichtsmaterial" für angehende oder bereits approbierte Mediziner abzahlen mussten. Der Leiter der Göttinger Gebäranstalt Friedrich Benjamin Osiander (1759–1822) hat es unmissverständlich ausgedrückt: „Unehelich Schwangeren einen sicheren Aufenthalt zu geben und sie wegen dem Wochenbett außer Sorge zu setzen ... ist nur ein Nebenzweck. Es ist daher sehr unrichtig geurtheilt, wenn man glaubt, dies Haus sey unehelich Schwangerer wegen da. Mit nichten! Die Schwangeren, sie seyen hernach Verehelichte oder Unverehelichte, sind der Lehranstalt halber da."[25]

Hier konnte nun beobachtet werden, was bei einer „ehrbaren" Frau damals noch nicht möglich war: die Geburt am nackten, weiblichen Körper. Die Schamgrenze war bei diesen „liederlichen" Frauen leicht zu überwinden, die ohnedies nur aus „Barmherzigkeit" aufgenommen worden waren. Ein Hauptgrund für viele Frauen, sich das anzutun, war neben Obdachlosigkeit vor allem das Erlassen der Kirchenbuße und der relativ hohen Fornications-Strafen (Fornicatio = unerlaubter Beischlaf), die sie für ihre außerehelich empfangene Leibesfrucht entrichten mussten. Meist waren die Frauen mit ihrem kärglichen Lohn dazu gar nicht im Stande und hatten stattdessen die verordneten Haftstrafen abzusitzen. Neben Geld-

und Gefängnisstrafen wurden auch entehrende Strafen wie das Prangerstehen, der „Hurenkarren", Leibesstrafen wie das öffentliche Auspeitschen, der blutige „Staupenschlag" oder Landesverweise verhängt. Vor allem die Ausweisung aus Stadt oder Land bedeutete meist existentielle Not, sie hatte nicht nur den Verlust jeder sozialen Bezüge, sondern meist auch Obdachlosigkeit zur Folge. Aber auch die öffentliche Kirchenbuße, die in Deutschland bis in die zweite Hälfte des 18. Jahrhunderts praktiziert wurde, galt als Makel und Stigma. Frauen wurden in dieser Zeit nicht nur von den Sakramenten und dem Abendmahl ausgeschlossen, es wurde ihnen auch – falls sie im Kindbett starben – ein kirchliches Begräbnis verweigert, was in dieser Zeit vor allem unter der Landbevölkerung schwer gewogen hat. Die Verantwortung der Männer für die „verbotene Leibesfrucht" hingegen war stets marginal, wurde heruntergespielt oder war gar nicht vorhanden.

Die Aufhebung dieser empfindlichen und entehrenden Strafen zeigt, wie groß das Interesse an ausreichendem „Material" zu Studienzwecken gewesen ist. Wie wenig diese Gebäranstalten dem vorgegebenen Schutz der Wöchnerinnen, sondern vor allem ärztlicher Forschung dienten, beweist auch eine ministerielle Verfügung für das Marburger Gebärhaus aus dem Jahr 1846, die eine Aufnahme bereits Niedergekommener, welche „nicht mehr Gegenstand des Unterrichts sein können", verbietet. Auch der Leiter der Göttinger Accouchieranstalt Osiander untersagte bereits ein halbes Jahrhundert zuvor die Aufnahme von Frauen, die eben geboren hatten.[26] Sie wurden rücksichtslos abgewiesen. So wie etwa jene Catarina Angel, die mitten im Winter direkt vor den Toren der Marburger Anstalt niedergekommen war, zwar von der Institutsamme notdürftig versorgt, dann aber gleich wieder zusammen mit dem Neugeborenen auf die Straße geschickt wurde. Sie musste zusammen mit dem nackten Kind mehrere Stunden in der Kälte zubringen, bis ein Polizist Mutter und Kind eine Unterkunft besorgte.[27] Schließlich waren nur Frauen interessant, die vor, während und nach der Geburt untersucht werden konnten, wofür es neben der kostenlosen Unterkunft auch noch 10 bis 14 Tage Verpflegung gab.

Ausnahmeregelungen gab es bei begüterten Frauen, die in der Lage waren, für ihren „Fehltritt" entsprechend zu zahlen. Ihnen stand ein eigenes Zimmer zur Verfügung, wo sie – anonym – meist vom Direktor persönlich entbunden wurden und oft auch die Pflegemutter für ihr Kind aussuchen konnten. Selbstverständlich waren sie von einer entwürdigenden Zur-Schau-Stellung ebenso befreit wie von lebensgefährlichen Operationen.

Es gab allerdings nur wenige Frauen der wohlhabenden Klassen, die sich trotz Vergünstigungen an diesen verrufenen Ort begaben.

„Lebende Fantome"

Bis in die zweite Hälfte des 19. Jahrhunderts hinein konnten die an Universitäten ausgebildeten Ärzte keine klinischen Erfahrungen machen, waren also den praktisch geschulten Frauen in dieser Hinsicht weit unterlegen. Das begann sich jetzt zu ändern. Bislang waren Ärzten für ihre Untersuchungen lediglich so genannte „Fantome" oder eine „ledere Mutter" zur Verfügung gestanden, die der Geburtshelfer G. W. Stein d. Ä. in seiner „Anleitung zur Geburtshülfe" folgendermaßen beschrieb: „Diese Maschine ... hat zu ihrer Grundlage ein natürliches Frauengeripppe, gänzlich ausgestopft und mit Leder bezogen. In dem Becken ist eine künstliche lederne Gebärmutter von natürlicher Größe angebracht, in welcher vermittelst lederner Puppen, von ordentlicher Größe neugeborener Kinder, welche mit natürlichen Kinderköpfen versehen sind, alle Arten widernatürlicher und schwerer Geburten, sie mögen einzig und allein mit der Hand, oder mittels Instrumenten operirt werden müssen, verrichtet werden können."[28] Bald jedoch wurden diese ledernen „Fantome" durch „lebende Fantome" abgelöst, wie die Frauen vom Göttinger Institutsleiter Osiander bezeichnet wurden.

Während sich die Wiener Schule und auch englische Ärzte offenbar etwas zurückhaltender verhielten, scheint die Erkundung des weiblichen Unterleibs in Deutschland besonders rücksichtslos betrieben worden zu sein. Die Forschungslage ist hier immer noch dürftig, eine der wenigen, die sich dieses Themas angenommen haben, ist die Marburger Historikerin Marita Metz-Becker. In einer sorgfältig recherchierten Arbeit hat sie basierend auf archivalischen Dokumenten wie Verwaltungs- und Gerichtsprotokollen, Pfarrbüchern, Stiftungsurkunden und Rechnungsbeständen die Methoden an deutschen Accouchieranstalten mit Schwerpunkt Marburg untersucht.[29] Auf ihre Auswertungen wird im Folgenden hauptsächlich Bezug genommen, sie sind daher mit keinen Anmerkungen versehen.

Am 1792 gegründeten Institut in Marburg mussten sich die Schwangeren zweimal wöchentlich eine Stunde lang von vier bis fünf Praktikanten untersuchen lassen. Eine ähnliche Praxis wird wohl auch in den anderen Instituten geübt worden sein. Zwecks Wahrung der Schamgrenze der zu untersuchenden Frau wurden dabei die verschiedensten Methoden entwickelt. In Gießen etwa stand die Schwangere hinter einem Vorhang, und der Student durfte nur durch einen kleinen Schlitz des Vorhanges seinen Finger in die Genitalien der Frau einführen, worauf er hinterher über seinen Befund Bericht zu erstatten hatte. In Göttingen hingegen lag die Schwangere wie aufgebahrt auf einer Art Katafalk, wobei ein von der Decke herabhängender Vorhang ihr Gesicht verdeckte, was den Eindruck einer Sektion verstärkte. In Erlangen scheint man sich über die Anonymität der zu untersuchenden Person weniger Gedanken gemacht zu haben: Hier saß die nackte Schwangere auf einem runden Tisch mitten unter Studenten, während der Professor seinen Vortrag hielt. Bei der Geburt wiederholten sich diese „Explorationsübungen", bei denen oft 9 bis 25 Studenten anwesend waren. Der Geburtshelfer wurde dabei angewiesen, „weinerliches Trösten" ebenso wie „schimpfende Beschwichtigung der Ausbrüche der Angst und des Schmerzes der Gebärenden" zu vermeiden. Anschließend, wenn die Geburt normal verlaufen war, musste sich auch noch die Wöchnerin ärztlichem Forschungsinteresse zur Verfügung stellen.

Es verwundert nicht, dass Frauen versuchten, sich diesen seelischen und körperlichen Demütigungen so weit als möglich zu entziehen. Die Marburger Anstalt berichtet laufend von Schwangeren, die versuchten, ihre einsetzenden Geburtswehen möglichst lange zu verheimlichen, und die an irgendwelchen entlegenen Orten innerhalb des Gebäudes niederkamen. Dass das Institut im Winter von wesentlich mehr Frauen aufgesucht wurde als im Sommer, spricht ebenfalls dafür, dass viele es vorzogen, ihr Kind im Freien zu bekommen als in der übel beleumundeten Klinik. Allerdings konnte eine verheimlichte Schwangerschaft schwere Strafen zur Folge haben, außerdem setzte sich die Frau in diesem Fall dem Verdacht der versuchten Kindstötung aus.

So wie die 37-jährige ledige Tagelöhnerin Catharina Schmidt, deren Kind, in der Dezemberkälte im Jahr 1837 auf einem Heuboden geboren, nach wenigen Stunden starb. Weil sie ihre Schwangerschaft nicht gemeldet hatte, wurde sie wegen Kindsmord zu einer Freiheitsstrafe in der „Straf- und Besserungsanstalt zu Cassel" verurteilt, wo sie nach 14-jähriger Haft starb. Dass sie zuvor von Müllersleuten, wo sie um Aufnahme gebeten hatte, abgewiesen worden war, wurde nicht als strafmildernd gewertet. Die Gerichtsprotokolle zu diesem Prozess bieten die seltene Gelegenheit, ein wenig über die Gedanken und Gefühle dieser Frauen zu erfahren, denn auch sie haben uns nichts Schriftliches hinterlassen, unsere Kenntnisse beziehen sich daher auch hier ausschließlich auf von Männern verfasste Berichte, durch deren Brille gesehen. Den für das Gericht erschwerenden Umstand, dass Catharina Schmidt nicht in einer Accouchieranstalt, jenem „sehr heilsamen Institute des Staates", niedergekommen war, versuchte diese mit ihrer Angst aufgrund der „dort zur Anwendung kommenden Instrumente" und der „schmerzliche(n) Behandlung der Gebärwunden durch so viele ‚Kerle'" zu erklären. „Es war mir Angst vor dieser Anstalt." Aber auch dieser Einwand half wenig. Vielmehr wurde ihr vorgeworfen, „auf der niedrigsten Stufe der Bildung" zu stehen und damit einer „Volksklasse" anzugehören, „wo Roheit, Leichtgläubigkeit und Unwissenheit herrscht", weshalb ihr auch die „heilsame" Absicht und Wirkung dieser Institute verborgen geblieben wären.

Eine noch größere Angst als vor den Untersuchungen hatten Gebärende also vor den Operationen, über die an den deutschen Instituten seitenlange minutiöse Berichte abgefasst wurden. An der Göttinger Anstalt etwa wurde unter Osiander die Hälfte der Kinder operativ geboren, wozu er selbst eine eigene Zange konstruierte. Aus einer Aufstellung geht hervor, dass er bei 2.540 Geburten 1.016 Mal die Zange anwandte, außerdem „111 Wendungen, 7 Entbindungen mit dem Hebel, 21 Extraktionen und 4 Kaiserschnitt-Entbindungen" durchführte. Auch in der Marburger Klinik kam auf 15 Geburten eine Operation, während im gesamten Kurfürstentum 38 Geburten nur eine Operation zu verzeichnen hatten. Außerdem wurde hier die Zangenentbindung viermal so oft angewandt als anderswo, wobei zwischen 1836 und 1838 4,2 Prozent der Wöchnerinnen und 25 Prozent der Säuglinge starben. Diese Praxis, die einen Anstieg toter Mütter und Kinder zur Folge hatte, wurde auch von Zeitgenossen kritisiert. Schon Roederer, Ossianders Vorgänger, hatte den „Missbrauch" der Zange angeprangert. Ebenso verurteilte Lucas Boer (1751–1833), Leiter der Wiener Entbindungsanstalt, den häufigen Gebrauch der Geburtszange, sie sei, so meinte er, „so oft gebraucht und gemissbraucht (worden), dass man hätte glauben sollen, die Natur habe ihr Geschäft der Gebärung aufgegeben und es der Zange des Geburtshelfers zum Werke überlassen".

Die Wiener Schule Boers, die sich generell für einen natürlichen Verlauf der Geburt einsetzte, stand in krassem Gegensatz zu den Praktiken, die an deutschen Instituten geübt wurden. In Letzteren war das Interesse der Mediziner, das Innere des Frauenbauches öffentlich zu machen, so groß, dass das Wohl von Mutter und Kind – und gelegentlich sogar ihr Leben – zurückstehen mussten. Selbst der Kaiserschnitt an der lebenden Frau, den sie in der ersten Hälfte des 19. Jahrhunderts nicht überleben konnte, wurde immer häufiger vorgenommen. Noch 1860 vermerkten französische Geburtshelfer, dass in Paris in diesem Jahrhundert kein einziger Kaiserschnitt geglückt sei, und auch in Wien ebenso wie in Prag sei man nicht erfolgreicher gewesen. Der Limburger Medizinalrat Wendelstädt erklärte 1810 offen, warum diese Operation, deren Notwendigkeit gar nicht erwiesen sei, von Geburtshelfern in Deutschland trotzdem so oft angewendet würde: Weil sie vor allem dazu diene, sich zu profilieren, „ebenso wie ein Jäger nur dann erst ein rechter Jäger zu seyn glaubt, wenn er seinen Hirsch oder Wolf geschossen hat". Trotz dieser Kritiken propagierte der Geburtshelfer G. W. Stein d. Ä. mit einem eigens von ihm entwickelten Besteck bereits Ende des 18. Jahrhunderts die Öffnung der Bauchhöhle. Was er darin sah, beschreibt er begeistert in einem detaillierten Bericht aus dem Jahr 1780: „Es war jetzt wunderschön anzusehen, wie die braunrothe Gebärmutter in der ganzen Bauchwunde bloß lag, und bei jedem Athemzuge gleichsam bemühet war, sich, wenn es ihr möglich gewesen wäre, durch die äussere, aber nur allzuenge, Bauchwunde durchzudrängen."

Dass die Frau anschließend starb, scheint eher nebensächlich gewesen zu sein, ebenso die unerträglichen Schmerzen, die sie erlitten haben muss (Narkose war damals noch unbekannt). Immerhin konnte das Kind gerettet werden, welches im Regelfall ebenfalls geringe Überlebenschancen hatte. Von den zehn Fällen, die der Geburtshelfer Dohrn für Kurhessen anführt, gingen acht für die Frau und fünf für das Kind tödlich aus. Bei 88 Kaiserschnitten an unter der Geburt verstorbenen Frauen überlebte hingegen kein Kind. Dass in einer Zeit, in der man weder von Sepsis etwas wusste noch die Narkose bekannt war, überhaupt an einer lebenden Frau operiert wurde, erscheint heutigen MedizinhistorikerInnen unbegreiflich. Metz-Becker führt Beispiele an, in denen operiert wurde, obwohl das Kind kein Lebenszeichen mehr von sich gab, wobei den Angaben der Frau, die keine Kindsbewegung mehr feststellen konnte, keine Beachtung geschenkt wurde. Erste wirkliche Erfolge beim Kaiserschnitt gab es erst 1876, als der Italiener Porro den Uterus gleich mitentfernte, womit sich die Überlebenschancen geringfügig erhöhten.

Der Eifer, mit dem Mediziner den Bauchraum der Frau öffneten, um zu sehen, was sich darin abspielte, und ihn dann wieder zunähten, hat etwas Erschreckendes. Emely Martin hat auf den Zusammenhang zwischen der Philosophie des Descartes vom Körper als Maschine – der nachweislich die Ärzteschaft beeinflusst hat (siehe Kapitel III) – und dem vermehrten Einsatz von Instrumenten an den Gebäranstalten nach der Vertreibung der

Hebammen hingewiesen.[30] Der Körper als Maschine und der Arzt als Ingenieur, Mechaniker, der diesen Maschinen-Körper auseinander nimmt und wieder zusammenfügt, dieser Vergleich passt tatsächlich ins Bild. Er gilt auch für die heutigen Geburtstechniken, in denen beispielsweise der Kaiserschnitt immer mehr favorisiert wird.

Zerstückelung des Ungeborenen

Nicht zimperlich war man auch bei der so genannten Perforation oder Embryotomie, der Zerstückelung des Kindes, wenn keine Möglichkeit gesehen wurde, es lebend zur Welt zu bringen. Dass diese Operation in jedem zweiten bis dritten Fall auch der Mutter das Leben kostete, sei zumindest teilweise auf die „mehrteils vorausgehenden kräftigen Versuche, die Geburt noch mittelst der Zange zu vollenden" zurückzuführen, wie bereits ein Zeitgenosse kritisch vermerkte. Wurden doch bei den häufig zu frühen operativen Eingriffen in den Geburtsprozess mit den scharfen Instrumenten oft die inneren Organe der Gebärenden verletzt. „Mit der Zahl der geburtshülflichen Operationen" habe sich daher auch „die Zahl der Todtgebornen vergrössert".

Die Perforationsinstrumente bestanden häufig aus Spatel, Dolch, Schere, Kopfzieher und Haken und dienten der „Zerkleinerung des Geburtsobjektes". Gelegentlich wird auch ein „Hirnlöffel" erwähnt. Heinrich Busch, 1820 bis 1829 Institutsdirektor in Marburg, beschreibt den Einsatz einer „Mesnard'schen Schädelzange" so: Nachdem er den ersten Haken „hinter dem linken Ohr" angesetzt hatte, „wurde ein anderer in die rechte Augenhöhle gesetzt ... bis endlich nach halbstündiger Anstrengung der Kopf durch den Beckeneingang in das Becken gelangte". Zuvor hatte er ein „Orme'sches Perforatorium eingeführt, in die große Fontanelle eingestoßen und die Wunde hinreichend vergrößert ... Von 10 h Morgens bis 5 Uhr Abends dauerte nun ferner die Geburt, unter allmählich stärker werdenden Wehen. Der Muttermund war zwar völlig eröffnet, es war aber bis dahin nur wenig Hirn ausgeleert worden, und der Kopf war nur mit einem kleinen Abschnitt in die obere Beckenöffnung hineingerückt. Das Perforatorium wurde daher noch einmal in die Schädelhöhle eingeführt, um den etwaigen Zusammenhang des Gehirns, durch Umdrehen des Instrumentes, noch gänzlich zu zerstören ...".

Neben Zange, Kaiserschnitt und Perforation des Ungeborenen wurden aber auch noch andere Techniken in Gebärhäusern praktiziert wie die gewaltsame Dehnung des noch verschlossenen Muttermundes mit Dilatoren, die Wendung des Kindes im Mutterleib und der Schamfugenschnitt, der zu Schädigungen des Beckens führte und die Frau für den Rest ihres Lebens verkrüppelte. Dass solche und ähnliche Praktiken lediglich an den armen, „ehrlosen" Frauen in den Gebäranstalten „geübt" wurden, zeigt auch ein Ausspruch des in den 1820er Jahren in Marburg tätigen Gynäkologen Eduard Caspar Jacob von Siebold (1801–1861), der seine Studenten ermahnte, jene Instrumente, die im Institut am „Lehrmaterial" angewendet wurden, keinesfalls in der Privatpraxis zu gebrauchen, hier seien die sanfteren, schmerzloseren Methoden vorzuziehen.[31]

Was Frauen unter diesen brutalen Maßnahmen gelitten haben, wagen wir uns gar nicht vorzustellen. Sicherlich gab es auch mitfühlende Geburtshelfer wie etwa den Göttinger Professor Heinrich Christoph Trefurt, der von „wahrhaft erschütterndsten Scenen" spricht und meint, dass „nur Derjenige sich von dem gränzenlosen Jammer der Armuth ein richtiges Bild erwerben kann, der diesen so oft unverschuldet Unglücklichen in der Geburts-Stunde Hülfe leistet".[32] Auch der Gynäkologe Stein d. J. meint, er würde nach solchen Eingriffen eine derartige „Metzgerei" und „alle falschen Grundsätze der Kunst und neuen Wissenschaft" verwünschen.[33] Aber solche Äußerungen stellten sicherlich eine Ausnahme dar. In der Regel wurden die Qualen der Frauen im Sinne wissenschaftlicher Forschungsarbeit mehr oder weniger gerechtfertigt. „Der Körper der Frau ist das Gebiet, auf dem sich das Patriarchat errichtet", meint die amerikanische Schriftstellerin und Feministin Adrienne Rich.[34] Und wenn wir die heutige Reproduktionsmedizin betrachten, sind zwar die Leiden von Frauen geringer geworden, an den Grundsätzen jedoch hat sich wenig geändert: Der Leib der Frau ist „Schlachtfeld" und ebenso wie ihre Leibesfrucht Studienobjekt eines überwiegend männlichen Forschungsinteresses geblieben, um das sich mittlerweile eine riesige Forschungsindustrie gebildet hat, die mit Föten, Ei- und Stammzellen experimentiert und handelt.

Die Einverleibung der Frau nicht nur in der medizinischen Wissenschaft, sondern auch in Kunst, Kultur und Alltagsleben, seit Jahrhunderten Voraussetzung für die Aufrechterhaltung einer patriarchalen/androzentrischen Gesellschaft, hat damit einen neuen Höhepunkt erfahren. Das „Frau-Essen" nennt es Christina von Braun, und sie meint richtigerweise, dass die einverleibte Frau die Grundlage der schöpferischen Macht der gesamten abendländischen Kultur darstellt.[35]

Bereits in den Accouchieranstalten vor über zweihundert Jahren herrschte nicht nur ein reges Interesse am weiblichen Körper, sondern auch an den Föten, die mittels der „Zergliederungskunst des ungebohrnen Kindes in den verschiedenen Zeiten der Schwangerschaft" öffentlich gemacht werden konnten. Demzufolge besaßen diese Anstalten nicht nur einen eigenen Sezierraum (auf dessen verheerende Folgen für die Wöchnerinnen, die reihenweise am Kindbettfieber starben, wird später hingewiesen), die tot geborenen oder gestorbenen Kinder wurden teilweise auch in Weingeist aufbewahrt, wie etwa am Göttinger Institut in einem dafür eingerichteten „Osiander'schen Cabinet". (Das so genannte „Marburger Lenchen", ein in Spiritus eingelegtes Totalpräparat einer schwangeren Frau ist heute noch im Marburger „Museum Anatomicum" zu besichtigen.) Gleichzeitig entstanden Sammelwerke ebenso wie Ausstellungen, die zum ersten Mal bildliche Darstellungen des Ungeborenen im Mutterleib einer staunenden Öffentlichkeit präsentierten. Bislang war die Entwicklung des Fötus in der medizinischen Forschung von eher untergeordnetem Interesse gewesen, Mutter und Ungeborenes hatten eine Einheit gebildet, die nicht zu trennen war. Jetzt erhielt der Fötus einen Eigenwert und gleichzeitig erschien er als zu schützendes Gut, dem vor allem von den Vertretern des Kaiserschnitts Vorrang gegenüber der Mutter eingeräumt wurde. Traditionelle Bedenken, nach denen das Aufschneiden des schwangeren Leibes als gotteslästerlich erschien, konnten damit entkräftet werden.

Bereits 1741 publizierte der Anatom Giovanni Battista Bianchi in Turin ein Buch „Über die natürliche, die fehlerhafte und krankhafte Zeugung im menschlichen Körper", das die einzelnen Wachstumsphasen des Fötus detailreich rekonstruierte und das, lateinisch abgefasst, für das gelehrte medizinische Publikum gedacht war. Auch das über 50 Jahre später veröffentlichte Werk des zu seiner Zeit hochangesehenen Anatomen Samuel Thomas Soemmering „Icones embryonum humanorum" dürfte eher Fachkreise interessiert haben. Die lebensechten Wachsmodelle von Embryonen und Feten und die Weingeistpräparate eines Abortus hingegen, die ab dem letzten Drittel des 18. Jahrhunderts in Museen zu besichtigen waren, erreichten ein breites Publikum. Trotzdem befand noch Ende des 18. Jahrhunderts der Gießener Anatom Ferdinand Georg Danz, dass „das Geschäfte der Erzeugung des Menschen für uns Sterbliche" immer noch „sehr dunkel und räthselhaft ist".[36] Immerhin hatte die Darstellung sich entwickelnder Embryonen erst im beginnenden 20. Jahrhundert Eingang in populäre Bücher und Kurse für Schwangere gefunden.

Konstruktion des weiblichen Geschlechtscharakters

Neben dem „veröffentlichten" Frauenleib samt dem darin entstehenden Leben hat die Medikalisierung der Frau noch zu einem weiteren Ergebnis geführt, nämlich zur Konstruktion eines weiblichen „Geschlechtscharakters", der bis in unsere Tage wirksam blieb. Infolge ihrer „Schwächung" durch Menstruation, Schwangerschaft und Geburt waren damit die „Natur der Frau" und gleichzeitig ihre Unterlegenheit, Schutzbedürftigkeit und ständig durch „Krankheit" gefährdete Körperlichkeit festgelegt. Dass dieser „schwache" Körper paradoxerweise die Kraft für eine ständige Gebärleistung aufbringen musste, störte die männlichen Experten nicht. Vielmehr hatte er in ihrer Interpretation „naturgemäß" auch einen schwachen Intellekt zur Folge. Bei dem bereits erwähnten Marburger Gynäkologen E. C. J. von Siebold liest sich das so: „... die Natur hat das weibliche Geschlecht zum Empfangen, zur Fortbildung der Frucht, zum Gebären und zur weiteren Ernährung der Frucht bestimmt ... Enge Grenzen hat daher die Natur der Frau angewiesen: ihr gehört das Haus, dem Mann die Welt ... er ordnet den Staat, giebt ihm Gesetze, sorgt für das Wohl seiner Mitbürger, sucht ihren Geist zu bilden; er bebaut den Boden und gewinnt ihm im Schweisse seines Angesichtes die zum Leben nothwendigen Producte ab, er tödtet die Tiere des Waldes, er führt Kriege, er macht Revolutionen, ... unterwirft Länder, macht neue Königreiche – und sorgt dann nebenbei, dass sein Geschlecht nicht aussterbe ... Zu allen Dem ist das weibliche Geschlecht nicht geschaffen: die Natur hat ihm Kraft und Stärke versagt: nie ist der Krieg Beschäftigung der Weiber gewesen ... Bedenken sie dies und fragen Sie sich, ob Sie General eines Heeres sein möchten, in welchem jedes Mitglied ... bestimmt monatlich einmal krank sein wird ... Der Wirkungskreis des Weibes ist daher beschränkt, nur auf den Einzelnen gerichtet, und diesem gemäss sind auch die Geistesfähigkeiten der Frauen gebildet, ist der weibliche Charakter geschaffen ... die intellectuellen Kräfte des Weibes kommen denen des Mannes nicht gleich. Es fehlt dem Weibe an hoher Genialität, an durchdringender Geisteskraft, an umfassendem Blicke". Eine derartige Beurteilung des weiblichen Geschlechts, die durch dessen „Verschlossenheit ... Verstellungskunst, Eitelkeit usw." erschwert werde, komme vor allem dem Frauenarzt zu, der „allen Anderen voraus" habe, „dass sich ihm das Weib noch am wahrsten und treuesten zeigt ...".[37]

Hier ist deutlich zusammengefasst, was bis herauf in unsere Zeit den „Geschlechtscharakter" der Frau bestimmt. Denn dieser schwächliche, des Intellekts ermangelnde und auf das Gebären reduzierte Frauenkörper war vorzüglich für Kinderaufzucht, Haushaltsführung und als Handlangerin männlicher Gebote geeignet. Es trifft daher nicht den Kern der Sache, wenn in der einschlägigen Literatur ständig von einer „Aufwertung" der Mutterschaft in dieser Epoche berichtet wird. Denn diese so genannte „Aufwertung" setzt eine Abwertung des gesamten weiblichen Geschlechts, seiner physisch-psychischen Eigenschaften voraus. *Mann* versuchte die Mutterschaft der Frau schmackhaft zu machen, nachdem ihr der letzte Rest an Eigenwert, an Eigenständigkeit genommen worden war. Hatten doch die entstehenden Manufakturen, die Fabriken mit ihren maschinell erzeugten Produkten Frauen auch ihrer Produktionsstätte im „Ganzen Haus" beraubt und vor allem Frauen des Bürgertums, der Mittelschicht in die völlige Abhängigkeit des Mannes getrieben. Der einzig verbliebene Daseinszweck als Mutter und Hausfrau (den sich allerdings nur die bürgerliche Frau leisten konnte, Unterschichtsfrauen waren immer mehrfach ausgebeutet) wurde daher von den männlichen Ideologen entsprechend verklärt. Dass die im 18. Jahrhundert entstehende „medizinische Wissenschaft vom Weibe", später Gynäkologie genannt, daran einen wesentlichen Anteil hatte, war bislang kaum Gegenstand entsprechender Untersuchungen.

Die Schutzlosigkeit der ledigen Mutter

Dass die Ärzte der Gebärkliniken im 18. Jahrhundert ihr Interesse am weiblichen Körper endlich befriedigen konnten, lag auch in der allgemeinen gesellschaftlich-ökonomischen Situation begründet. Wie bereits erwähnt, hätte sich in dieser Zeit keine Schwangere, aber auch keine kranke Person, die über einen gewissen familiären Rückhalt verfügte, in eine öffentliche Klinik begeben. Krankenhäuser mit ihren schlechten hygienischen Verhältnissen wurden lediglich von den Ärmsten der Armen aufgesucht. Aber gerade diese waren durch die umfassenden Veränderungen im ländlichen Bereich und durch allgemeine gesellschaftliche Umwälzungen im Zunehmen begriffen. Eine damit zusammenhängende Schutzlosigkeit betraf – wie immer in der patriarchalen Geschichte – vor allem die Frauen, wie folgende Fakten zeigen.

Dass es in dieser Zeit zu so vielen illegitimen Geburten kam, wird auch auf die Heiratsbeschränkungen zurückgeführt, mit deren Hilfe die drohende Verelendung breiter Bevölkerungsschichten bekämpft werden sollte. So durften nur jene Paare heiraten, die über eine gewisse Existenzgrundlage verfügten, auch das Heiratsalter wurde hinaufgesetzt. Für die nun vermehrt außerehelich geschwängerten Frauen gab es allerdings keine Sicherheitsnetzwerke. Meist handelte es sich um Dienstboten oder Mägde, die im Falle einer Schwangerschaft fristlos entlassen wurden, womit sie in den Stand von Außenseiterinnen gerieten, genoss doch nur die bei einem Bauern in Dienst stehende Magd einen gewissen Schutz. Fiel sie aus der Dorfgemeinschaft heraus, wurde sie zum Freiwild, zur Asozialen, Fremden, der Kriminalität Verdächtigen. Es waren genau diese Frauen, häufig selbst unehelich geboren, bei Pflegeeltern aufgewachsen und bereits als halbe Kinder zur Arbeit gezwungen, denen als einzige Möglichkeit die Zuflucht in einer Gebäranstalt blieb. Die Väter hatten sich oft aus dem Staub gemacht oder waren so arm, dass eine Heirat wegen der Beschränkungen nicht in Frage kam. Obwohl viele unverheiratete Mütter trotz Armut und Not in ihrer Familie oder Verwandtschaft Unterschlupf fanden, wo die Kinder mehr schlecht als recht ernährt wurden, geschah es doch nicht selten, dass kein familiäres Netzwerk vorhanden war und die Frau ins absolute Abseits gestoßen wurde. Die sich in dieser Zeit häufenden Fälle von Kindesmord legen beredtes Zeugnis davon ab.

Die an den Gebäranstalten um Aufnahme ansuchenden Frauen waren demnach meist auch in einem besonders schlechten gesundheitlichen Zustand, wovon die Geburtshelfer ausführlich berichteten. Sie litten nicht nur an „schwacher Constituion", „Asthma", „rheumatischen Beschwerden" und „nervösem Leiden", sondern häufig auch an Rachitis, was sich mit einer damit zusammenhängenden Verengung des Beckens besonders verhängnisvoll auf eine Geburt auswirken konnte. Aus den existierenden, von Metz-Becker untersuchten Beschreibungen geht allerdings hervor, dass die Geburtshelfer vor allem daran interessiert waren, diese „vorzüglich den Explorationsübungen bestimmten ... Personen mit fehlerhaftem Becken u.s.w. sämttlichen Zuhörern vorzustellen, dieselbe in ihrer Gegenwart zu examinieren, die Ausmessung des Beckens vorzunehmen u.s.w.". Auch dass bei diesen Frauen relativ häufig ein operativer Eingriff notwendig war, dürfte das männliche wissenschaftliche Interesse befriedigt haben. Dies wurde seitenlang kommentiert und gibt Einblick in entsetzliche Frauenschicksale, wie etwa jenes der vierzigjährigen Katharina Kniese, ehemalige Dienstmagd, dann verheiratet und von ihrem Mann trotz „großer Abmagerung und allgemeiner Körperschwäche, ... bedeutendem Brustleiden, Schleim- und Blutauswurf, ... Husten, ... krankhaften Erstickungsanfällen" und zweier Fehlgeburten ein sechstes Mal geschwängert. Sie starb unter der „Kaisergeburt", ebenso wie die neununddreißigjährige Sophie Gräter, mit einer „außerordentlichen Verkrümmung des Rückgrates, indem der Kopf bis tief über die Brust ... heruntergesunken" war, was eine normale Geburt unmöglich erscheinen ließ. Dass sie sich gegen einen operativen Eingriff heftig sträubte und auf jede andere Weise entbunden werden wollte, „wenn auch das Kind dadurch sein Leben verlieren sollte", nützte ihr nichts. Auf das eindringliche Zureden von drei Ärzten und fünf „Practicanten" willigte sie endlich ein, die Operation wurde ohne Betäubungsmittel und begleitet von etlichen Ohnmachten durchgeführt, und die Frau starb nach einem dreißig Tage dauernden, qualvollen Todeskampf. Fatalerweise ergab die darauf folgende Sektion ein gar nicht so fehlerhaftes Becken, wie von Geburtshelfer Busch ursprünglich vermutet, weshalb der Verdacht einer vorschnellen Operation durchaus gerechtfertigt ist.[38]

Auffallend ist die häufig dokumentierte vollkommene Rücksichtslosigkeit der Ehemänner, die ihre Frauen trotz eines oft lebensbedrohlichen Gesundheitszustandes und gewarnt von den Ärzten, dass sie eine weitere Geburt nicht überstehen würden, laufend schwängerten. Bemerkenswert ist aber auch die Ignoranz der Mediziner, die sich wunderten, dass Frauen sich in ihrem Zustand zu den „ehelichen Pflichten hatten willig finden lassen". Vielmehr ist anzunehmen, dass es diese angebliche Freiwilligkeit nicht gegeben hat, sondern dass sich die Frauen bestenfalls in ein Schicksal fügten, das nicht nur vom Ehemann, sondern von der gesamten Gesellschaft als gottgefällig gefordert wurde. Berichtet doch noch am Beginn des 20. Jahrhunderts die aus einer wohlhabenden bürgerlichen Familie stammende österreichische Frauenrechtlerin Rosa Mayreder, dass ihr Vater trotz Warnung der Ärzte, dass seine erste Frau nach zwei Totgeburten eine weitere Geburt nicht überleben würde, diese ungerührt ein weiteres Mal schwängerte, worauf sie an der Geburt ihres achten Kindes dann auch starb. Denn, wie seine Tochter lakonisch vermerkt, „wie er das Leben auffasste, waren diese Dinge der menschlichen Willkür entrückt und Sache der Natur, der man ihren Lauf lassen musste".[39]

Kindbettfieber

Wie nebensächlich vielen Ärzten weibliches Leben gewesen ist, zeigt am besten die Geschichte des Kindbettfiebers, das in der ersten Hälfte des 19. Jahrhunderts epidemische Ausmaße erreichte. Hatten sich in der Zeit davor nur vereinzelt Wöchnerinnen angesteckt, wurde diese Krankheit nun zur häufigsten Todesursache gebärender Frauen. Dass es das Leichengift war, mit dem die eben aus dem Seziersaal kommenden Ärzte die Gebärenden infizierten, erkannte der Wiener Arzt Ignaz Philipp Semmelweis (1818–1865). Bislang hatte man angenommen, dass die Ursache in den so genannten „Miasmen", also schädlicher Luft, lag. Außerdem wurden häufig die Mütter selbst dafür verantwortlich gemacht, die Diagnose „Selbstinfektion" erfreute sich großer Beliebtheit. Danach sollte sich eine bereits vorhandene Erkrankung des Genitaltraktes nach der Geburt ausbreiten. Dennoch musste der krasse Unterschied zwischen den beiden Abteilungen der Gebärklinik am Allgemeinen Krankenhaus in Wien stutzig machen: Betrug doch die Mortalitätsrate jener Abteilung, die der geburtshilflichen Ausbildung von Ärzten diente (diese waren auch für die Sektion verstorbener Wöchnerinnen zuständig), in manchen Monaten über 40 Prozent, während die Abteilung, an der ausschließlich Hebammen unterrichtet wurden, kaum Todesfälle zu verzeichnen hatte.[40] Verständlich, dass die Hebammenabteilung ständig überfüllt war und sich herzzerreißende Szenen abspielten, wenn Frauen abgewiesen und an die Abteilung praktizierender Ärzte verwiesen wurden.

Um Licht in dieses aufsehenerregende Dunkel zu bringen, wurde im Jahr 1846 eine Untersuchungskommission eingesetzt, die eine Reduzierung der Praktikanten und eine Verringerung geburtshilflicher Untersuchungen anordnete, worauf die Todesfälle auch zurückgingen. Die eigentliche Ursache war damit allerdings noch nicht gefunden worden, diese zu entdecken blieb Semmelweis vorbehalten, der an dieser Klinik gearbeitet hat. Nachdenklich machte ihn der Tod seines Freundes Prof. Kolletschka, der an einer banalen Verletzung mit dem Seziermesser gestorben war, wobei der Krankheitsverlauf eine große Ähnlichkeit mit jenem der Wöchnerinnen aufgewiesen hatte. Semmelweis kombinierte richtig und ordnete an, dass künftig Ärzte, die aus den Leichenkammern kamen, ihre Hände mit Chlor waschen mussten, bevor sie die Wöchnerinnen untersuchten. Die Erfolge waren eindeutig: Die Todesrate sank neuerlich beträchtlich.

Obwohl Semmelweis Ende der 1840er Jahre seine Lehre vom „Kadavergift" öffentlich machte, wurde ihm nur wenig Glauben geschenkt. Die Vorstellung, dass Ärzte selbst die Todesbringer waren, schien zu ungeheuerlich, verletzte zu sehr den eigenen Stolz. So mussten bis in die siebziger Jahre des 19. Jahrhunderts hinein Tausende von Frauen sterben, weil Ärzte nicht im Stande waren, eigene Schuld zuzugeben. Semmelweis, dessen Lehre nicht nur bekämpft, sondern der auch als Person angegriffen wurde, hat diese Ignoranz seiner Kollegen nicht verkraftet: Er starb 1865 in einer Nervenheilanstalt.

VI. Gebärmütter im Dienst der Bevölkerungspolitik

Jüngere Forschungsergebnisse gehen davon aus, dass in den matrilinearen Sippengesellschaften die Bevölkerungsdichte bewusst, und zwar vornehmlich von Frauen, gesteuert wurde. Das heißt, dass eine Frau immer nur so viele Kinder geboren hat, als sie einerseits ihrer körperlichen Konstitution zumuten konnte und als andererseits maximale Überlebenschancen für das Kind vorhanden waren. Nach Angaben der Bevölkerungswissenschaftler Gunnar Heinsohn und Otto Steiger wird für die frühen Stammesgesellschaften eine durchschnittliche Geburtenzahl von 4,5 pro Frau für wahrscheinlich gehalten.[1] Das bedeutet allerdings nicht, dass sie jeweils auch so viele Kinder aufgezogen hat. Infolgedessen ist die Weltbevölkerung über Jahrzehntausende hinweg weitgehend konstant geblieben. Erst in der Jungsteinzeit, einer Phase des Sesshaftwerdens, begann sie erstmals von etwa acht bis neun auf etwa 50 Millionen anzuwachsen, das bedeutet eine durchschnittliche Wachstumsrate von 0,1 Prozent im Jahr. (Zum Vergleich: die heutige Wachstumsrate beträgt zwei bis drei Prozent jährlich.[2])

Auch dass diese Frauen über eine breite Palette von Möglichkeiten verfügten, um Geburten zu verhindern, wird heute kaum noch bezweifelt. Dazu gehören pflanzliche Verhütungsmittel (bei nordamerikanischen Indianerinnen beispielsweise wurden 210 Wurzeln, Kräuter und andere Verfahren zur Empfängnisverhütung gefunden) und sexuelle Praktiken, durch chirurgische Eingriffe herbeigeführte Sterilität bei Männern und zeitweise Verweigerung des Geschlechtsverkehrs durch Frauen.[3] Auch der Kindesmord, der im Entscheidungsbereich der Frau lag, war geübte Praxis, wenn die Überlebenschancen für das Kind als nicht ausreichend betrachtet wurden.

Unter patriarchalen Vorzeichen hat sich diese Situation radikal geändert. Denn nun begann der Mann die Zahl der Nachkommenschaft zu bestimmen, und seine Interessen waren völlig anders gelagert. Er brauchte Bürger für die am Übergang zum Patriarchat entstehenden archaischen Staaten[4] und Soldaten für die Kriege, die zur Errichtung dieser Großreiche nötig waren. Die Interessen von Frauen zählten dabei nicht. Wichtig war lediglich ihre Gebärfunktion, und um der eigenen Vaterschaft sicher zu sein, wurden die Frauen hinter Schloss und Riegel gesetzt, der Vormundschaft des Ehemannes unterstellt (die im alten Griechenland ebenso wie in Rom und auch in Germanien das Tötungsrecht beinhaltete) und es wurde ihnen der Zugang zu öffentlichen Ämtern verboten. „Schaffe mir Kinder! Wenn nicht, so sterbe ich" (Gen. 29.31), sagt die verzweifelte Rahel zu Jakob im Alten Testament. Wurde doch im Falle der Unfruchtbarkeit eines Paares immer die Frau dafür verantwortlich gemacht. Eine Möglichkeit, dieser Schande in gewisser Weise zu entkommen, bestand für die Israelitin darin, ihrem Mann die leibeigene Magd zur Begattung zu übergeben, die dann auf den Knien der Hauptfrau gebären musste. Das solcherart zur Welt gekommene Kind galt als ihr eigenes. Eine Methode, die als Vorform der heute bestehenden Leihmutterschaft betrachtet werden kann.

Die Frau wurde zum Besitz des Mannes. „Gamoklopia" heißt das griechische Wort für Ehebruch, was so viel wie „Diebstahl der Gattin" bedeutet. War sie unfruchtbar oder gebar sie nur Mädchen, konnte sie der griechische Mann zu ihren Eltern zurückschicken oder aus dem „oikos", dem Haus, vertreiben. Außer zum Kindergebären wurde die nun eingesperrte und zum Muttertier erniedrigte Ehefrau nach Aussagen antiker Autoren als entbehrlich betrachtet. „Wenn wir ohne Frauen leben könnten, würden wir das natürlich nur allzu gerne tun. Aber da es nun einmal ein Gesetz der Natur ist, dass wir mit den Frauen nicht glücklich, ohne sie aber überhaupt nicht leben können, so müssen wir eben mehr für das Wohl des Staates als für unseren sexuellen Genuss sorgen", meint der Zensor Quintus Caecilius Mentellus Macedonicus.[5] Weshalb im Lateinischen „eine Frau heiraten" sie „in die Mutterschaft führen" heißt. Die weibliche Gebärpflicht war so wichtig, dass Mädchen in Griechenland – um wegen ihrer relativ geringen Lebenserwartung die Fruchtbarkeitsphase möglichst lang nutzen zu können – als halbe Kinder verheiratet wurden. Trotzdem hat sich nach Heinsohn/ Steiger der Kinderreichtum der Antike im Vergleich zur europäischen Neuzeit noch in Grenzen gehalten. Das älteste römische Gesetz fordert zwar noch fünf Kinder für die Römerin. In späterer Zeit aber waren drei Kinder für eine Freie und vier Kinder für eine Freigelassene das Maximum.[6]

Natürlich hat es auch zu dieser Zeit Verhütungsmittel gegeben. Der berühmte griechische Arzt Soranus etwa erwähnt dreißig bis vierzig verschiedene kontrazeptive Mittel und sterilisierende Drogen, die auch angewendet wurden, allerdings unter Aufsicht des Ehemannes. Auch die Abtreibung durfte – wenn vom Mann akzeptiert – praktiziert werden und war unter diesen Umständen straflos. Schwer bestraft wurde allerdings eine Frau, wenn sie ohne Erlaubnis des Familienoberhauptes abgetrieben hat. Cicero berichtet über die Verurteilung einer Mileserin zum Tode, „weil sie sich selbst mit Giftmitteln ihre Frucht abgetrieben hatte". Auch ein Fragment des Stadtrechtes von Gortyn (zwischen 450 und 400 v.u.Z.) weist auf Bestrafung hin, wenn die Abtreibung eigenmächtig durchgeführt worden war.[7] Die häufigste Form der Geburtenkontrolle allerdings scheint der Infantizid gewesen zu sein, wobei Mädchen die wesentlich geringeren Chancen hatten, lebend davonzukommen. Denn Söhne waren die Erben des Besitzes, die Träger des Namens, sie waren die Verteidiger und Eroberer und viele starben im Krieg. Frauen hingegen waren nur aufgrund ihrer Gebärfähigkeit interessant, weshalb eine Tochter pro Familie als ausreichend erschien.

Die pro-natalistische Bevölkerungspolitik zeigte Folgen: Immerhin stieg die Einwohnerschaft der griechischen Halbinsel von drei Millionen im fünften Jahrhundert auf vier Millionen im vierten Jahrhundert v.u.Z.[8] Insgesamt hat die europäische Bevölkerung von 400 v.u.Z. bis 200 u.Z. von 23 Millionen auf 67 Millionen zugenommen.[9] Dann allerdings scheint sich die Bevölkerung des Weströmischen Reiches drastisch verringert zu haben – Heinsohn und Steiger sprechen von einem Rückgang um fast 50 Prozent[10] was die Machthaber zutiefst beunruhigte.

Schuld an dieser Entwicklung hatten nach Ansicht römischer Autoren wieder einmal die leichtsinnigen und unmoralischen Frauen, die sich infolge zunehmender wirtschaftlicher Selbständigkeit auch ein Stück sexueller Freiheit zurückerobert hatten, was von den konservativen Schichten Roms, die als Vorbild die alte, tugendhafte, das Haus hütende und ihrem Ehemann Kinder gebärende Matrone priesen, tief beklagt wurde. Derartige Schuldzuschreibungen wiederholen sich unter wechselnden Vorzeichen in der gesamten patriarchalen Geschichte und haben stets einander ähnliche Maßnahmen zur Folge.

Natürlich sind die Ursachen in diesem Fall wie auch im späteren Verlauf der Geschichte ganz woanders zu suchen, nämlich in gesellschaftspolitischen und ökonomischen Zusammenhängen. Im alten Rom war es die Ausdehnung der Sklavenwirtschaft, die zu einer Verarmung der Bauern führte, die, zum landlosen Proletariat herabgesunken, sich keine Kinder mehr leisten konnten. Die Reichen hingegen bedienten sich zunehmend der Möglichkeit der Adoption, um statt kostspieliger und aufwendiger Kinderaufzucht einem leicht zu beschaffenden Erben ihr Vermögen zu hinterlassen. War doch der einst für die Agrarwirtschaft so wichtige leibliche Sohn für einen jetzt mit Kapital wirtschaftenden Römer entbehrlich geworden.

Bereits um die Zeitenwende begann sich die zunehmende Kinderlosigkeit zu einem ernsthaften Problem zu entwickeln, weshalb Frauen als Produzentinnen des Nachwuchses in die Pflicht genommen werden mussten. Im Mittelpunkt der diesbezüglichen Bemühungen von Kaiser Augustus (27 v.u.Z. bis 14 u.Z.) stand die Restauration der Ehe, die sich in der Folge von einer Privatsache zur Angelegenheit staatlichen Interesses entwickelte. Es wurde eine Heiratspflicht von Männern im Alter von 25 bis 60 Jahren und Frauen zwischen 20 und 50 Jahren eingeführt, wenn sie dem Stand der Freigeborenen angehörten und nicht bereits ihr Plansoll von drei Kindern erfüllt hatten. Außerdem bestand ein Wiederverheiratungszwang nach Beendigung der Ehe durch Scheidung oder Tod. Ehelose konnten auch weder erben noch Schenkungen erwerben und Kinderlose nur die Hälfte dessen, was ihnen normalerweise zugestanden wäre. So wie heute wurden aber auch Gesetze beschlossen, die gebärfreudigen Frauen Vorteile verschafften. Sie durften Ehrenkleider tragen und wurden, sofern sie drei und als Freigelassene vier Kinder geboren hatten, aus der männlichen Vormundschaftsgewalt entlassen.

Gleichzeitig verstärkten sich Bemühungen, gegen Handlungsweisen vorzugehen, die als „stuprum" eingestuft und später unter christlichen Herrschern als „Unzucht" verfolgt wurden. Geschlechtsverkehr sollte jetzt nur noch innerhalb der Ehe und vornehmlich zur Zeugung von Nachwuchs stattfinden, und bereits Septimius Severus (193–211) gelang es, ein speziell gegen Unzucht gerichtetes kaiserliches Gesetz durchzusetzen. Obwohl auch Männer betroffen waren, richtete es sich in der gesamten folgenden Geschichte hauptsächlich gegen Frauen, deren „Seitensprung" stets wesentlich schwerer wog als jener des Mannes und auch strenger bestraft wurde.

Vorläufig allerdings hatten all diese Maßnahmen wenig Erfolg, vielmehr brachte der Bevölkerungsrückgang gegen Ende des dritten Jahrhunderts die antiken Produktionsverhältnisse endgültig zum Erliegen. Ausschlaggebend war das Versiegen der Sklavenproduktion, da die Feldzüge das benötigte Reservoir an Sklaven nicht mehr erbringen konnten.

Gott wird die Kinder ernähren

Da kam die Etablierung des Christentums als Staatsreligion durch Kaiser Konstantin (306–337) gerade recht. Denn obwohl der Priesterstand mit seinem Keuschheitsideal als gottgefälliger gepriesen wurde, hatte die Kirche Laien ermutigt, mehr Kinder zu gebären, als sie ernähren konnten. Der Grundsatz „seid fruchtbar und mehret euch" galt ohne Berücksichtigung der Überlebenschancen von Mutter und Kind. Gott, so hieß es nun, würde die Kinder, die er gebe, auch ernähren. Nachdem das Patriarchat die Verantwortung für die Zahl der Kinder von der Frau auf den Mann übertragen hatte, sollte sie jetzt Gott übernehmen. Diese katholische Ehe- und Fortpflanzungslehre wurde von Konstantin durch entsprechende Gesetze gestützt und im gesamten Römischen Reich verankert. Am folgenschwersten war aber sicherlich die Abschaffung des männlichen Tötungs- und Aussetzungsrechtes, das die Macht des Familienvaters beschnitt und ein absolutes Patriarchat in ein christlich geprägtes verwandelte. Allerdings hat die tatsächliche Durchsetzung dieser Verfügung sehr lange gedauert. Noch im alten Germanien waren Frauen, Kinder und Sklaven der so genannten *munt*, der väterlichen Herrschaft, unterworfen, die auch das Recht auf Tötung und Aussetzung der Nachkommenschaft beinhaltete, wie dies etwa im Lex Frisionium (um 800) und in dem am Beginn des elften Jahrhunderts entstandenen Langobardengesetz festgeschrieben ist.

Unter dem Aspekt einer geburtenfördernden Bevölkerungspolitik können auch die alten Volksrechte betrachtet werden, die – wie im Falle des salfränkischen Rechts – für die Tötung einer Frau im gebärfähigen Alter dreimal mehr Buße verlangen als für die eines Mannes oder einer alten Frau. Auch das Schlagen von Schwangeren wurde hart bestraft. Wie sehr der Status der Frau von ihrer Gebärfähigkeit bestimmt wurde, beschreibt der bedeutendste Geschichtsschreiber des 6. Jahrhunderts, Gregor von Tours, der eine Geschichte der Franken hinterlassen hat. Er berichtet von Frauen, die Macht und Selbstbewusstsein vor allem aus der Geburt von Söhnen bezogen, die allerdings gedemütigt, gequält und verstoßen wurden, wenn diese ausblieben. Söhne galten als eine Art Lebensversicherung für die Mutter, die Vormundschaft über sie als Witwe ermöglichte oft politischen Einfluss, während Witwen ohne Söhne häufig vertrieben oder ermordet wurden.[11]

Trotz geburtenfördernder Bestrebungen konnte der Bevölkerungsrückgang vorerst nicht gestoppt werden. Er hielt unvermindert an und die Bevölkerungszahl erreichte im 8. Jahrhundert einen europäischen Tiefstand von 27 Millionen,[12] um erst allmählich wieder anzusteigen. Nach einer neuerlichen, katastrophalen Dezimierung der Bevölkerung durch Hungersnöte und Pest im 14. Jahrhundert, die zu einer Verödung ganzer Landstriche führte, begann dann die neuzeitliche Bevölkerungspolitik durch Strafgesetze, Polizeiordnungen, religiöse Druckmittel und kulturelle Verhaltensmuster die Gebärmütter zu kontrollieren und zu hemmungslos auszubeuten. Die Folge war die bekannte explosionsartige Vermehrung der Menschen vor allem im 18. und 19. Jahrhundert, die durch den Kolonialismus auch die Länder der so genannten Dritten Welt überschwemmte. Sie führte mit der Etablierung europäischer Familienmoral und Ausrottung des traditionellen Verhütungswissens trotz Völkermord an den UreinwohnerInnen zu einer ebenso rasanten Bevölkerungszunahme in den Kolonien, die heute als spezielles Problem gesehen wird.

Möglich war diese Entwicklung durch die Vereinnahmung von Frauen, denen die Eigenverantwortung für den Nachwuchs genommen wurde und vielfach noch wird und die mit teilweise rigiden Maßnahmen bis hin zur Todesstrafe ihrer Fruchtbarkeit ausgeliefert waren. Die Folge waren erschöpfte, einer ununterbrochenen Gebärleistung unterworfene und häufig im Kindbett ihr Leben lassende Frauen, kranke und schlecht versorgte Kinder, eine erhöhte Säuglings- und Kindersterblichkeit und eine sich steigernde Verfolgung lediger Frauen, die des Kindsmordes verdächtigt, diskriminiert und der Schutzlosigkeit preisgegebenen wurden.

Auch die Hexenverfolgungen fallen bezeichnenderweise in die Zeit der rücksichtslosen Zwangsbewirtschaftung weiblicher Fruchtbarkeit, die diesbezüglichen Zusammenhänge haben Heinsohn/Steiger eindrucksvoll herausgearbeitet. Die Zerstörung des alten, immer noch bestehenden Verhütungswissens durch Vernichtung der Hexen-Hebammen war aber nicht die einzige Maßnahme zur Ankurbelung der Menschenproduktion. Während im Mittelalter die weltliche Gerichtsbarkeit Geburtenkontrolle in jeder Form weitgehend duldete, wird in der Peinlichen Gerichtsordnung Kaiser Karls V. aus dem Jahr 1532 (Carolina), die für Gebietsteile der österreichischen Länder Geltung hatte, neben Kindestötung auch die Abtreibung zu einem todeswürdigen Verbrechen erklärt und grausam bestraft. „Wer auch mann oder weib unfruchtbar macht, so solch übel fürsetzlicher oder boshafftiger weis geschicht, soll der mann mit dem schwert, als eyn todtschläger, und die fraw, so sie es auch an jr selbst thette, ertrenckt oder sunst zum todt gestrafft werden."[13]

Hurerei und Unkeuschheit

Mit schweren Strafen, häufig auch mit dem Tod wurde der Geschlechtsverkehr vor und außerhalb der Ehe geahndet, der nun „Hurerei" bedeutete, so wie verschiedene Formen von geschlechtlicher Betätigung, die unter dem Begriff „Unkeuschheit wider die Natur" zusammengefasst wurden.[14] Als unkeusch und damit verwerflich galt vor allem jenes Verhalten, das nicht unbedingt zur Fortpflanzung führte, weshalb von der Kirche beim Geschlechtsverkehr auch lediglich die so genannte „Missionsstellung" (Frau unten, Mann oben) gestattet war, weil sie nach gängiger Ansicht am besten zu einer Schwängerung führte. In seinem Werk „De poena sodomia" hat der sächsische Jurist Carpzow 1695 das „Sexualverbrechen" der Sodomie (unter dem zu seiner Zeit alle so genannten „Sexualabweichungen" zusammengefasst wurden) in drei besonders verabscheuungswürdige Formen eingeteilt: erstens die Masturbation, zweitens den widernatürlichen Beischlaf, zu dem er den homosexuellen ebenso wie den heterosexuellen zählt, sofern er nicht in der rechten Stellung absolviert wird, und drittens die Vermischung von Mensch und Tier, für die er den Feuertod vorschlägt.[15]

Wie streng die Gesetze urteilten, zeigt etwa das kurfürstlich-sächsische Patent des Jahres 1644, das für „unehelichen Beischlaf zwischen Ledigen", selbst wenn sie schon verlobt waren, beim erstenmal eine vier- bis achttägige „Turmstraffe", eventuell Zwangsarbeit und eine einjährige Ausweisung aus der Stadt vorsah, im Wiederholungsfall jedoch die doppelte Strafe, und beim zweiten Rückfall verfügte es einen unbegrenzten Landesverweis.[16] Einer schwangeren ledigen Frau hingegen drohte unter Umständen der Tod durch Ertränken, der Kindsvater, sofern er bekannt war, kam meist mit Orts- oder Landesverweisung davon.

Im Mittelalter war die Situation noch eine andere gewesen. Zwar stellte die christliche Ehemoral damals schon jene Glaubenssätze auf, die später von der weltlichen Gerichtsbarkeit übernommen wurden. Sie verurteilte nicht nur Verhütung und Abtreibung als schwere Sünde, sondern „unsittlich" war auch innerhalb der Ehe jedes sexuelle Verhalten, das nicht unmittelbar zur Fortpflanzung führte. Auch die Verweigerung der Befruchtungspflicht in der Ehe galt als Sünde wider die Natur. Allerdings scheint sich die Befolgung dieser Gebote im Volk nicht recht durchgesetzt zu haben. Schriftliche und bildliche Überlieferungen vermitteln uns vielmehr den Eindruck einer eher sinnenfreudigen Epoche, in der sich Männlein und Weiblein nackt zusammen im Bade vergnügten, unbekleidet schliefen und üppige, ausgelassene Feste feierten. Demzufolge muss es auch ein verbreitetes Verhütungswissen oder sonstige Möglichkeiten, sich eines unerwünschten Nachwuchses zu entledigen, gegeben haben, was von der neueren Forschung vielfach bestätigt wird. Auch die Ansicht von einem ungeheuren Kinderreichtum und einer großen Säuglingssterblichkeit im Mittelalter wird zumindest relativiert.

Die tatsächliche Geburtenrate ist schwer zu ermitteln, sie betrifft immer nur einzelne Landstriche, Städte oder Dörfer, in denen die Zahlen sehr unterschiedlich sind. So wird für das Frühmittelalter in Norditalien und Hessen eine durchschnittliche Zahl von zwei bis drei Kindern pro Paar angenommen, für südfranzösische Städte schätzt man die Haushaltsgröße auf 5,5 Personen und in den französischen Pyrenäendörfern Axat und Caramany hatten im Jahr 1306 63 Prozent aller Familien zwei bis vier Kinder.[17] Es gab aber auch Ehen mit einer enorm hohen Kinderzahl wie etwa jene der Eltern Albrecht Dürers, dessen Mutter achtzehn Kinder geboren hat. In manchen Familien allerdings ist dieser Kinderreichtum eine Folge der vielen Ehen, die der Familienvater eingegangen war, weil die Frauen im Kindbett oder erschöpft durch ständige Geburten dahingestorben sind. So wie im Fall des Augsburger Kaufmannes Burkard Zink, dessen Lebensbeschreibung zu den bekanntesten Selbstzeugnissen des 15. Jahrhunderts gehört. Er hat vier Mal geheiratet und drei seiner Ehefrauen überlebt. Von den insgesamt 18 Kindern aus diesen Verbindungen sind allerdings elf vor dem Erwachsenenalter gestorben.[18]

Allerdings wurde der Bevölkerungsanstieg auch durch eine relativ hohe Anzahl an keusch und kinderlos lebenden Nonnen und Mönchen ebenso wie durch die vielen von der Kirche verordneten Verbote für geschlechtlichen Verkehr zu den so genannten „heiligen Zeiten" in Grenzen gehalten. Hinsichtlich der Kindersterblichkeit liegen uns für das Mittelalter ebenfalls keine genauen Zahlen vor, und die bisherige Methode, Untersuchungen der Neuzeit auf das Mittelalter zu übertragen, wird angezweifelt. Heinsohn/Steiger etwa meinen, dass für die Periode vor 1750, also vor der Vernichtung des Verhütungswissens und vor den massiven kirchlichen und weltlichen Zwangsmaßnahmen für Westeuropa eine Säuglingssterblichkeit zwischen 15,4 und 28,3 Prozent ermittelt wurde. Also wesentlich weniger als um die Mitte des 19. Jahrhunderts, in dem es genaue demographische Untersuchungen gibt und wo etwa Sachsen eine Säuglingssterblichkeit von fast 30 Prozent, Stockholm hingegen von 50 Prozent aufweist.[19] Auch dürften Frauen nicht so massenhaft im Kindbett gestorben sein, wie dies für das 18. und vor allem das 19. Jahrhundert belegt ist. Das bestätigt auch Gisela Gruppe anhand anthropologischer Befunde frühmittelalterlicher Skelettreste. Die generell niedrigere Lebenserwartung der Frau in der frühmittelalterlichen Gesellschaft, so Gruppe, sei nach diesen Unter-

suchungen nicht vordringlich auf das Schwangerschafts- und Geburts-
risiko, sondern auch noch auf andere Faktoren wie Arbeitsüberlastung,
Unterernährung, Krankenpflege etc. zurückzuführen.[20]

Abortivpflanzen

Unter den vielfältigen treibenden und verhütenden Mitteln, die wahrscheinlich vornehmlich von unverheirateten Paaren und Prostituierten benutzt
wurden (für verheiratete Frauen war Fruchtbarkeit ein Gebot, dem sie
sich kaum widersetzen konnten), dürfte der Sadebaum bis hinein in das
19. Jahrhundert wohl das verbreitetste Abtreibungsmittel gewesen sein.
Aber auch andere Kräuter, in den zahlreichen Kräuterbüchern der damaligen Zeit erwähnt, sind selbst nach neuen medizinischen Erkenntnissen im
Stande, eine Frucht abzuleiten, allerdings häufig auch unter Gefährdung
der Mutter. Die Schwarze Nieswurz beispielsweise reizt in höheren Dosen
die Schleimhäute und erzeugt blutigen Durchfall, die vaginale Anwendung
musste sich also zweifellos fruchtschädigend auswirken. Auch die Weiße
Nieswurz kann Erbrechen, Durchfall, Atemstörungen und Blutdruckabfall
hervorrufen und musste sorgfältig dosiert werden. Die Raute, die heute
noch in New Mexico und Arizona angewendet wird, wirkt ebenso wie das
Mutterkorn, die Muskatblüte und Muskatnuss nachweislich abortiv. Die
Ansicht etlicher Autoren, diese Mittel seien eher unwirksam gewesen, ist
daher nicht stichhaltig.

Der Prediger und Arzt Otto Brunfels (1489–1534) erwähnt in seinem
1530 in lateinischer Sprache erschienenen Kräuterbuch, das zwei
Jahre später eine deutsche Ausgabe erfuhr, 32 Abortivpflanzen. Ebenso
weisen die seit dem 16. Jahrhundert vor allem von Ärzten publizierten
Hebammenbücher ein reiches Arsenal an Abortivmitteln auf. Dass diese
Autoren, die sich hauptsächlich auf die Kenntnisse antiker Ärzte stützten,
so frei über eine Sache berichten konnten, die an und für sich verboten war,
hat seinen Grund in der Vorstellung der damaligen Humoralpathologie, in
der die monatliche Blutung als lebensnotwendiger Reinigungsprozess galt.
Blieb dieser aus, konnte das nicht nur eine beginnende Schwangerschaft
bedeuten, sondern ebenso eine böse, gefährliche „Stockung", die mit treibenden Mitteln behoben werden musste. Diese Pflanzen wurden also zur
Wiederherstellung der „Frauenzeit" in bester Absicht empfohlen, wobei
allerdings warnende Hinweise zu einer sorgfältigen Anwendung nicht fehl-
ten. Auch unter dem Aspekt der Wehenschwäche und Totgeburt wurden

diese Drogen verordnet, was angesichts der schwierigen Extraktion eines toten Kindes und des damit verbundenen hohen Infektionsrisikos (siehe Kapitel V) durchaus seine Berechtigung hatte.[21]

Der Fötus als Teil der mütterlichen Eingeweide

Mit der Beurteilung, wann das werdende Kind im Mutterbauch als belebt und Abtreibung daher sündhaft und/oder strafrechtlich zu verfolgen sei, taten sich die Kirche ebenso wie Ärzte und weltliche Gerichtsbarkeit vorerst einmal schwer. Die Kirche hielt sich an Aristoteles, wenn sie die Leibesfrucht, sofern sie männlich war, mit 40 Tagen, das minder ausgestattete Mädchen jedoch erst nach 80 Tagen als beseelt betrachtete. Von diesem Zeitpunkt an galt Abtreibung als ein zu sühnendes Vergehen, das in den Bußbüchern festgelegt und ausführlich kommentiert wird. Für Ärzte und Gerichte hingegen war es noch schwieriger festzustellen, ab wann der Leibesfrucht Leben zugesprochen werden kann. Noch im alten Rom wurde der Fötus als Teil der mütterlichen Eingeweide betrachtet, der noch nicht als menschliches Wesen galt und dem daher auch kein wie immer gearteter Rechtsschutz zugebilligt werden musste. Diese Ansicht hat sich im Volk sehr lange gehalten, obwohl dann das Christentum werdendes Leben gleichwertig und manchmal sogar noch wichtiger als die Erhaltung des Lebens oder der Gesundheit der Mutter betrachtete. Demzufolge beließ die weltliche Gerichtsbarkeit Abtreibung auch grundsätzlich straflos. Noch die Peinliche Gerichtsordnung Kaiser Karls V. spricht nur dann von einer strafbaren Tat, wenn jemand „eyn lebendig kindt abtreibt". Wobei der Zeitpunkt, an dem die Belebung der Leibesfrucht erfolgen soll, nicht näher festgelegt wird. Vierzig Jahre später wird in der kursächsischen Konstitution die Todesstrafe für Abtreibung ab der Schwangerschaftsmitte angedroht, also sobald die ersten Kindsbewegungen spürbar waren.[22] Diese Regelung blieb in der Folgezeit verbindlich und wurde auch in der Theresiana unter Maria Theresia 1768 so formuliert.

Musste doch das, was im Mutterbauch heranwuchs, nicht unbedingt eine menschliche Frucht sein. So etwa existierte die Ansicht, dass es sich um eine so genannte Mole handeln könne, das heißt ein Muttergewächs oder Mondkalb, das vorzeitig abgehen konnte. Denn da man sich den Fötus von Anfang an als kleinen Menschen vorstellte, wurde er bei einer Fehlgeburt oder Abtreibung im Frühstadium nicht als solcher gesehen. Auch die Theorie von der „verstockten" Menstruation, der mit treibenden Mitteln zu begegnen sei, verhinderte eine genaue Beurteilung und daher Strafverfolgung der Abtreibung. Aus diesem Grund wurde Abtreibung in der frühen Neuzeit auch relativ selten bestraft, wesentlich häufiger waren Kindsmorddelikte. Die Situation änderte sich erst in dem Augenblick, als Ärzte wissenschaftlich beweisen konnten, dass ein Fötus nicht erst im fünften Monat, sondern gleich nach der Zeugung lebendig sei. Damit wurde die Kriminalisierung der frühen Abtreibung eingeleitet. Gleichzeitig mit dem jetzt unabhängigen und eigenständigen „Kind" in der Gebärmutter wurde die Mutter in der Realität, was sie in den religiösen und philosophischen Theorien schon vorher gewesen war, nämlich ein untergeordneter Behälter. Damit war ein weiterer Schritt zur tatsächlichen Herauslösung des werdenden Lebens aus dem schützenden Mutterleib, zu seiner Verfügbarkeit für überwiegend männliche Interessen (= für den Staat) vollzogen. Er hat eine Entwicklung eingeleitet, die zu unserer heutigen Praxis des Herumexperimentierens mit Embryonen und der damit verbundenen Gefahr einer neuerlichen Eugenik, zu Geschlechtsbestimmung und zum Mädchenmord führt.

Mütterelend führt zu Kinderelend

Die Reformierung der Sitten durch den Staat, die parallel zu den Hexenverfolgungen und der Ausrottung des Verhütungswissens stattfand, ebenso wie die Verfestigung der christlichen Fortpflanzungsdoktrin führten innerhalb eines Jahrhunderts, von 1650 bis 1750, zu einem Anstieg der Bevölkerung um vierzig Prozent. Und das trotz Türkeneinfällen und Religionskriegen, Naturkatastrophen, Seuchen und einem entsetzlichen Kindersterben als Folge unzureichender Versorgungsmöglichkeiten. So wichtig schien ein nicht versiegender Kinderreichtum, dass sogar das Hinausschieben des Heiratsalters, das als einzige Geburtenkontrolle im persönlichen Entscheidungsbereich der Menschen geblieben war, aufgehoben werden sollte. Zumindest legte dies der Merkantilist Johann Peter Süßmilch (1707–1767) nahe, Oberkonsistorialrat und Feldgeistlicher im Heer Friedrichs des Großen, da sonst „die meisten zur Zeugung geschickten Jahre verfließen, und statt 10 und mehr Kinder kommen kaum 4–5 von solcher Ehe".[23]

Damit nicht genug, forderte derselbe Herr die Abschaffung allzu langer Stillzeiten, da sie eine fortlaufende Nachwuchsproduktion verhinderten, womit in die intimsten Angelegenheiten einer Mutter eingegriffen wurde. Sie hat im Mittelalter und bis ins 16. Jahrhundert hinein normalerweise ihre Kinder ein bis zwei Jahre lang gestillt. Ebenso fühlten sich christliche Moralisten im 16. und 17. Jahrhundert bemüßigt, Müttern die Übergabe ihrer Kinder an Ammen zu empfehlen, damit sie besser ihrer „ehelichen Pflichterfüllung" nachkommen konnten.[24] Es waren dies genau jene Punkte, die ihnen später im 18. Jahrhundert von den selbst ernannten Experten am meisten vorgeworfen wurden. Hatte doch die Ernährung mit Kuhmilch, wie sie üblich geworden war, ebenso verheerende Folgen wie das praktizierte Ammenwesen, wobei für die noch nie da gewesene Kindersterblichkeit wiederum vor allem Mütter verantwortlich gemacht wurden, denen ihr Selbstwert, ihre Subjekthaftigkeit längst entzogen worden waren. Eine Schuldzuschreibung, die unter HistorikerInnen und PsychologInnen bis heute existiert (siehe unter anderen Badinter 1991, Ariès 1975, DeMause 1977).

Was Frauen allerdings vorgeworfen werden konnte und bis heute vorgeworfen werden kann, ist die Tatsache, dass sie sich ihre eigene Macht, die Bedürfnisse von Kindern zu erkennen, nehmen ließen und bis heute nehmen lassen; dass sie sich von Fremddefinitionen bestimmen lassen, sich Erziehungskonzepte, Verhaltensweisen aufzwingen lassen, die selten von wirklichem Nutzen sind. Dazu müssen wir nicht die Theorie vom Mutterinstinkt neu beleben, dass es diesen nicht gibt, hat die Historie genauso bewiesen wie das Fehlen einer angeborenen weiblichen Friedensliebe. Aber ebenso klar ist, dass die Kriterien einer androzentrischen Gesellschaft für eine Frau und Mutter kaum von Vorteil sein können und dass Mütter im Allgemeinen sehr gut wissen, was für sie selbst und für ihre Kinder das Beste ist. Auch dass sie keinesfalls ihre wichtigste und produktivste Zeit ausschließlich mit Gebären und Kinderaufzucht verbringen wollen, hat sich überall dort gezeigt, wo Frauen über ihre Gebärkraft selbst bestimmen können. Ebenso, dass sie für ein Wunschkind meist mit vollem Einsatz tätig sind. Und warum, so fragen wir, werden nicht in gleicher Weise Männer zur Verantwortung gezogen, Väter, um deren Kinder es sich ja genauso handelt?

Wie wenig sich von dieser Schuldzuschreibung auch die moderne Psychologie befreit hat zeigt zum Beispiel das jüngst erschienene Buch eines Louis Schützenhöfer (2004). Darin müssen sich in bewährter Manier die ach so dummen, ungeschickten und trotz „aller Liebe" stets das Falsche bewirkenden Mütter von einem männlichen Theoretiker (der vom mütterlichen Alltag selbstredend keine Ahnung hat, nicht einmal Vater ist) belehren lassen, wie sie ihre Kinder zu glücklichen Menschen machen. Von dem Druck, der auch heute auf einer Mutter lastet, ihrer ständig geforderten Selbstentsagung, ihrer Doppelt- und Dreifachbelastung und von jenen, die dafür verantwortlich sind, ist in diesem Werk nur sehr peripher die Rede.

Der gewaltige Bevölkerungsanstieg am Beginn der Neuzeit lässt sich in Zahlen festmachen: Wie die Bevölkerungswissenschaft errechnete, lebten im heutigen Deutschland im Jahr 1480 knapp 8 Millionen Menschen, die 1980 zu 80 Millionen angewachsen waren.[25] Eine ähnliche Situation ist in anderen europäischen Ländern zu beobachten. Im Bundesland Salzburg etwa hatte sich ebenso wie in Tirol die Bevölkerung von 1500 bis 1750 verdoppelt, in der Steiermark hatte sie um siebzig Prozent zugenommen.[26]

Damit begann jene Zeit, die uns als kinderreiche in Erinnerung geblieben ist, in der Frauen aus dem Kindbett nicht mehr herauskamen und nur allzu häufig darin starben. Eine Zeit, in der das Mütterelend ungeheures Kinderelend zur Folge hatte, in der die Kinder wie die Fliegen dahinstarben, weil ihr Überleben nicht mehr gesichert werden konnte, eine Zeit allgemeiner Lieblosigkeit und Gleichgültigkeit Kindern gegenüber, wie sie in vielen Berichten bezeugt ist, in der Kindesaussetzung und Kindsmord einen neuen Höhepunkt erreichten.

Zwischen 5 und 6,5 Kinder hat durchschnittlich jede verheiratete Frau Westeuropas bis gegen Ende des 19. Jahrhunderts großgezogen, also wesentlich mehr als in der Antike und im Mittelalter, wobei mehr als fünf Prozent der Frauen sogar über zehn und manche sogar bis zu über zwanzig Kinder hatten.[27] Wie wenig dieser Kinderreichtum in den meisten Fällen erwünscht war, bezeugt der Bericht eines Zeitgenossen um die Wende zum 19. Jahrhundert: „Der Bauer freut sich, wenn sein Weib ihm das erste Pfand der Liebe bringt, er freut sich auch noch beim zweiten und dritten, aber nicht auch so beim vierten. Da treten schon Sorgen an die Stelle der Freude. Er bedauert es, ein Vater vieler Kinder zu seyn, er hat für so viele keine gute Aussicht mehr ... Er sieht alle nachkommenden Kinder für feindliche Geschöpfe an, die ihm und seiner vorhandenen Familie das Brod vom Munde wegnehmen. Sogar das zärtlichste Mutterherz wird schon für das fünfte Kind gleichgültig, und dem sechsten wünscht sie schon laut den Tod ...“[28]

Wie lebens- und gesundheitsbedrohend diese Geburten für Frauen allerdings gewesen sind, beschreibt in umfangreichen Untersuchungen der Medizinhistoriker Edward Shorter. Nach ihm endeten von 1800 an etwa 1 bis 1,5 Prozent aller Geburten mit dem Tod der Mutter. Der genaue Durchschnitt der von ihm herangezogenen Studien beträgt 1,3

Prozent. Bei einer durchschnittlichen Zahl von 6 Kindern ergäbe das sechsmal 1,3 oder 8 Prozent, weshalb auch in den europäischen Herrscherdynastien des 17. und 18. Jahrhunderts ein Todesfall von vier bei fruchtbaren Frauen auf das Kindbett fiel.[29]

Neben dem Kindbettfieber als häufigster Todesursache erwähnt Shorter zahlreiche schwere Erkrankungen, die oft ihre Ursache im schlechten Gesundheitszustand der Frauen hatten. Wurden sie doch vor allem in den Bauern- und Arbeiterschichten nicht nur bei der Nahrungsverteilung benachteiligt, sondern sie mussten auch meist bis kurz vor der Geburt schwerste Arbeiten verrichten. Der auffallend kleine Wuchs von Frauen in der Zeit einer allgemeinen wirtschaftlichen Rezession vom 14. bis 18. Jahrhundert in Europa wird daher auch vielfach mit ihrer unterprivilegierten Ernährungssituation und ihrer körperlichen Überbeanspruchung begründet.[30] Besonders die durch Ernährungsfehler verursachte Rachitis, die Beckenverformungen zur Folge haben konnte, führte bei Geburten oft zu erheblichen Schwierigkeiten.

Die hohe Kindersterblichkeit dieser Zeit, die Gleichgültigkeit gegenüber dem Leben und der Gesundheit der Kinder, die von Bevölkerungsexperten häufig angeprangert wird, hatten also ihre Ursache im Elend ihrer Mütter, deren Gesundheit und Wohlergehen mindestens ebenso unwichtig gewesen sind. In zahlreichen Sprichwörtern wird das Vieh höher eingeschätzt als die Frau. „Kühverrecke, großer Schrecke, Weibersterbe kein Verderbe" heißt es etwa in Hessen. Ähnliche Vergleiche werden in Franken angestellt: „Weiber sterben kein Verderben, Gaul verrecken, das macht Schrecken." Wie wenig hauptsächlich Bauern um das Wohl ihrer Frauen besorgt waren, bezeugt auch ein Arzt 1775 in Soissons: „Zur großen Zahl der fatal endenden Geburten tragen zu einem gut Teil die Männer durch ihre Nachlässigkeit bei ... Bei der Pflege ihres Viehs lassen sie es an nichts fehlen, aber bei Angelegenheiten, die ihrem Herzen sehr viel näher stehen sollten, handeln sie mit törichter Sturheit: die erfolgreiche Entbindung ihrer Frau kommt entschieden an zweiter Stelle."[31]

Dazu kam die Brutalität, der Frauen vielfach im Geschlechtsleben unterworfen wurden. Bereits der Geburtshelfer de la Motte schrieb im 17. Jahrhundert über Frauen, die Orgasmusschwierigkeiten hatten oder „sich beim Koitus übergeben". In den folgenden Jahrhunderten mehren sich die Zeitzeugnisse, in denen Frauen beim ehelichen Verkehr von Ekelgefühlen erfüllt waren, ihr Schicksal als Gebärmaschine aber nicht immer demütig auf sich nahmen. Nach dem Bericht der Hebamme einer Einwandererfrau in New York „verfluchten ... einige Frauen ... während der Wehen Gott und die Menschheit, besonders ihre Männer".[32]

Dokumentiert ist der schlechte Stand der Geburtshilfe, die von meist ahnungslosen Ärzten und zu Hilfsorganen erniedrigten und von neuen medizinischen Kenntnissen ausgeschlossenen Hebammen ausgeübt wurde. In England schätzte eine Hebamme Ende des 17. Jahrhunderts, dass zwei Drittel der damaligen Abtreibungen, Totgeburten und Kindbett-Todesfälle auf den Mangel an Sorgfalt und Kunstfertigkeit in der Geburtshilfe zurückzuführen seien.[33]

Diese Vernachlässigung und Rücksichtslosigkeit hatten bei den von ständigen Geburten heimgesuchten Frauen schwere so genannte Frauenkrankheiten zur Folge, die manche für den Rest ihres Lebens mit sich herumschleppten. Viele litten an schweren Beckenentzündungen, Eierstockentzündungen oder Infektionen der Gebärmutter. Andere laborierten unter den langfristigen Folgen traumatischer Geburten, an Zervixrissen, Dammrissen, Fisteln und großen Tumoren und Zysten. Vor allem die Eierstockzysten gehörten zu den schlimmsten Plagen der Frau. Während jedoch die Zahl der Fisteln im Laufe der Jahre zurückging, nahm während des 19. Jahrhunderts infolge häufiger Zangenanwendung die Zahl der Dammrisse zu – Verletzungen, die kaum als solche beachtet wurden. In der frühen Neuzeit waren diese Dammrisse von den Hebammen noch genäht worden, später geriet diese Selbstverständlichkeit in Vergessenheit: Jacques Mesnard, ein Chirurg aus Rouen, erklärte 1753, er nähe nur Risse, die bis zu den Aftermuskeln reichten.[34]

Sicherlich gab es Frauen, die ohne Komplikationen entbanden, und es ist wohl die Mehrzahl gewesen. Wahrscheinlich gab es auch liebevolle Ehemänner, die sich um ihre Frauen und Kinder sorgten. Aber wir können annehmen, dass sie die Ausnahme gewesen sind, denn das Leid von Frauen galt in dieser Zeit nicht viel, ihr ständiges Gebären erschien gottgewollt und der Kinderreichtum wurde zur Last.

Ammenwesen

Nur so ist es zu verstehen, dass es vor allem im Frankreich des 18. Jahrhunderts üblich war, bereits das Neugeborene möglichst schnell einer Amme zu übergeben, die bei wohlhabenden Familien ins Haus kam, von weniger wohlhabenden Frauen jedoch am Land gesucht werden musste. 1780 wurden von den 21.000 Kindern, die jährlich in Paris zur Welt kamen, weniger als tausend von ihrer Mutter und tausend von einer im Haus lebenden Amme gestillt. Alle übrigen, also 19.000, wurden in Pflege gegeben.[35] Auch in England wurde das Überlassen Neugeborener an Säugammen unter der Bezeichnung „Baby Farming" vor allem im 19. Jahrhundert praktiziert, und obwohl es in Deutschland kein vergleichbares organisiertes System des Fremdstillens gab, war die Übergabe von Neugeborenen an Nährammen besonders in Städten durchaus üblich.[36]

Eine andere Situation ergibt sich allerdings auf dem Land bei den wohlhabenden Bäuerinnen. Sie stillten normalerweise ihr Kind selbst, standen für schwere Arbeiten doch meist Knechte und Mägde zur Verfügung, und repräsentative Pflichten, wie sie die Städterin aus dem gehobenen Bürgertum oder Adel zu erfüllen hatte, gab es auch nicht.

Das Schicksal der Kinder, die zu Ammen gegeben wurden, war meist erbärmlich, viele starben oder erlitten lebenslange gesundheitliche Schäden. Die Kindersterblichkeit war generell sehr hoch – im Allgemeinen wird davon ausgegangen, dass im Europa des 18. Jahrhunderts rund 25 Prozent der Kinder innerhalb des ersten Lebensjahres und weitere 25 Prozent vor Erreichen des Erwachsenenalters starben.[37] Eine wesentliche Ursache ist im Ammenwesen zu suchen, war die Überlebenschance von Kindern, die von ihren Müttern gestillt wurden, doch wesentlich höher. In der Stadt Rouen etwa lag die Sterblichkeit der Kinder, die bei ihren Müttern blieben, um die 18 Prozent, während in derselben Periode Kinder, die in Pflege gegeben wurden, zu rund 38 Prozent starben.[38]

Das katastrophale Sterben von Kindern, die von Ammen aufgezogen wurden, hatte verschiedene Gründe. Zum einen waren diese Frauen meist sehr arm, sie lebten in dürftigen Verhältnissen, sie seien, meinte der Lyoner Arzt Gilbert im Jahre 1770, „vom Elend abgestumpft und hausen in Löchern". Weil der schlecht bezahlte Ammendienst ihr Überleben nicht sichern konnte, waren sie gezwungen, tagsüber fern von ihrer Hütte auf dem Feld zu arbeiten. „Während dieser Zeit", so Gilbert, „ist das Kind völlig sich selbst überlassen; es erstickt in seinen Exkrementen, ist angebunden wie ein Verbrecher und ganz von Mücken zerstochen".[39] Darüber hinaus bestand auch die Gefahr der Vernachlässigung des fremden auf Kosten des eigenen Kindes, das der Mutter natürlich näher stand. Die Kuhmilch, die häufig als Ersatz für die Muttermilch gegeben wurde, hatte allerdings verheerende Folgen – noch im Jahr 1906 liegt in Berlin die Sterblichkeit von damit ernährten Säuglingen mit 23 Prozent viermal so hoch wie bei brustgestillten Kindern.[40] Immer wieder berichten Zeitzeugen von

120

Schmutz und mangelnder Hygiene, wobei sich der allgemeine Brauch, Kleinkinder von Kopf bis Fuß zu wickeln, besonders ungünstig auswirkte. Diese Methode, die einerseits die Ruhigstellung des Kindes herbeiführen, andererseits aber auch eine gerade Wirbelsäule garantieren sollte, führte zu Wundstellen und skrofulösen Bläschen, auch drückte die Wickelung die Rippen zusammen und behinderte Atmung und Verdauung. Außerdem ist davon auszugehen, dass die Ammen aus Zeitmangel oder Nachlässigkeit das Baby nicht oft genug wickelten, so dass es unter Krämpfen litt oder ständig weinte. Wir können also annehmen, dass auch die Amme das Kind häufig als Last empfunden hat und sogar erleichtert war, wenn es starb.

Aber auch jene Familien, die ihr Kind in Pflege gaben, waren meist bettelarm und sahen keinen anderen Ausweg ihrem Kinderreichtum zu begegnen, wurde doch die Frau als Arbeitskraft dringend gebraucht. In den ärmsten Familien konnte ein zusätzliches Kind durchaus eine Gefahr für das Überleben der Eltern darstellen. Auch ledigen Müttern, die alleine für sich und den Unterhalt des Kindes aufkommen mussten, blieb keine andere Wahl. Völlig unverständlich aus heutiger Sicht allerdings bleibt, dass es auch wohlhabende Eltern gegeben hat, die ihr Kind einer Land-Amme anvertrauten, wie etwa jene von Charles Maurice de Talleyrand. Der aus dem französischen Hochadel stammende spätere Außenminister war sofort nach der Taufe einer Amme übergeben worden, die ihn zu sich aufs Land nahm, wo er nach einem Unfall zum Krüppel wurde. Talleyrand hat seine Kindheit und die damit verbundenen Demütigungen in seinen Memoiren geschildert – stellvertretend für viele Tausende, denen dazu die nötige Bildung fehlte. Madame de Talleyrand hat übrigens ihren Sohn während seines vierjährigen Aufenthaltes bei der Amme kein einziges Mal besucht, und sie war damit kein Ausnahmefall. Dass sich Eltern generell wenig oder gar nicht um das Wohl ihrer Kinder kümmerten, zeigt ganz offensichtlich, welch einen geringen Stellenwert kindliches Leben damals hatte.

Warum, so fragen wir uns heute, konnte es zu dieser Einstellung kommen, war es tatsächlich nur der Kinderreichtum oder spielen hier auch noch andere Faktoren eine Rolle? Da wir von einem angeborenen Mutterinstinkt absehen können, muss der gesamte kulturelle und gesellschaftspolitische Zusammenhang berücksichtigt werden, in den die Frauen eingebunden waren und nach dessen Vorstellungen sie handelten. Die allgemeine Ansicht, das Stillen schade der Mutter nicht nur körperlich, sondern auch ihrer Schönheit, konnte sich angesichts einer ununterbrochenen Gebärpflicht leicht bilden. Frauen, in ihrer reproduktiven Phase fast ständig schwanger, wurden jetzt auch noch zu „Milchkühen", das galt als lächerlich und ekelhaft. Auch viele Ehemänner fanden den ständigen Milchgeruch und die nässenden Brüste widerlich und fühlten sich in ihrem sexuellen Vergnügen eingeschränkt. Untersagten doch Mediziner ebenso wie Moralisten dieser Zeit sexuelle Beziehungen nicht nur während der Schwangerschaft, sondern auch während der gesamten Dauer des Stillens. Das Sperma, so hieß es, würde die Milch verderben und somit eine Gefahr für das Leben des Kindes bedeuten. Weil Männer ihren ehelichen Verzicht häufig durch ein außereheliches Vergnügen kompensierten, zogen es viele Ehefrauen vor, auf das Stillen zu verzichten, um sich damit den Mann zu erhalten. Seine Interessen als Geldgeber und moralisches Oberhaupt der Familie mussten vorrangig gewahrt werden, die Interessen eines Kleinkindes waren demgegenüber sekundär.

Außerdem fühlten sich viele Männer durch das ständige Kindergeschrei ihrer zahlreichen Nachkommenschaft belästigt. So ist es etwa interessant, dass der große Philosoph und Reformer Jean Jacques Rousseau, der sich in seinen Theorien für eine kindgemäße, freie und individuelle Erziehung einsetzte, seine eigenen Kinder in ein Findelhaus bringen ließ.

Während es besonders für die hart arbeitenden Frauen aus der Unterschicht schwierig war, laufend ein zu stillendes Kind während der Arbeit mit sich herumzutragen, empfand sich die Frau der gehobenen Schichten dadurch in ihren gesellschaftlichen Kontakten eingeschränkt. Wobei wiederum zeittypische kulturelle Vorstellungen berücksichtigt werden müssen. Dass analog zur Auffassung der Mechanisten (siehe Kapitel III) speziell das Kind als seelenloses Wesen gesehen wurde, als ein – gelegentlich amüsantes – Spielzeug, haben schon Zeitgenossen festgestellt: „Man betrachtet die Kinder gewöhnlich wie kleine Maschinen; man geht mit ihnen um wie mit Wesen, die keinen Verstand besitzen", kritisiert der Pädagoge Crousaz in seiner Schrift „Traité de l'education des enfants" im Jahr 1722.[41] Natürlich waren auch Mütter in diese Vorstellungen eingebunden und von ihnen beeinflusst.

Verschleierter Kindsmord als Mittel der Geburtenkontrolle

Weil das Verhütungswissen nach der Vernichtung der weisen Frauen durch kirchliche und staatliche Macht weitgehend ausgeschaltet worden war, wurden die Vernachlässigung des Kindes und sein früher Tod zu einer Art Geburtenkontrolle. Die Möglichkeiten für einen verschleierten Mord am

Kleinkind waren vielfältig. Sie betrafen nicht nur mangelhafte Ernährung und Hygiene sowie die Verletzung einer grundsätzlichen Aufsichtspflicht, die zu Unfällen oft mit Todesfolge führte. Auch der Tod durch Ersticken im elterlichen Bett kann in vielen Fällen als eine bewusst herbeigeführte Entlastung von einer zu großen Kinderschar gedeutet werden. Um das Kind warm zu halten, hatte sich nämlich der Brauch eingebürgert, es neben oder zwischen den Eltern schlafen zu lassen. Dass Säuglinge oder ganz kleine Kinder dabei häufig erdrückt oder erstickt wurden, gab Anlass zu ständigen Verboten durch Synodalstatuten, die allerdings wenig erfolgreich waren.

Für die ärmsten der Kinder bedeutete bereits der Transport zu ihren Ammen am Land Todesgefahr. Ein Arzt berichtet, dass sie auf Wagen, die kaum eine Abdeckung besaßen, in so großer Zahl hineingepfercht wurden, dass sie manchmal herunterfielen und von einem Rad überrollt wurden. Außerdem waren sie Kälte, Hitze, Wind und Regen ungeschützt ausgesetzt, während erschöpfte, schlecht ernährte Ammen aus Platzmangel zu Fuß gehen mussten, was sich äußerst nachteilig für ihre Milch auswirkte. Die toten Babys, die diesen Anforderungen nicht gewachsen waren, wurden dann einige Tage später von den Wagenführern ihren Eltern zurückgebracht.[42] Der Tod von Kindern, die zu einer Art „Massenware" geworden waren, berührte offenbar wenig.

Neben der verschleierten Ermordung von Kindern, die oft nicht als solche festgestellt werden konnte, ist in dieser Zeit eine Zunahme an gerichtlich verfolgten Kindsmorden festzustellen, was allerdings nicht unbedingt bedeutet, dass diese Delikte im Zunehmen begriffen waren. Auf jeden Fall aber wurden sie jetzt strenger geahndet. War doch Kindstötung im Mittelalter ein recht vertrautes Phänomen gewesen, das lediglich von der Kirche streng verurteilt, von der weltlichen Obrigkeit aber möglicherweise als Mittel familiärer Geburtenkontrolle sogar stillschweigend toleriert wurde.[43] In der Neuzeit hingegen gingen im Zusammenhang mit dem vom Merkantilismus propagierten Grundsatz „Je mehr Menschen, desto mehr Reichtum" Gerichte dazu über, die grausamsten Strafen dafür zu verhängen, wobei die Notlage der – meist ledigen – Mutter, in der sie nicht fähig war, ein Kind zu ernähren, nicht die geringste Berücksichtung fand. Kindstötung war ein spezifisches Frauendelikt, in Preußen wie auch in anderen Regionen Deutschlands und in den österreichischen Ländern machte sie rund die Hälfte aller registrierten Tötungsdelikte aus.

Die Strafen für Kindsmord waren besonders hart, wobei stets mit der „Grässlichkeit der Tat" argumentiert wurde. Dass eine Mutter ihr

Kind tötete, galt als Akt wider die Natur, der an Scheußlichkeit nicht zu überbieten war. Dass die Frauen, die zu dieser Verzweiflungstat griffen, zu den Rechtlosesten und Ausgebeutetsten gehörten, die häufig der sehr brutalen Männergewalt am schutzlosesten ausgeliefert waren, spielte keine Rolle. Meist handelte es sich um Dienstbotinnen, Tagelöhnerinnen und Mägde, deren Lohn äußerst dürftig war – Mägde etwa erhielten über die Jahrhunderte hinweg deutlich weniger als Knechte. Kerstin Michalik, die in einer umfangreichen Arbeit Gerichtsakten zu Kindstötungsfällen in Preußen bearbeitet hat, schildert die Situation dieser Kindsmörderinnen, die oft selbst kurz vor dem Verhungern standen.[44] Manche hatten zur Begleichung ihrer Schulden ihre letzten Kleidungsstücke versetzt und waren „dadurch nackt und unfähig, bey honetten Leuten wieder zu dienen und zu arbeiten".[45] Väter hingegen wurden selten zur Verantwortung gezogen, aber wenn dieser Glücksfall eintrat, galten selbst bei zahlungskräftigen Männern Alimente nur als Beitrag zum Unterhalt des Kindes und reichten kaum aus, „um das Todthungern zu verhindern".[46]

Michalik betont in ihren Untersuchungen darüber hinaus die Skrupellosigkeit, mit der die Schutzlosigkeit der Frauen häufig ausgenutzt wurde, und wie schwierig es war, sich den sexuellen Nachstellungen der Männer, mit denen sie auf engstem Raum zusammenleben mussten, zu entziehen. Vor allem die Beziehung zwischen Dienstmägden und Arbeitgebern war infolge der sozialen und ökonomischen Abhängigkeit der Frauen durch eine besondere Form des Ausgeliefertseins bestimmt. Der sexuelle Missbrauch des Dienstherrn konnte jahrelang dauern, hatten doch die Frauen kaum Möglichkeiten, sich dagegen zu wehren. Vergewaltigungen kamen in der frühen Neuzeit nur sehr selten vor Gericht, sie wurden auch kaum angezeigt, weil von vornherein klar war, dass die Richter eher zugunsten der Männer entscheiden würden. Bezeichnend ist bereits die Sprache der Gerichtsgutachten, in der Vergewaltigungen verbrämt mit Formulierungen wie „halb mit Gewalt zum Beischlaf verleitet" oder „nachts im Schlaf überrascht" beschrieben werden. Selbst die Schwängerung einer elfjährigen Magd durch den erwachsenen Sohn des Dienstherrn wird darin als „Verführung" bezeichnet.[47]

Ein nicht selten genanntes Motiv für die Tötung eines Kindes war auch die Angst vor Misshandlungen durch den Kindsvater oder dessen Familienangehörige, die ein ehebrecherisches Verhältnis verbergen oder der Zahlung von Alimenten entgehen wollten. Die Schutzlosigkeit dieser Frauen in der streng patriarchalen bäuerlichen Gesellschaft des 18. und

19. Jahrhunderts ist heute kaum vorstellbar und immer noch viel zu wenig untersucht.

Allerdings war die diesbezügliche Situation in durchaus honorigen Handwerks- und Bürgerfamilien häufig auch nicht viel besser. Ulinka Rublak hat 130 Inzestfälle aus Südwestdeutschland zwischen 1533 und 1700 untersucht und kam zu dem Schluss, dass Frauen in diesen Familien mit dem Missbrauch leben mussten. Sie hatten infolge ihrer Abhängigkeit (die Bestrafung des Familienoberhauptes und Geldgebers bedeutete meist ihr Abrutschen in die Armut), der „Schande" und der Gehorsamspflicht keine Möglichkeit, sich dagegen zu wehren. Aufgedeckt wurde eine Vergewaltigung beinahe ausschließlich durch die Schwangerschaft der Frau oder wenn das Kind getötet wurde. Die Gerichtsakten geben Aufschluss, wie sehr auch in diesen Fällen die Frau als „Verführerin" und Mitschuldige gestraft wurde.[48]

In historischen Studien wird häufig die Gefühlskälte, Teilnahmslosigkeit und Rohheit vieler Kindsmörderinnen als besonders erschreckend dargestellt. Sie haben ihre Kinder nicht nur erwürgt, ertränkt, erstickt oder erschlagen, sondern manchmal auch bei lebendigem Leib vergraben oder den Haustieren zum Fraß vorgeworfen. Neuere Studien gehen allerdings davon aus, dass sich die Einstellung dieser Frauen nicht von jener unterschied, die damals gegenüber Kindern generell herrschte. Speziell das Neugeborene galt vielfach noch nicht als eigenständiges, fühlendes Wesen, sondern eher als Teil der Mutter. Gerichtsprotokolle machen deutlich, dass bei vielen Kindsmörderinnen das Bewusstein fehlte, ein schweres Verbrechen begangen zu haben.[49] Aber es gibt auch zahlreiche Beispiele, in denen die Mutter von Trauer, Schuld und Scham überwältigt war.[50] Bemerkenswert an diesen Beurteilungen ist stets, dass Frauen und speziell Mütter ein edleres Menschsein verkörpern sollen, obwohl sie gleichzeitig in Abhängigkeit gehalten, der Not, Schutzlosigkeit und Männergewalt – auch in Kriegen – ausgeliefert sind. Dieses die Frauen überfordernde Erwartungsmuster besteht auch heute noch. Frauen sind jedoch keine besseren Menschen, sie sind lediglich benachteiligt und trotzdem vor allem als Mütter mit einer nicht einzulösenden Erwartungshaltung konfrontiert, in jeder Hinsicht untadelig und perfekt zu sein.

„Ein Staat ist so mächtig, wie er volkreich ist"

Die Strafe für Kindsmord war die härteste, die das neuzeitliche Strafrecht zu vergeben hatte. Meist wurde die Frau ertränkt oder – als Gnadenbeweis – mit dem Schwert gerichtet. Die „Carolina" bestimmte auch das Lebendigbegraben samt der Pfählung. Zu diesem Zweck wurde die Verurteilte bis zum Hals mit Dornengebüsch und Sand bedeckt und dann ihr Herz mit einem spitzen Pfahl durchbohrt. Zuvor wurde sie häufig gefoltert, danach ihr Leichnam aufs Rad geflochten oder ihr Kopf zur Abschreckung aufgespießt. Gebräuchlich war das Säcken, wobei die Verurteilte entkleidet, an Händen und Füßen gefesselt und zusammen mit als unrein geltenden Tieren, einem Hahn, einer Katze oder einer Schlange, in einen Sack gesteckt und so ins Wasser gestürzt wurde, worauf die Henkersknechte sie mit langen Stangen unter das Wasser drückten. Sogar wenn das Kind tot geboren oder verletzt zur Welt gekommen und bald darauf verstorben war oder wenn die Frau fälschlicherweise der Mutterschaft verdächtigt wurde, musste sie mit einer Anklage wegen Kindsmord rechnen. Selbst als es im 17. Jahrhundert zu einer ersten Milderung der Strafpraxis kam, die dann während der Aufklärung ausgebaut werden konnte, profitierte die Kindsmörderin nicht davon. Im Gegenteil, in Preußen wurde unter Friedrich Wilhelm die grausame Strafe des Ertränkens, die bereits abgeschafft worden war, neuerlich eingeführt, und erst unter Friedrich II. 1740 durch die Hinrichtung mit dem Schwert ersetzt.

In allen Regionen Deutschlands kamen jährlich etwa 25 bis 30 Frauen wegen Kindsmord vor Gericht, wovon die meisten verurteilt wurden.[51] Dass Friedrich II. ebenso wie in Österreich Joseph II. in der zweiten Hälfte des 18. Jahrhunderts schließlich die Unzuchtstrafen für den außerehelichen Verkehr abschaffte, die ledige Mutter und ihr Kind von der „Schande" befreien wollte und Kindstötung als Resultat von Armut, Not und gesellschaftlicher Diskriminierung interpretierte (Reformen, die von Nachfolgern teilweise wieder zurückgenommen wurden), ist allerdings nicht unbedingt als Ausdruck einer menschlicheren Einstellung gegenüber den Frauen zu verstehen. Vielmehr war durch die Aufklärung das Verständnis dafür gewachsen, dass Frauen ihre Kinder nicht nur aus wirtschaftlicher Not, sondern auch aus Angst vor der Schande töteten. Daraus ergab sich die Folgerung, dass Verhütung wirksamer ist als Bestrafung, um einen Kindsmord zu verhindern. Im Vordergrund dieser Überlegungen standen merkantilistische Interessen, wurden doch, wie Friedrich II. es ausdrückte, bei Tötung eines Kindes und anschließender Verurteilung der Mutter dem Staat „zwei Untertanen zugleich" genommen.[52] Der französische Schriftsteller Denis Diderot hat die neue Ideologie bündig zusammengefasst: „Ein Staat ist so mächtig, wie er volkreich ist ... (und umso mächtiger) je zahlreicher die

Hände, die tätig sind, und die ihn verteidigen."[53] Auch der österreichische Staatswissenschaftler Joseph von Sonnenfels (1733–1817), der sich im Sinne der Aufklärung für die Abschaffung der Folter einsetzte, interpretierte Kindstötung als Verbrechen am Staat, weil damit „die Gesellschaft eines Mitglieds beraubt wird". Ebenso argumentierten Philosophen der Aufklärung. Voltaire etwa verurteilt die Hinrichtung einer 18-jährigen, jungen und schönen Kindsmörderin nicht nur als inhuman, sondern vor allem deswegen, weil sie „nützliche Talente" besitzen würde und damit einer „entvölkerten Region" eine potentielle Gebärerin verloren ginge, die dem Staat noch viele Bürger hätte schenken können.[54]

Das Kind als eigenständiges Wesen mit einem Recht auf Leben und Zuwendung kommt in diesen Kommentaren ebenso wenig vor wie Mitgefühl für die Mutter. Die Abschaffung der diskriminierenden kirchlichen und weltlichen Schandstrafen als Folge der Erkenntnis, dass zur Verminderung der Kindstötung die Lebenssituation dieser Frauen verbessert werden muss, hat zwar ihre Situation ein wenig erträglicher gemacht. Von der „Schande" und vom Ehrverlust waren sie trotz niedergeschriebenem Gesetz allerdings bis hinein ins 20. Jahrhundert nicht befreit, ebenso wenig von ihrer wirtschaftlichen Notlage. Dafür wurden von der Frau, der gleichzeitig die nötige soziale, physische und psychische Unterstützung vorenthalten wurde, Liebe und Fürsorge für das Kind als Selbstverständlichkeit erwartet.

Auch nach der europaweiten Abschaffung der Todesstrafe waren die Freiheitsstrafen für Kindsmord extrem hart. Sie bedeuteten oft lebenslanges Zuchthaus oder auch Festungshaft, während der die Frauen in den dunklen, feuchten und von Ungeziefer übersäten Verließen, in denen sie gelegentlich sogar angekettet waren, meist bald starben. Noch in der zweiten Hälfte des 19. Jahrhunderts mussten Kindsmörderinnen mit Zuchthaus nicht unter drei Jahren rechnen. Extrem hoch waren auch die Strafen für verheimlichte Schwangerschaft, im Preußen Friedrich Wilhelms (Edikt von 1720) bei einer Totgeburt zehn und in jenen Fällen, in denen das Kind am Leben blieb, sechs Jahre Zuchthaus. Damit es gar nicht dazu kam, wurde die Bevölkerung einem lückenlosen Bespitzelungssystem bis hinein in den privatesten Bereich unterworfen. Berühmt-berüchtigt war in diesem Zusammenhang Kaisern Maria Theresias so genannte „Keuschheitskommission", sie geriet aber auch zum Gespött in ganz Europa. Spezielle Agenten hatten dabei den Auftrag, verdächtig – das heißt unverheiratet – erscheinende Paare bis in ihre Häuser zu verfolgen, um sie möglicherweise in flagranti zu ertappen. Die Folge war ein florierendes Erpressungs- und Bestechungssystem, da sich so mancher betuchte Herr für seinen Seitensprung freikaufen wollte. Übrig blieben oft die armen „verführten" Frauen, die ihre Strafe absitzen mussten.

Der Mensch wurde in der Neuzeit nicht nur zur Maschine erklärt, er erhielt auch einen kommerziellen Wert, dem die Gebärmütter unterzuordnen waren. Wobei die jeweilige gesellschaftspolitische und wirtschaftliche Situation ausschlaggebend war. Im auf den Merkantilismus folgenden Malthusianismus etwa predigte Thomas Malthus (1766–1834) wiederum entgegengesetzte Ideen: Jetzt wurde die Gefahr von Hungersnöten durch zu großen Kinderreichtum heraufbeschworen. Wobei der Geistliche Malthus zur Eindämmung der Menschenflut allerdings keinesfalls die „künstlichen", „unnatürlichen" und „unmoralischen" Verhütungsmittel gestattete, sondern lediglich „sittliche Enthaltsamkeit" empfahl. Wie anzunehmen, war seinen Bemühungen kein durchschlagender Erfolg beschieden: Die Bevölkerung wuchs auch im 19. Jahrhundert weiter an. Von staats- und wirtschaftspolitischen Interessen wird auch die heutige Bevölkerungspolitik getragen. Während die Fruchtbarkeit von Frauen der reichen Industriestaaten durchaus geschätzt ist, wird in den armen Ländern ihre Unfruchtbarkeit gefordert. Die Argumente sind stets die gleichen: hier „Volkstod" und Überalterung durch zu wenige, dort Hunger und Elend durch zu viele Geburten. Wirtschaftliche, gesellschaftspolitische Gründe oder Sexualpraktiken werden nicht oder kaum berücksichtigt. Schuld sind die Gebärmütter, sie müssen angekurbelt oder zum versiegen gebracht werden, an ihnen wird herummanipuliert und „geforscht", Frauen müssen ihre Körper für verhütende oder fruchtbarkeitssteigernde Praktiken zur Verfügung stellen.

Die Entstehung des neuen bürgerlichen Frauenbildes gegen Ende des 18. Jahrhunderts hat dann auch das Bild der Kindsmörderin beeinflusst. Sie ist jetzt nicht mehr so sehr die verwerfliche, grausame Mutter, sondern eher das verwirrte, schwache und verführte Weib. So wurde sie auch von der Literatur des Sturm und Drangs dargestellt, die sich ausgiebig der Kindsmörderin gewidmet hat. Hier ist sie meist ein im Grunde tugendsames, bürgerliches Mädchen, das von einem „Verführer" aus der Oberschicht geschwängert und anschließend verlassen wird. Goethes Gretchen im „Faust" ist das wohl bekannteste Beispiel, es orientierte sich am damals heftig diskutierten Fall der Kindsmörderin Susanna Margaretha Brandt, die 1772 in ihrer Heimatstadt Frankfurt öffentlich hingerichtet wurde. Interessant daran ist vor allem, dass Goethe sich trotz seiner teilnehmenden Darstellung des Gretchens für die Beibehaltung der Todesstrafe für Kindsmörderinnen ausgesprochen hat. Auch ansonsten entsprachen die Kindsmörderinnen, wie sie etwa von Schiller, Heinrich Leopold Wagner oder Otto Heinrich von Gemmingen dargestellt werden, keinesfalls der Realität, sondern eher den Intentionen der Dichter des Sturm und Drangs, die die „widernatürliche" Erscheinung einer mordenden Mutter mit dem jetzt propagierten „natürlichen" passiven, sanften und schwachen Frauenbild in Einklang bringen wollten.

Gebär- und Findelhäuser

Um die Kindersterblichkeit zu senken und dem Staat damit möglichst viele Bürger zu erhalten, wurden im 18. Jahrhundert in ganz Europa zahlreiche Gebär- und Findelhäuser gegründet, die ledigen, von der „Schande" bedrohten Frauen eine anonyme Niederkunft und anschließende Versorgung ihres Kindes bieten wollten. Welcher entwürdigenden und häufig lebensbedrohenden Situation Frauen in den Gebärhäusern ausgesetzt waren, wurde bereits in Kapitel V beschrieben. Aber auch die Findelhäuser haben ihren eigentlichen Zweck, nämlich die Erhaltung des Lebens der Kinder, verfehlt. Vielmehr war die Sterblichkeitsrate der dort geborenen und an Pflegefamilien weitervermittelten Kinder derart hoch, dass selbst Zeitgenossen die Sinnhaftigkeit dieser Einrichtung anzweifelten.

Die Zahl der unerwünschten Kinder war tatsächlich erschreckend. Aus diesem Grund hatte sich in Frankreich im Laufe des 18. Jahrhunderts ein regelrechtes Abgabesystem für Findelkinder entwickelt. Sie wurden in den Dörfern von so genannten *meneurs* eingesammelt und zu lokalen Findelhäusern oder direkt in das 1770 in Paris gegründete Hôpital des Enfants Trouvés, das Spital für die aufgefundenen Kinder, gebracht, wobei viele von ihnen den Transport in Körben auf dem Rücken der Träger nicht überlebten.

Eines der größten europäischen Findelhäuser befand sich in Wien. Es wurde zusammen mit dem angeschlossenen Gebärhaus 1784 von Joseph II. gegründet. Damit sollte vor allem die Sterblichkeit der unehelich geborenen Kinder, die in Österreich noch in der zweiten Hälfte des 19. Jahrhunderts mit 32,8 Prozent im ersten Lebensjahr die 23,8 Prozent der ehelich geborenen Kinder um einiges überstieg, eingedämmt werden. Tatsächlich jedoch erreichte die Sterblichkeit dieser Findelkinder Spitzenwerte von bis zu 95 Prozent.[55] Die hauptsächliche Ursache wird auch hier in der Armut der Ammen gesehen, an die diese Kinder kurz nach der Geburt übergeben wurden, aber auch in deren gesellschaftlich weitgehend tolerierter Teilnahmslosigkeit und der Vernachlässigung von Kindern, die vor allem als Geldquelle dienten. Ihr Tod konnte durch einen weiteren Säugling schnell aufgefüllt werden. Müßig zu erwähnen, dass diese Kinder, sofern sie einen Erwachsenenstatus erreichten, ungeliebte Außenseiter waren, zumeist Angehörige der Unterschicht, im allgemeinen Verständnis „untaugliche" und „arbeitsscheue" Individuen, mit Hang zum Landstreicher- oder Verbrechertum.

Verena Pawlowsky hat sich in einer umfangreichen Studie dem Wiener Gebär- und Findelhaus sowie den darin untergekommenen Frauen und Kindern gewidmet.[56] Auch hier mussten sich die Frauen einem geburtshilflichen Unterricht zur Verfügung stellen. Außerdem hatten sie bis zu vier Monate nach ihrer Entbindung Ammendienste zu leisten, wobei das laut Vorschrift zugewiesene „Beileg"- oder „Nebenkind" durch ein weiteres ergänzt werden konnte, so dass diese Frauen insgesamt oft drei, bei Engpässen sogar vier Kinder zu stillen hatten. Darüber hinaus sorgte ein strikter Ordnungsdienst nicht nur für genaue Einhaltung der Hausordnung, sondern auch für weitere Arbeiten wie eine allgemeine Reinigung der Räumlichkeiten und des Geschirrs. Auch hier gibt es keine persönlichen Berichte, wie die Betroffenen diese Zwangslage ertrugen, lediglich amtliche Notizen sprechen von „depressiver Verstimmung", „Zwangssäugung", Selbstverstümmelung, Kindsmord und Selbstmord der aufgenommenen Mütter.[57] Dass unter diesen Umständen die Babys die notwendige emotionale und liebevolle Zuwendung vermissen mussten, erscheint etlichen Ärzten kritikwürdig, wofür ein mangelnder Ammendienst verantwortlich gemacht wurde, aber nicht die Zwangslage, in der sich die Wöchnerinnen befanden.[58]

„Qualitätvolle" Vermehrung und „intensive Geburtenausnützung"

Trotz Kindersterblichkeit und Kinderelend, dem sämtliche Verordnungen und Einrichtungen nicht Einhalt gebieten konnten, stieg die Bevölkerung Europas auch im 19. Jahrhundert rasant, und zwar von 1800 bis 1900 von 187 auf 423 Millionen.[59] Die ausgebeuteten, unter einem ständigen Produktionszwang stehenden weiblichen Gebärmütter machten die Ausfälle wett. Als dann allerdings im Deutschen Reich Ende des 19. Jahrhunderts ein langsamer Geburtenrückgang einsetzte, brach eine allgemeine Panikstimmung aus. Von „Volkstod", besser noch von „Rassetod", war die Rede, wobei die sich ab Mitte des Jahrhunderts formierende progressive Frauenbewegung im Zentrum der Angriffe stand. „Frauenemanzipation" und Geburtenrückgang wurden vor allem von konservativen Kräften als parallel verlaufende Probleme betrachtet, die sich gegenseitig beeinflussten. „Das Volk ist dem Untergang geweiht, wo die Frauen nicht mehr stolz darauf sind, Kindern das Leben geschenkt zu haben", tönte es 1913 von deutschkonservativer Seite.[60] Frauen, die sich diesem Anspruch nicht freudig unterwarfen, wurden als egoistisch, bequem und genusssüchtig bezeichnet.

Das alles war nicht neu, das alles hat es seit den Tagen des Römischen Reiches gegeben, wobei Frauen stets dann in die besondere Gebärpflicht genommen wurden, wenn es um Machterhalt bzw. Machterweiterung eines Volkes ging. Das war am Vorabend der beiden Weltkriege der Fall und sollte im Zweiten Weltkrieg einen Höhepunkt erreichen. Es waren Soldaten gefragt und Frauen, die neue Soldaten gebären, um die „Heimatfront" aufrechtzuerhalten. Darum ist auch die gegenwärtige pro-natalistische Politik in den USA unter Präsident George W. Bush kein Zufall, dessen Regierung die einflussreiche amerikanische Feministin Gloria Steinem „eine Art Männlichkeitskult" vorwirft. „Eine Waffe in jedem Halfter, eine schwangere Frau zu Hause, das macht Amerika wieder zum Mann." Und sie meint weiter: „Die Polarisierung von ‚männlich' und ‚weiblich' wurde deswegen geschaffen, damit die Patriarchen die Körper der Frauen kontrollieren können, die das elementarste Produktionsmittel auf der Welt sind, die dazu verwendet werden können, mehr Bürger, Arbeiter und Soldaten zu produzieren."[61]

Wichtig schien in Deutschland bereits vor dem Ersten Weltkrieg allerdings nicht die Vermehrung generell, sondern lediglich eine „qualitätsvolle" Vermehrung. Dieses Programm der Eugeniker und Rassenhygieniker wurde auch bzw. vor allem von der Sozialdemokratie übernommen. Tatsächlich war gerade die Situation in Arbeiterfamilien häufig katastrophal. Viele Kinder waren chronisch unterernährt und wurden in den feuchten, engen und dunklen Wohnungen Opfer der damaligen Volkskrankheit, der Tuberkulose. Bei der Forderung nach gesundem Nachwuchs ging es aber wieder nicht um die Frau, ihre Gesundheit, ihr Leben und ihre Zukunft, sondern sie war neuerlich ausschließlich bevölkerungspolitisch orientiert. Auch die Sozialdemokratie betrachtete grundsätzlich viele Kinder als notwendig für den Klassenkampf, selbst wenn Teile der Partei vor dem Ersten

Weltkrieg in Berlin zum „Gebärstreik" aufriefen, der aus nahe liegenden Gründen von vielen Arbeiterinnen unterstützt wurde.[62] So etwa meinte der Eugeniker und sozialistische Arzt Alfred Grotjahn 1910, dass gesunde, für die Ehe qualifizierte Paare in bestimmten Zeitabständen mindestens drei, wenn möglich sechs Kinder aus einem „Fortpflanzungspflichtgefühl" heraus planen sollten, hingegen „die minderwertigen Individuen durch die Maßnahmen der Geburtenprävention an der Erzeugung unerwünschter Nachkommen" zu hindern seien.[63] Auch wenn der österreichische Sozialdemokrat Karl Kautsky einen „Raubbautypus der Fortpflanzung" beklagte, war ihm dabei weniger die Frau und ihr Selbstbestimmungsrecht ein Anliegen, er forderte vielmehr eine „intensive Geburtenausnützung, ... haushalten mit dem vorhandenen Material, nicht stete, mit über 50 Prozent Verlust arbeitende Neuinvestitionen".[64] Die Degradierung des Menschen zur Ware kann wohl nicht deutlicher ausgedrückt werden.

Während also bereits um die Jahrhundertwende in Kliniken aus therapeutischen, teilweise auch eugenischen und sozialen Gründen abgetrieben wurde,[65] stand der von Frauen verübte „kriminelle" Abort unter schwerer Strafe. Die furchtbaren, bevölkerungspolitisch motivierten Zwangsmaßnahmen im „Dritten Reich" wurden bereits damals vorbereitet.

Vom Selbstbestimmungsrecht der Frau

Weil Frauen ihr altes Verhütungswissen geraubt worden war, es keine Sexualaufklärung gab und sich die am Schwarzmarkt angepriesenen Verhütungsmittel häufig als wirkungslos erwiesen, blieb im Falle einer unerwünschten Schwangerschaft meist nur die Abtreibung. Das furchtbare Abtreibungselend der Frauen ist oft genug beschrieben worden. Im Deutschen Reich soll es vor dem Ersten Weltkrieg zwischen 100.000 und 500.000 jährliche Abtreibungen gegeben haben, in den zwanziger Jahren wird die Zahl der durch Abtreibung gestorbenen Frauen auf 10.000 bis 20.000 jährlich geschätzt.[66]

Am gebräuchlichsten waren Injektionen von toxisch und ätzend wirkenden Flüssigkeiten in die Gebärmutter mit Mutterspritzen, Irrigatoren und Ballonspritzen. An Abtreibungsmitteln waren neben dem traditionellen Sadebaum vor allem Arsen, Blei, Chinin und Apiol gebräuchlich. Die Folgen waren verheerend. Arsen, dessen freier Verkauf in Deutschland und Schweden 1876 untersagt wurde, war für ein Drittel der versuchten Abtreibungen in Schweden zwischen 1851 und 1880 verantwortlich, und fast alle endeten mit dem Tod der Schwangeren. Auf Arsen folgte Phosphor, den sich die Frauen von Streichhölzern verschafften, dessen Köpfe sie abkratzten, in Kaffee auflösten und dann tranken. Zwischen 1851 und 1903 wurden in Schweden mehr als 1.400 Fälle von Phosphorvergiftungen registriert, wobei nur zehn der Opfer überlebten.[67]

In den zwanziger Jahren regte sich gegen den „Mordparagraphen" verstärkter Widerstand, der neben Sozialdemokratinnen und Kommunistinnen vor allem von Frauen aus dem radikalen Flügel der bürgerlichen Frauenbewegung getragen wurde. 1927 wurde die medizinische Indikation in Deutschland eingeführt, in Österreich erst 1937.

Aber der Kampf für das Selbstbestimmungsrecht der Frau über den eigenen Körper ist bis heute wesentliches Anliegen der Frauenbewegung geblieben, und es ist bis heute nicht verwirklicht. Nach wie vor ist Abtreibung in vielen europäischen Ländern verboten (unter anderem in Polen und Rumänien), in anderen Ländern – darunter auch Österreich – wird sie halbherzig durchgeführt. Dabei kommt es in Polen mit seinen restriktivsten Abtreibungsgesetzen zu 80.000 bis 200.000 illegalen Abtreibungen jährlich, während im liberalen Holland, wo Abtreibung für Inländerinnen kostenlos ist, die niedrigste Abtreibungsquote Europas zu verzeichnen ist.[68] Verhängnisvolle (in diesem Fall katholische) Ideologien erweisen sich wieder einmal blind für die Realität.

In den meisten Ländern dürfen Frauen immer noch nicht selbst entscheiden, sind einer Beratungspflicht durch Ärzte unterzogen (unter anderem in Deutschland und Spanien). Dabei stirbt weltweit alle fünf Minuten eine Frau an den Folgen einer illegalen Abtreibung und die Weltgesundheitsorganisation WHO schätzt die Zahl der jährlichen Abtreibungstoten auf 45.000. Aber das Leid der Frauen interessiert die internationale Gemeinschaft auch jetzt herzlich wenig. In den USA werden AbtreibungsbefürworterInnen von AbtreibungsgegnerInnen mit dem Tod bedroht, und in Europa zieht eine „Human Life"-Bewegung betend und psalmierend durch die Lande, um den Schutz des ungeborenen Lebens zu predigen.

Auf keinem anderen Gebiet wird eine zutiefst heuchlerische patriarchale Moral so deutlich. Ging es doch dem Patriarchat/einer androzentrischen Gesellschaft niemals um den Schutz des Lebens, wie ständige Kriege, Millionen sterbender Kinder einst und jetzt, Millionen durch Hunger, Krankheit, aber auch unsachgemäße Abtreibung sterbender Mütter zur Genüge beweisen. Vielmehr geht es um Kontrolle weiblicher Gebärfähigkeit und damit um Macht. Es geht in diesem Krieg gegen die Frauen nicht nur um ihre Potenz, Leben zu gebären, sondern auch um ihre Möglichkeit, Leben zu vernichten. Diese Möglichkeit soll allein dem Staat vorbehalten bleiben, nicht nur durch Kriege, sondern auch durch die Tötung „minderwertigen" Lebens, die Todesstrafe, durch Euthanasie, die Vernichtung tiefgefrorener Föten und Embryonen etc. Welche furchtbaren Folgen diese patriarchale, staatliche „Tötungsmoral" haben kann, hat der Nationalsozialismus mit seiner Einteilung in „wertvolles" und „wertloses" Leben, seinen „Mutterkreuzen", der Einführung der Todesstrafe für Abtreibung einerseits und den Zwangssterilisierungen andererseits grausam bewiesen. Schon Platon hat in seinem „Staat", die Fortpflanzung unter den „besten" Männern und Frauen gefordert. Zweieinhalbtausend Jahre später sollte sein Ideal im „Dritten Reich" mit der „Aktion Lebensborn" Realität werden.

Eigentliche Opfer dieser Politik sind Frauen, es geht um ihren Leib, ihre Gebärpotenz, ihre Gesundheit, ihre Autonomie. Und genau darum geht es auch in der Gen- und Reproduktionsmedizin, die sich gefährlich nahe eugenischen Überlegungen annähert oder bereits dort angelangt ist. Dazu wird wie eh und je unter dem Mantel eines medizinischen Forschungsinteresses zum „Wohle der Menschheit" am weiblichen Leib experimentiert, operiert, geschnitten. Jetzt allerdings mit ihrem Einverständnis. Frauenkörper sind nicht nur zu Experimentierfeldern, sondern auch zu Lieferanten von begehrten Rohstoffen wie Eiern, Embryonen, fötalem Gewebe geworden.

Heute ermöglicht die Gentechnologie gezielte Eingriffe in das genetische Programm des Menschen und „Zuchtwahl" der tiefgefrorenen Embryos. Immer jedoch ging und geht es gleichzeitig darum, das Band zwischen Mutter und Kind zu zerschneiden, sei es in Platons Utopie, in der die Mutter/die Eltern durch den Staat ebenso ersetzt werden sollten, wie in der nationalsozialistischen Ideologie, bei Aristoteles, der nur dem Samen des Mannes Seele und Aktivität zusprach, in sämtlichen Versuchen abendländischer Philosophen, Theologen und Pädagogen bis herauf zu Sigmund Freud (siehe Kapitel VIII). Und um eine Entfernung, Entfremdung, Herauslösung des ungeborenen Kindes aus dem Mutterleib geht es auch im Zeitalter naturwissenschaftlicher, medizinischer Forschung.

Die Frau als Mutter wird zur „Abgetriebenen"

Gleichzeitig hat die im 18. Jahrhundert mit der Öffnung des Leibesinneren einsetzende Medikalisierung der Frau, haben die Geburtenkontrolltechniken, wie sie eine drohende „Bevölkerungsexplosion" vor allem in den Ländern der „Dritten Welt" bekämpfen sollen, immer mit Zerstörung und Gewalt zu tun. Der Leib der Frau wird nicht nur quälenden, gesundheitsschädlichen Manipulationen unterworfen, um ihr eine Frucht „einzutreiben", sondern auch, um ihr diese „auszutreiben". Vor allem Frauen der so genannten „Entwicklungsländer" werden von der Pharmaindustrie als Versuchskaninchen benutzt zur Erprobung von Verhütungsmitteln, deren Anwendung in der so genannten „Ersten Welt" verboten sind, sie werden Zwangssterilisierungen unterworfen, dürfen nur ein oder zwei Kinder gebären, und die ungeborenen Mädchen werden infolge der Möglichkeit von Ultraschalluntersuchungen und Amniozenthese massenweise abgetrieben.[69]

Bemerkenswert an allen diesen Verfahren ist, dass sie ausschließlich an Frauen stattfinden. Männer werden nicht angesprochen, schließlich könnte das als Angriff auf eine patriarchale Kultur und damit als Einmischung eines vom Norden initiierten Kulturimperialismus gewertet werden. Das Manipulieren am Frauenkörper ist unverfänglicher. Statt Umweltschäden und ein ungerechtes Wirtschaftssystem für den Hunger in der Welt verantwortlich zu machen, ist die weibliche Fruchtbarkeit Zielscheibe sämtlicher Bemühungen. Wobei nicht davor zurückgeschreckt wird, zur Lösung des Problems der Weltbevölkerung so absurde Vorschläge wie jene von John Postgate, Professor für Mikrobiologie in Großbritannien, ernsthaft zu erwägen: Dieser Herr hat in Anbetracht der Tatsache, dass in fast allen Ländern ohnedies vorwiegend Söhne gewünscht werden, eine „Jungen-Pille" vorgeschlagen, die nur männliche Nachkommen garantiert.[70] Über die gesellschaftlichen Folgen legt er sich anscheinend wenig Rechenschaft ab, am wenigsten über jene für Frauen. Denn dass ein geringer Frauenanteil an der Bevölkerung zu einer weiteren Verschlechterung ihrer Situation führt, zeigt sich etwa in China, wo der durch die Einkind-Ehe und die massenhafte Abtreibung weiblicher Föten entstandene Frauenmangel Frauenraub durch kriminelle Banden zur Folge hat, die ihre Beute als Sex- oder Ehesklavinnen verkaufen.

Die Abtreibungsfrage, wie sie von der Frauenbewegung ursprünglich diskutiert wurde, wird daher in den letzten Jahren infolge einer zunehmenden feministischen Wissenschaftskritik differenzierter betrachtet. Die einseitige Fokussierung auf Abschaffung des Abtreibungsparagraphen weicht einer breiter gefassten, radikalen Infragestellung der Behandlungsmethoden und Techniken der Geburtenkontrolle insgesamt und mündet in die

Forderung nach einer „anderen Wissenschaft" (Maria Mies). Gleichzeitig schaffen die Reproduktionstechnologien eine andere Ausgangslage. Feministinnen geraten unter Rechtfertigungsdruck, wenn sie einerseits Abtreibung fordern, andererseits aber Reproduktionstechnologien ablehnen. Für die Soziologin Gerburg Treusch-Dieter hingegen erübrigt sich das Problem überhaupt, der Kampfruf der Frauenbewegung „Mein Bauch gehört mir" sei unter den neuen Voraussetzungen obsolet geworden. Denn einerseits gelte das im Mutterleib sich entwickelnde Leben als selbständiges Rechtsgut, das unter dem Schutz der Verfassung steht, andererseits jedoch wird in der Reproduktionsmedizin das beginnende Leben aus der Frau ausgelagert. „Hinter der Kulisse der Nidation wird ... längst die Konsequenz einer vorweggenommenen Abtreibung gezogen, nach der ihr (der Mutter) der Embryo, genetisch durchgecheckt, als selbständiges Rechtsgut wieder eingepflanzt wird. Während ihr Grundrecht unterschlagen wird, wird ihr das eines verfassungsgeschützten Lebens implantiert ..."[71] Woraus folgt, dass „die Frau als Mutter mehr und mehr selbst zur „Abgetriebenen" wird.[72]

Auch für Maria Mies ist die Frage nach der Selbstbestimmung neu zu diskutieren, allerdings unter einem anderen Aspekt. Denn das Schlagwort „Mein Bauch gehört mir" inkludiert die Befürwortung sämtlicher Reproduktionstechnologien, er bedeutet die totale Liberalisierung des „Eigentums Körper", den Verkauf, die Vermietung von Körperteilen, Leihmutterschaft etc. mit der Möglichkeit eines breit gefächerten Missbrauchs. „Während es uns Frauen ursprünglich um Befreiung von ausbeuterischen und unterdrückerischen Mann-Frau-Verhältnissen ging, geht es nun um die ‚Emanzipation' von unserer weiblichen Natur."[73] Diese Natur wird zunehmend als Störfaktor betrachtet, von dem die biotechnischen Experten Frauen „befreien" wollen. Technische Schnelllösungen wie etwa die Abtreibung haben Männer mehr denn je aus der Verantwortung für ihr sexuelles Verhalten entlassen. Wichtig, so Mies, ist allerdings vor allem eine Änderung der Geschlechterverhältnisse einschließlich der Sexualpraktiken. Andererseits müssen dabei auch die ökonomischen, sozialen, politischen Verhältnisse berücksichtigt werden, die etwa bei Frauen der „Dritten Welt" grundsätzlich anders gelagert sind als bei jenen der westlichen Industriestaaten. Anhand dieser aufgeworfenen Fragen wird deutlich, wie sehr sich die Perspektiven verschoben haben und wie dringlich eine breit angelegte feministische Diskussion in diesem Zusammenhang eingefordert werden muss.

VII. Patriarchale Mutterschaftsideologien

In der gesamten Geschichte des Patriarchats und bis zum heutigen Tag mussten/müssen sich Frauen von männlichen so genannten Experten belehren lassen, wie sie sich als Mütter zu verhalten haben. Am erstaunlichsten dabei ist allerdings, wie willig, ja geradezu begeistert viele Frauen diese meist lebensfernen Erziehungskonzepte aufnahmen/nehmen, was zumindest etwa ab dem 18. Jahrhundert bezeugt ist. Die Folge waren und sind ihre völlige Überforderung und daraus resultierend Schuldgefühle, weil sie in einem mütterlichen Alltag, der wenig bis keine Berücksichtigung findet, diese Forderungen eines – theoretischen – Ideals nicht verwirklichen konnten und können.

Allgemein wird in der einschlägigen Literatur die Flut von pädagogischen Schriften betont, die ab dem 18. Jahrhundert die Frauen zu überschwemmen begann. Diese Belehrungs-Sucht setzt allerdings schon viel früher ein. Sind es seit der Aufklärung vor allem Pädagogen, Mediziner und Psychologen, die sich der angeblich unwissenden Mütter annehmen, so war es in der frühen Neuzeit der Moraltheologe und Arzt, der den Frauen vorschrieb, was vor, während und nach der Geburt zu beachten sei und wie sie die Kinder zu erziehen hätten.

„Mütter verderben ihre Kinder, wenn sie mit Wollust stillen"

Mittelalterliche Quellen wissen von der Mutter nur wenig zu berichten. Den Theologen und Schriftstellern schien Mutterschaft ein unwichtiger Zustand zu sein – zumindest lassen ihre Äußerungen darauf schließen. Den Kirchenvätern, für die jedes Leben aus einer Frau befleckt und sündig war und die in jeder Geburt eine Strafe Gottes für deren Urschuld erblickten, konnte Mutterschaft kein Zustand besonderer Aufmerksamkeit sein. Viel lobenswürdiger war die Jungfräulichkeit und damit im Zusammenhang nicht das diesseitige, sondern das jenseitige Leben. Eine Auffassung, die sich in vielen Äußerungen über die Geburt und das Verhältnis zu Kindern spiegelt. Im Allgemeinen wurde von Predigern und Moralisten betont, dass die Frau Gott und nach ihm den Ehemann mehr lieben solle als das Kind. Generell wurde sie vor zu großen Liebesbezeugungen gewarnt: „Die Mütter verderben ihre Kinder, wenn sie mit Wollust stillen", meinte ein spanischer Prediger im frühen 16. Jahrhundert.[1]

Erziehen sollte im Mittelalter und in der frühen Neuzeit der Vater, zu Gehorsam vor allem und zu Gottesfurcht, und das möglichst streng. Noch am Beginn des 17. Jahrhunderts räumen Gesetze dem Vater Entscheidungsgewalt über Leben und Tod seines Nachwuchses ein,[2] was wohl als Restbestand der väterlichen *munt* im alten Germanien verstanden werden kann (siehe Kapitel VI). Calvin hat für Ungehorsam gegen die Eltern, vornehmlich jedoch gegenüber dem Vater die Todesstrafe erwogen. Geschlagen wurde viel und oft, es gibt zahlreiche Abbildungen von prügelnden Vätern ebenso wie Lehrern. Schlagen wurde als gut, nützlich und gottgefällig beschrieben. „Versäume aus übertriebener Milde nicht, das Kind zu strafen, sobald es Gott beleidigt hat, in welchem Alter immer es sein mag", meint der Kardinal Dominici im frühen 15. Jahrhundert. Auch solle es ab dem dritten Lebensjahr nicht mehr umarmt und geküsst werden, da es durch „solche Liebkosungen ... leicht zum Falle kommt". Aus demselben Grund dürfe der Knabe ab dem dritten Jahr nicht mehr mit seinen Schwestern „in demselben Bett oder auf demselben Kopfkissen schlafen, noch auch während des Tages viel mit ihnen spielen". Auch sollten Knaben ab diesem Alter beim Schlafen ein langes Hemd bis zu den Knien tragen.[3] Es war ein Glück für die Nachkommenschaft, dass solche Belehrungen ganz offensichtlich von wenigen Menschen ernst genommen wurden, wie die mittelalterliche Sittengeschichte zeigt (siehe Kapitel VI). Im Alltag führten die meisten Kinder ganz im Gegenteil ein ziemlich freies Leben, Knaben und Mädchen wuchsen bis zum siebten Lebensjahr gemeinsam auf, die Kleidung war nicht besonders sittsam, und häufig schliefen mehrere Familienmitglieder in einem Bett.

Auch Konrad von Megenberg empfahl Schläge selbst für Kinder unter sieben Jahren, sobald sie beim Lügen ertappt würden.[4] Mütter jedoch sollten ihre Kinder nicht in Schutz nehmen, sondern vielmehr ihren Ehemännern bei der Züchtigung assistieren. „Sie hält nicht die Hände vor die gebührenden Schläge, sondern entblößt freudig der Kinder Haut für die väterlichen Hiebe", heißt es in dem 1581 erschienenen Buch eines Holländers.[5] Gelegentlich wurden allerdings auch Frauen zum Schlagen aufgefordert: „Die mäßige Züchtigung von seiten der Mutter ist eine sehr weiche und sanfte Angelegenheit; sie wird weder Knochen brechen noch die Haut verletzen ... Erhalte dem Kind die Strafe nicht vor, denn wenn du es mit der Rute züchtigst, wird es nicht sterben. Du sollst es mit der Rute züchtigen und seine Seele von der Hölle erlösen", meinte John Eliot 1678.[6] Andere Schriftsteller nennen Kinder „eine schwere Strafe", weil sie

Kummer und Sorgen bereiten, Geld kosten und Männer zu Sklaven ihrer Ehefrauen machen. „Weder das kleine noch das mittlere noch das große Kind kann man lieben", erklärt ein Satiriker. Und der spätmittelalterliche Dichter Eustache Deschamps schreibt: „Glücklich, wer keine Kinder hat, denn kleine Kinder sind nur Geschrei und Gestank, Mühe und Sorge."[7] Auch hier wissen wir wenig darüber, wie Frauen auf diese von Männern verordnete Lieblosigkeit ihren Kindern gegenüber reagierten.

In den Heiligenviten werden immer wieder Mütter, die ihre Kinder verlassen, um sich ganz Gott zu weihen, als besonders vorbildhaft beschrieben. So etwa wird Margarete von Cortona gerühmt, die durch ihre völlige Hingabe an Gott ihren Sohn vernachlässigte und schließlich ganz vergaß, dass es ihn überhaupt gab. Michelina von Pesaro hingegen habe zu Gott gebetet, ihren kleinen kranken Sohn sterben zu lassen, damit sie in den Dritten Orden der Franziskaner eintreten und damit ihr Leben Gott weihen könne. Als dies geschah, ließ der Biograph eine Stimme zu ihr sprechen, die ihr die ewige Seeligkeit des Kindes verkündete: „Ich befreie dich von seiner Liebe. Gehe in Frieden."[8] Dass in beiden Fällen das Verhalten der Frauen als Ausdruck ihrer höchsten Frömmigkeit und Heiligkeit gewertet wurde, ist für uns heute zutiefst unverständlich. Allerdings muss berücksichtigt werden, dass alle diese Aussagen und Beispiele von Männern stammen, sie können tendenziös verfälscht oder gar erfunden sein. Wie sehr hier aber vor allem religiöse Frauen genötigt wurden, ihre mütterlichen Gefühle zu verleugnen, zeigt das Beispiel der heiligen Elisabeth von Thüringen (1207–1231), eines der wenigen Schicksale, die von gegenwärtigen HistorikerInnen genauer hinterfragt worden sind.

Elisabeth, Tochter von Andreas II. von Ungarn und Gattin von Landgraf Ludwig IV., verlor nach dem Tod ihres Mannes (er war bei einem Kreuzzug ums Leben gekommen) fast alle ihre Güter, worauf sie in den Schoß der Kirche flüchtete – eine andere Möglichkeit gab es nicht für sie. Dort fiel sie dem berüchtigten und schließlich wegen seiner Grausamkeiten auch ermordeten Inquisitor Konrad von Marburg in die Hände, der die tief religiöse Frau, die sich vorbehaltlos dem Dienst an den Armen widmete, totaler Kasteiung und vollständigem Verzicht unterwarf. Gleichzeitig verlangte er von ihr, dass sie sich von ihren Kindern trennte, an denen sie den überlieferten Berichten zufolge mit großer Liebe hing. Wir können anhand der Beschreibung ihrer Freundin Irmingard nachvollziehen, wie grausam die Gehirnwäsche war, der diese Frau unterzogen wurde (und der Frauen in einer patriarchalen/androzentrischen Gesellschaft bis heute unterliegen).

„Und weil Magister Konrad ihr die Nichtachtung aller zeitlichen Werte anbefohlen hatte, bat sie Gott inständig, dass er ihrem Herzen die Verachtung aller Güter lehre, dass er die Liebe zu ihren Kindern von ihr nehme und dass er ihr den Mut verleihe, die Verleumdungen zu verachten ... Und sie sagte zu ihrer Dienerin: ‚Der Herr hat mein Gebet erhört und alle weltlichen Güter, welche ich ehemals geliebt habe, sind jetzt Dreck für mich. Ebenso rufe ich Gott zum Zeugen an, dass ich meine Kinder nicht mehr liebe als irgendein fremdes Kind. Ich habe sie Gott übergeben; er möge mit ihnen machen, was ihm gut dünckt.‘" Um sie in der richtigen Entsagung zu üben, entfernte Konrad von Marburg in der Folge alle Menschen, „die sie besonders liebte", aus ihrer Umgebung, „damit sie dadurch Schmerzen empfinde".[9] Sadistisch gepeinigt und gequält durch körperliche Züchtigungen, die Konrad wegen Ungehorsams angeordnet hatte und die in seinem Beisein durchgeführt wurden, starb sie schließlich erschöpft und ausgezehrt im Alter von 24 Jahren.[10]

Mag dies auch ein besonders krasses Beispiel sein, so zeigt es doch die Auswüchse eines asketischen, leib- und lustfeindlichen Christentums, das Frauen dazu brachte, in einem unglaublichen Selbstverleugnungsprozess die Liebe zu Menschen in sich abzutöten, um sie durch die Liebe zu einem imaginären Gott zu ersetzen.

„Sie wird dadurch gerettet, dass sie Kinder zur Welt bringt"

Allerdings unterschied die Kirche hier zwischen jenen, die sich für ein Leben im Dienst Gottes entschieden hatten, und verheirateten Laien. Ersteres war gottgefälliger, aber wer dazu nicht die Kraft besaß, sollte am besten heiraten und viele Kinder bekommen. Denn natürlich war auch die Frau des Mittelalters dem Gebärzwang unterworfen. Unfruchtbarkeit bedeutete auch in dieser Epoche für eine verheiratete Frau eine Tragödie. Das erscheint widersprüchlich angesichts der Unsichtbarkeit der Mutter und der Geringschätzung der Kinder in zeitgenössischen Quellen. Trotzdem verhalf lediglich die Geburt von Kindern – am besten von Söhnen – einer verheirateten Frau zu Achtung und damit auch Selbstachtung. Hatte die Frau doch nur zwei Möglichkeiten, ihre Erbsünde abzubüßen: durch ewige Keuschheit oder durch ihre Gebärpflicht. „Sie wird aber dadurch gerettet werden, dass sie Kinder zur Welt bringt, wenn sie im Glauben bleibt und in der Liebe und in der Heiligung samt der Zucht", heißt es im Neuen Testament (1 Tim. 2.15). Dass sich die Zahl der Kinder damals trotzdem noch in Grenzen hielt, wurde bereits beschrieben (siehe Kapitel VI).

Auch die Einstellung zu den Kindern scheint ambivalent gewesen zu sein. Neben der Ansicht vom Kind als unvollkommenem, vernunftlosem und unwissendem Wesen, das durch strenge Strafen auf den rechten Weg zu bringen war, gab es noch eine andere, die in der Kindheit eine Zeit der Unschuld und Reinheit sah, entsprechend den Worten Christi, „wenn ihr nicht ... wie die Kinder werdet, könnt ihr nicht in das Himmelreich kommen" (Mt. 18.3-5). Kinder, so hieß es ebenfalls, seien ohne jede Bosheit und großzügiger als Erwachsene. Sie würden ihr Brot eher mit den Armen oder mit Tieren teilen.[11]

Wir können allerdings annehmen, dass die Keuschheitsforderungen, die strengen Ehegesetze und die Verurteilung außerehelicher Beziehungen das Leben der breiten Masse im Mittelalter noch nicht wesentlich beeinflussten, auch die Glaubenssätze der Kirche über Kindheit, Erziehung und Mutterschaft nicht wirklich und mit voller Konsequenz in das Volk gedrungen waren. Darin liegt ja die Schwierigkeit späterer Jahrhunderte, den Zeitgeist der Vergangenheit richtig einzuschätzen. Wahrscheinlich hat sich auch Philippe Ariès in seiner oft zitierten „Geschichte der Kindheit" (1975), in der er die Ansicht vertritt, dass Kindheit eine „Erfindung" der Neuzeit sei, dass Kinder im Mittelalter wie Erwachsene behandelt und von ihren Eltern – vornehmlich der Mutter – wenig geliebt worden seien, auf die Aussagen und Lehrmeinungen der kirchlichen und philosophischen Autoritäten gestützt. Seine Meinung wurde vielfach übernommen (Shorter, DeMause, Badinter), in jüngerer Zeit aber auch von einigen AutorInnen als zu einseitig zurückgewiesen (Shahar, Hardach-Pinke, Loux, Pollock, Prokop).

Sicherlich ist die Art der Zuwendung damals eine andere gewesen. Vieles, was heute als gesundheitsschädlich abgelehnt wird, geschah in gutem Glauben. So etwa wurde die Sitte, dem Säugling früh Brei zuzufüttern, von der Vorstellung getragen, dass dieser gut sei für das Wachstum des Kindes. Erst allmählich bildete sich die Erkenntnis von der Schädlichkeit dieses Brauchtums heraus. Auch das allgemein übliche Wickeln, bereits von der Aufklärungsliteratur scharf verurteilt, geschah einerseits im Glauben, den Körper formen zu müssen, weil er von sich aus zu schwach sei, andererseits aber war es auch eine für arbeitende Frauen unverzichtbare Methode, das Kind während ihrer Abwesenheit ruhig zu stellen. Ein deutscher Erziehungskatechismus beschreibt diese totale Einbandagierung folgendermaßen: „Erstlich wickeln sie ihre beiden Ärmchen ein und stecken die Enden der Ärmelwindel unter den Rücken des Kindes, dann wickeln sie das Kind in eine große Windel, und viele umwickeln es auch noch mit einer großen Windelschnur, während das Kind und vorzüglich dessen Beinchen recht gepresst werden, oder binden es in Federbettchen mit zwei oder drei Binden fest ein."[12] Obwohl heute die Ansicht geäußert wird, dass ein Kind erst nach dem zweiten Lebensjahr dadurch ein Erlebnis der Ohnmacht erfährt, können wir trotzdem annehmen, dass diese gewaltsame Ruhigstellung des Säuglings (wie lange gewickelt wurde, wissen wir nicht) ebenso seine Spuren hinterlassen hat wie wunde und nässende Stellen auf der Haut, da diese Windeln wohl nicht immer oft genug gewechselt wurden.

Inwieweit die hohe Säuglingssterblichkeit zu einer gewissen Gleichgültigkeit Kindern gegenüber geführt hat, wie Ariès behauptet, ist schwer nachprüfbar. Vor allem auch deshalb, weil wir hier nicht auf weibliche Quellen zurückgreifen können. Aber es gibt viele Beispiele, die belegen, dass auch im Mittelalter Mütter bzw. Eltern ihre Kinder geliebt haben, dass sie besorgt waren und dass sie trauerten, wenn sie starben.[13] Bartholomäus Angelicus schreibt 1250 von zärtlicher Mutterliebe, wobei die Amme, die es damals schon gegeben hat, nicht als Konkurrentin der Mutter, sondern als liebevolle weitere Bezugsperson für das Kind beschrieben wird. Sie „freut sich wie die Mutter, wenn das Kind glücklich ist, und ist traurig, wenn das Kind unglücklich ist; sie hebt es auf, wenn es hingefallen ist, stillt es, wenn es weint, bedeckt es mit Küssen, wickelt und deckt es zu, wenn es sich freigestrampelt hat, wäscht und legt es trocken".[14] Im Allgemeinen haben im Mittelalter die Mütter ihre Kinder selbst gestillt, es gab Anweisungen für Säuglingspflege, Heilige wurden im Falle der Krankheit eines Kindes angerufen, und wenn sein Tod mit Gleichmut hingenommen worden wäre, hätten sich Geistliche nicht über die „unchristliche" Trauer entrüstet. Wie etwa im 14. Jahrhundert John Wyclif, der Mütter, die den Tod ihres Kindes betrauerten, der „Verrücktheit dieses dumpfen Klagens" zieh. War es doch seiner Ansicht nach „eine große Gnade Gottes, ein Kind von dieser Welt zu nehmen".[15]

Trotz der berechtigten Annahme, dass Mütter zu einem großen Teil diesen Belehrungen widerstanden und bei ihrem natürlichen Gefühl blieben, ist es dennoch vorstellbar, in welchen Gewissenskonflikt, in welche Zwangssituation vor allem gläubige Frauen gekommen sind. Das asketische, dem Jenseits verpflichtete Christentum hatte ebenso wie eine patriarchale, androzentrische Gesellschaft wohl ein Interesse an der Geburt möglichst vieler Kinder und damit möglichst vieler Priester, Krieger und Arbeiter. Aber es hatte stets wenig Interesse an den kindlichen Bedürfnissen, und auch die Bedürfnisse der Mütter waren sekundär.

Für die frühe Neuzeit ist die Quellenlage bereits etwas reichhaltiger. Jetzt entstehen zahlreiche didaktische Schriften, die ein neues Ideal, nämlich jenes der „Hausmutter", predigen. Einen wesentlichen Anteil an dieser Entwicklung hatte Luther, der die im christlichen Selbstverständnis eher gering eingeschätzte Ehe aufwertete und die damit notwendig gewordene emsig werkende und pflichtbewusste Hausfrau und Mutter propagierte. Das dämonische Sexualwesen Frau, die Hexe, verschwand damit hinter der tugendhaften sittsamen Ehefrau, die nicht mehr als gefährlich, sondern eher als schwach beschrieben wird. Die Hexe ist jetzt eine Kranke, Besessene, ein ohnmächtiges Opfer, das der Behandlung und Erziehung durch den Arzt oder Priester bedarf wie etwa Paracelsus in seiner Hexenschrift oder der Arzt Johann Weyer forderten. Ebenso gering geachtet wird jetzt auch die keusch lebende Frau, sie wird aus den Klöstern vertrieben, zur Ehe gezwungen oder vergewaltigt. Womit die einzigen Stätten weiblicher Bildung, die eine Hildegard von Bingen oder Roswitha von Gandersheim hervorgebracht haben, zerstört werden. Weil Frauen gleichzeitig aus den Zünften und damit dem Berufsleben ausgeschlossen wurden, bestand bereits damals die Tendenz, sie an das Innere des Hauses zu binden, wo sich ein breit propagiertes Tätigkeitsfeld auftat.

Das so genannte „Ganze Haus" wurde von „Hausvater" und „Hausmutter" gemeinschaftlich verwaltet, wobei allerdings die Hausmutter für die „innere Ökonomie", die Haushaltsführung zuständig war, während dem Hausvater die allgemeine Organisation des „Hauses" und die Befehlsgewalt über Frau, Kinder und Gesinde oblag. Neben dem Hauselternpaar lebten in diesem „Haus" die Kinder und möglicherweise Verwandte, aber auch verwandtschaftlich nicht gebundene Personen zusammen. Im bäuerlichen Milieu waren dies Knechte und Mägde, in Handwerkshaushalten Lehrlinge und Gesellen, bei Kaufleuten die Handlungscommis.

Obwohl die Frau trotz untergeordneter Stellung in der frühen Neuzeit vor allem als Produzentin überlebenswichtiger Güter ein gewisses Selbstbewusstsein bezog, eine geschlechtsspezifische Trennung der Arbeitsbereiche auch noch nicht so deutlich ausfiel wie im 18. Jahrhundert und Mutterschaft noch nicht im Zentrum eines Frauenlebens stand, belegen die zahlreichen Ehe- und Hebammenbücher dieser Zeit das Bemühen, sie bereits damals auf die Rolle der Hausfrau und Mutter festzulegen. Manuel

Simon hat diese Hausstands- und Eheschriften ebenso wie die geburtshilf-
liche Literatur näher untersucht und kommt dabei zu dem Schluss, dass
schon in der frühen Neuzeit neben dem Schreckbild der Hexe das Ideal der
Hausfrau und Mutter propagiert wurde, das dann im 18. Jahrhundert die
Entwicklung zum bürgerlichen Frauenbild wesentlich beeinflusste.[16]

Der Frauen „göttlicher Beruff"

Schon im 16. Jahrhundert wird „Hausfrau" und „Mutter" häufig als eigentlicher „Beruf" der Frau bezeichnet, als deren wesentliche Tugend allerdings Gehorsam gegenüber dem Ehemann galt. Die Dringlichkeit, mit der
er in der gesamten damals entstehenden so genannten „Hausväterliteratur"
gefordert wurde, lässt jedoch vermuten, dass dieser weibliche Gehorsam
zu wünschen übrig ließ. „Gott hat mir diesen (Mann) bescheret/ dass er
mein Herr und Haupt sein solle/ darumb bin ich schuldig/ dass ich meinen
Willen breche/ und ihm unterthänig seie", heißt es etwa in Bonif Stöltzlins
„Catechismus" 1672. Auch Wolff Helmhard von Hohberg betont in seinem
umfangreichen, 1682 erschienenen und mehrmals nachgedruckten Werk
„Georgica Curiosa Aucta" den absoluten Gehorsam der Ehefrau und ihre
bedingungslose Anpassung an ihren Mann. Sie habe sich, so heißt es hier
unter anderem, in allem und jedem nach ihrem Herrn und Meister zu richten, und wenn es ihr nicht gelinge, ihn mit Liebe, Bitten und guten Worten
zu ändern, so solle sie endlich „wie der Echo die Stimme von sich geben ...
oder wie ein guter Spiegel die Gestalt/ die man ihm vorstellt/ wider gegen-
weisen".[17]

Diese Definition der Frau als „ein schwacher Werckgezeug" stand in
seltsamem Widerspruch zu der außerordentlichen Stärke und Tapferkeit,
die zeitgenössische Autoren im Hinblick auf Schwangerschaft und Geburt
von Frauen erwarteten. Der lutherische Arzt Johann Wittich etwa bemüht in
der zweiten Hälfte des 16. Jahrhunderts das Kriegswesen als Vergleich, um
Leiden und Opferbereitschaft der Gebärenden einen entsprechenden Nach-
druck zu verleihen: „Ob sie gleich auch in eusserste gefahr ihres Leibes
und Lebens kommen/ und offt die Mutter unnd Frucht zugleich bleiben/
unnd also bey dem Fähnlein/ das ist/ in ihrem ordentlichen Göttlichen
Beruff/ wie die ehrlichen Kriegßsleute das Leben lassen müssen/ so sollen
sie sich doch ... trösten."[18]

So wie in der Antike wurde die Frau auch jetzt auf den Uterus fixiert, der
im Mittelalter als Organ, das Evas Sündenschuld abzubüßen hatte, wenig

Beachtung oder gar Wertschätzung erfuhr. Allerdings scheint sich hier ein Bedeutungswandel vollzogen zu haben, vor allem in der Renaissance gab es etliche Mediziner, die der weiblichen Gebärfähigkeit Respekt und Bewunderung entgegenbrachten. So wie etwa der italienische Arzt Lodovico Buonaccioli, Leibarzt von Lucrezia Borgia, der in seinem umfangreichen Werk „Enneas muliebris" 1521 den Uterus als größtes Wunder des menschlichen Körpers pries.[19] Paracelsus hingegen meint in seiner Schrift „De matrice", die Frau sei um ihrer Gebärmutter willen erschaffen, die *matrix* Ursprung und Bestimmung weiblicher Existenz.

Um diese „Bestimmung" geht es in sämtlichen Ehe- und Trostbüchlein, die jetzt in rascher Folge erschienen, um Frauen auf das neue Ideal eines „göttlichen Beruffs" einzuschwören, wobei Moraltheologen und Mediziner eng zusammenarbeiteten. Auch jetzt wurden Männer dabei eher für die Erziehung verantwortlich gemacht, während bei Frauen Schwangerschaft, Geburt und Stillzeit im Zentrum der Aufmerksamkeit standen. Agrippa von Nettesheim ebenso wie Paracelsus betonen die Bestimmung der Frau zur Mutterschaft, wobei ihre besondere Schutzbedürftigkeit und die Ausrichtung des weiblichen Lebens auf Fruchtbarkeit und Mütterlichkeit in den geburtshilflichen Lehrbüchern, aber auch in den pädagogischen Schriften des Luthertums eine wichtige Rolle spielen. In dem „Trostbüchlein" (1566) des lutherischen Pfarrers Thomas Guenther etwa kümmert sich der Gottesmann nicht nur um das Seelenheil der „schwangeren und geberenden Weiber", sondern gibt auch praktische Anleitungen für Geburt und Wochenbett. Cyriacus Spangenberg hat ebenfalls die Gefahren von Schwangerschaft und Geburt in seinem „Ehespiegel" in mehreren Predigten beschrieben, ebenso wie Nikolaus Selnecker in seinem „Ehe und Regenten Spiegel". Vor allem protestantische Pfarrer ereifern sich dabei über die Vorstellung von der Unreinheit der Wöchnerinnen, auch das Virginitätsideal hatte ausgedient, jetzt war die fruchtbare Frau „in sonder Segen und Gnade Gottes".[20] Allerdings, und das beeilen sich sämtliche Autoren hinzuzufügen, ist die „züchtig und stille" Ehefrau ihrem Mann stets unterlegen und zu Gehorsam verpflichtet, doch solle dieser von Schlägen Abstand nehmen und seine „Gehilfin" eher mit erzieherischen Maßnahmen in die Schranken weisen. (Tatsächlich jedoch war das Züchtigungsrecht des Ehemannes noch im 18. Jahrhundert im Gesetz festgeschrieben und wurde selbst im 19. Jahrhundert vielfach noch gebilligt.)

Die Pflichten der Schwangeren und Mutter sollte darüber hinaus ein umfangreicher, von männlichen Ärzten und Pädagogen vorgeschriebener

Verhaltenskatalog regeln. Für Erstere bot die so genannte Imaginationslehre ein wirksames Instrument, die Frau zu domestizieren und in Abhängigkeit zu halten. Der Imagination wurden von Paracelsus schöpferische, zum Teil auch fernwirkende Kräfte zugesprochen, mütterliche Einbildung konnte nach ihm Missbildung des Fötus, Früh- und Totgeburt zur Folge haben. Er führte gewisse Normabweichungen bei neugeborenen Kindern auf das „erschrecken" und die „begird" der schwangeren Frau zurück. Eine Vorstellung, die von vielen geburtshilflichen Abhandlungen des 16. Jahrhunderts übernommen wurde. Johann Wittich warnt in seinem Lehrbuch „Tröstlicher Unterricht für Schwangere und geberende Weiber" die Leserinnen nicht nur vor dem Anblick seltsamer Tiere, sondern auch vor der „Anschawung etlicher armseliger schad- und gebrechenhafftigen Leuten".[21] Und Jakob Rüff führt in seinem „Trostbüchle" 1554 Missbildungen von Kindern wie „Hasenscharte" und „Wolfsrachen" auf das Erschrecken der Schwangeren beim Anblick von Tieren, wie Hasen, Wölfen und Säuen, zurück, ebenfalls könne der Anblick eines urinierenden Mannes Missbildungen des Hodens zur Folge haben.[22]

Darüber hinaus dürfen in einem zweiten Teil des „Trostbüchles", das 1580 unter dem Titel „Hebammen-Buch" erschien, schwangere Frauen „nicht springen,/ gumpen/ lauffen und ungestümmiglich tantzen: Nicht schwer lüpfen/ heben/ trucken/ hart reuthen ... aber viel und offt schlaffen". Die Frau soll auch nicht zu viel und zu schwer essen, und die Speisen müssen speziell beschaffen und zubereitet sein, wozu der Autor eine detailreiche Beschreibung liefert.[23] Natürlich muss sie „züchtig und still seyn/ Auch tugendlich und sittiglich", denn auch Unkeuschheit könne verheerende Folgen auf das entstehende Kind haben. Nicht einmal ihr Haar darf die Schwangere in der Sonne bürsten oder trocknen, und auch der Geruch zahlreicher Pflanzen wird als Bedrohung für das werdende Kind dargestellt.

Die Botschaft dieser Unterweisungen ist klar: Sie zielt darauf ab, die Bewegungsfreiheit der werdenden Mutter einzuschränken, und da eine Frau im gebärfähigen Alter durchschnittlich alle zwei bis zweieinhalb Jahre schwanger war, erstreckten sich diese Ge- und Verbote auf eine ziemlich lange Zeit. Diese eigentliche Absicht wird häufig auch deutlich formuliert, wie in Johann Colers „Oeconomia oder Haußbuch", in dem die Hausfrau ermahnt wird, nicht nur fromm und gehorsam gegenüber dem Ehemann zu sein, sondern auch nicht „auß ihrem Hauß" zu gehen, „viel weniger soll sie allzeit das Fenster am Halse haben/ und alle Leute/

so vorüber gehen/ besichtigen und besprechen. Auch nicht alle Dantze besuchen/ Bräute und andere Gassen und Comödien beschauen". Stattdessen habe sie ihren Mann zu versorgen, die Kinder zu erziehen, das Gesinde zu beaufsichtigen und zu beköstigen sowie das Vieh zu versorgen. Justus Menius vergleicht folgerichtig die Frau mit einer Schildkröte, die „ihr hauß nymmer mehr lesset", und in einer anderen Belehrungsschrift des 16. Jahrhunderts gleicht sie einer Schnecke, die „für und für/ Wo sie hingeht/ ihr Haus mit ihr/ ist ihr natürlich arte. Also stehts auch eim Weib wohl an/ Wann siechs im Haus thut finden lan/ ..."[24]

Mutterpflichten

Diese Traktate aus männlicher Feder hören allerdings mit der Geburt des Kindes keinesfalls auf, denn jetzt wird die Mutter einer gründlichen Unterweisung unterzogen. Die Listen betreffend Säuglingspflege sind lang und zeichnen sich durch eine bemerkenswerte Unkenntnis des mütterlichen Alltags aus. Natürlich habe, so heißt es im bereits erwähnten „Hebammen-Buch", die Mutter ihr Kind selbst zu stillen, anschließend jedoch habe sie es schlafen zu legen, sanft zu wiegen und ihm etwas vorzusingen. Sobald es eingeschlafen ist, muss die Mutter darüber wachen, dass es nicht erschreckt und geweckt wird. Nach dem Schlafen ist das Kind zu baden, und zwar zwei bis drei Mal am Tag. Danach soll es mit Rosenöl gesalbt und zart massiert werden, worauf Ohren, Nase, Kopf und Glieder durch sanftes Streichen geformt werden müssen, damit das Kind wohlgebildet ist. Auch das tägliche mehrmalige Streicheln über den Bauch hält der Autor für absolut notwendig. Des Weiteren werden die Mutterpflichten beim Zahnen des Kindes, beim Laufen- und Sprechenlernen, bei den verschiedensten Kinderkrankheiten ausführlich erläutert. Betont wird bei alledem noch, dass die Mutter keinesfalls schwer arbeiten, zu wenig schlafen oder missmutig sein darf, weil ihrem Kind sonst die Muttermilch entzogen werden könnte.[25]

Vergegenwärtigen wir uns die umfangreichen Haushaltspflichten, die der Mutter gleichzeitig mit aller Selbstverständlichkeit aufgeladen wurden – immerhin war sie für den gesamten Bereich der damals sehr aufwendigen Nahrungszubereitung ebenso wie für die Textilherstellung von der Gewinnung der Rohstoffe bis zur fertigen Kleidung zuständig, auch die Verarbeitung von Rindertalg zu Kerzen und die Seifenherstellung fielen in ihren Aufgabenbereich –, so müssen wir uns fragen, von welcher Realitätsblindheit die Verfasser solcher und ähnlicher Schriften befallen waren. Ganz offensichtlich haben sie Frauen als Übermenschen betrachtet, die all diese Pflichten mühelos bewältigen. Die Vermutung liegt allerdings nahe, dass die Autoren sehr wohl um die Überforderung der Frauen und damit die Unmöglichkeit wussten, diese Verordnungen zufriedenstellend zu verwirklichen. Vielmehr ging es eher darum, Müttern ständige Schuldgefühle einzupflanzen, weil sie nicht in der Lage waren, diese für ihre Kinder so segensreichen Gebote zu erfüllen. Eine Situation, mit der wir übrigens heute in ähnlicher Weise konfrontiert sind. Unsere gesellschaftlichen, politischen, kulturellen Verhältnisse, geprägt von Psychologie und Philosophie, suggerieren Müttern ununterbrochen, dass alles, was sie „In aller Liebe" (Schützenhöfer 2004) tun, falsch ist, dass sie zwar guten Willens, aber gegenüber diesen männlichen Ratgebern – deren Verfasser allerdings vom mütterlichen Alltag meist wenig bis keine Ahnung haben – Versagerinnen sind.

Auch für die frühe Neuzeit besitzen wir zu wenig Selbstzeugnisse von Frauen um feststellen zu können, inwieweit sich Mütter des Volkes, die ja meist weder lesen noch schreiben konnten, von dieser männlichen Erziehungsliteratur beeinflussen ließen. Tatsache ist, dass es damals Mutterschaft im heutigen Sinn nicht gegeben hat. Die Kinder wurden von vielen Personen gemeinsam aufgezogen, in bäuerlichen und Handwerkshaushalten früh in den Arbeitsprozess integriert oder als Arbeitskräfte zu wohlhabenden Bauern und Handwerkern geschickt. In gehobenen Schichten und im Adel hingegen lebten Kinder von ihren Eltern weitgehend isoliert zusammen mit Ammen, Hauslehrern und Erziehern, die allerdings mit ausführlichen Weisungen der Eltern versehen waren. Auch war die Frau, obwohl im bäuerlichen ebenso wie im Handwerksbetrieb grundsätzlich für das Innere des Hauses zuständig, keinesfalls darauf beschränkt. Sie verrichtete ebenso Feldarbeit und half bei der Ausübung des Handwerkes, wie der Mann Tätigkeiten innerhalb des Hauses besorgte. Eine Trennung von Wohn- und Arbeitsbereich gab es nicht.

Das änderte sich erst im 18. Jahrhundert, als vor allem im Bürgertum das „Ganze Haus" durch die „Familie" abgelöst wurde, die nun vorrangig aus Eheleuten und ihren Kindern bestand. Universitätsprofessoren, Gymnasiallehrer, Gewerbetreibende, Selbständige und Verwaltungsbeamte arbeiteten jetzt zunehmend außer Haus, während Frauen dessen Intimsphäre zugeteilt wurden. Da erwies es sich als praktisch, dass auf die bereits in der frühen Neuzeit ausgearbeiteten Hausfrauen- und Mutterschaftsideologien zurückgegriffen werden konnte, um die infolge einer weitgehenden Industrialisierung als Produzentinnen überflüssig gewordenen Frauen gänzlich auf Mutterschaft und Häuslichkeit zu fixieren.

Die Aufklärung findet ohne Frauen statt

Denn die vielgerühmten Ideen der Aufklärung von der Freiheit und Gleichheit aller Menschen hatten Gültigkeit lediglich für das eine, das männliche Geschlecht. Weil das Patriarchat immer auf der Ausbeutung der produktiven und reproduktiven Kräfte der Frauen beruhte und beruht, hätten die gleichen Forderungen für Frauen seinen Zusammenbruch bedeutet, und das wussten die honorigen Philosophen und Naturrechtler sehr wohl. Unter diesem Aspekt sind die gesamten aufwendigen Theorien von der Frau als dem schwachen, passiven, unterlegenen Geschlecht zu verstehen, das über eine geringere Geisteskraft verfüge, weshalb es auch vorzüglich zur „Gehilfin" des Mannes geeignet sei. Die Definition der Frau über Uterus und Gebärmutter ermöglichte darüber hinaus die Vorstellung einer weiblichen „Sonderanthropologie" (Honegger 1991), in der sie als Sklavin ihres Organs erscheint, als Getriebene, von unbestimmten Sehnsüchten, Lüsten und Begierden beherrscht. Die „sexualisierte" Frau, ihrer „sexuellen Erlösung" nicht mächtig, beschreibt der große französische Schriftsteller des 18. Jahrhunderts Denis Diderot, der als einer der „bedeutendsten Träger der europäischen Universalbildung" bezeichnet wurde,[26] folgendermaßen: „... Sie sind zwar äußerlich zivilisierter als wir; aber innerlich sind sie wahre Wilde geblieben, mindestens ganze Machiavellisten. Das Symbol der Frauen im allgemeinen ist das der Apokalypse, über der geschrieben steht: Mysterium."[27] Auch ein Dr. Bliss möchte im Jahr 1870 die gesamte weibliche Persönlichkeit ihren Ovarien unterordnen: „Die Eierstöcke ... sind die stärksten Kräfte bei allen Bewegungen ihres (der Frauen) Systems; ... auf ihnen beruht ihre intellektuelle Position in der Gesellschaft, ihre physische Perfektion und alles, was diesen feinen und delikaten Konturen Schönheit verleiht."[28] Kurz und bündig hingegen fasst es Rudolf Virchow, der berühmteste deutsche Arzt des 19. Jahrhunderts, zusammen: „Alles, was wir an dem wahren Weibe Weibliches bewundern und verehren, ist nur eine Dependenz des Eierstocks."[29]

Also schien es nur folgerichtig, wenn die Erziehung des jungen Mädchens gänzlich ihrer Gebärfunktion untergeordnet war. Weshalb ein Katalog von Vorschriften neuerlich (wir sehen, wie sich die Dinge wiederholen) die Frau auf diese ihre wichtigste Aufgabe einschwören und damit in ihrer physischen und psychischen Entwicklung einschränken möchte. Jedes „Übermaß" an Vergnügen ist ebenso verboten wie sportliche Betätigung, gehobene Schulbildung und geistige Anregung, denn das alles verhinderte eine möglichst problemlose und rege Fortpflanzungstätigkeit. „Übermäßige Gehirntätigkeit macht das Weib nicht nur verkehrt, sondern auch krank ... die modernen Närrinnen sind schlechte Gebärerinnen und schlechte Mütter ... Schützt das Weib gegen den Intellektualismus", meint der Leipziger Nervenarzt Paul Möbius noch 1901.[30]

Natürlich gab es gegen diese extremen Äußerungen entsprechende Gegenströmungen, schließlich hatte sich damals bereits die Erste Frauenbewegung formiert, die mit Zurückweisungen nicht sparte. Allerdings war vor allem die gemäßigte Frauenbewegung ebenso dem Muttermythos verfallen, wie er jetzt nicht nur die Erziehungsschriften, sondern auch die schöngeistige Literatur und sonstige Künste durchzog. Ab dem 18. Jahrhundert wurde Mutterschaft als Kompensation für die zahlreichen Einschränkungen und Behinderungen der Frau verklärt, gepriesen, pathetisch besungen. „O lege den Gedanken wie einen diamantenen Schild um Deine Brust: ich bin zu einer Mutter geboren! ... Dahin richte Dein heiligstes Bestreben! Das ist das einzige, was Dir die Erde einst verdanken kann", schrieb Heinrich von Kleist (1777–1811) an seine Verlobte.[31]

Beinahe ein Jahrhundert später sehen auch Feministinnen wie Victoria Woodhull und Tennessee Claflin die bedeutendste Aufgabe der Frau in der Mutterschaft, wenngleich sie in ihrer Interpretation immerhin nicht die einzige ist: „Es ist wahr, dass das besondere und eigentümliche Wesensmerkmal der Frau darin liegt, Kinder zu gebären ... Und es ist ebenfalls wahr, dass man sagen muss: Diejenigen, die durchs Leben gehen ohne diesen besonderen Grundzug ihrer Bestimmung zu erfüllen, haben das schönste Ziel des Frauenlebens nicht erreicht. Aber auch wenn man Mutterschaft stets als die heiligste Aufgabe betrachten soll ..., so soll ... doch nicht übersehen werden, dass es daneben verschiedene andere Bereiche gibt, wo die Frau ihre Fähigkeiten nutzbringend einbringen kann."[32]

Es ist diese Ideologisierung, die es Frauen heute noch schwer macht, mit dem Begriff Mutterschaft vorurteilsfrei umzugehen. Dass Frauen über Jahrhunderte den Wechselbädern männlicher Definitionen und Lehrmeinungen ausgesetzt waren und diese – wohl infolge ihres Ausschlusses von höherer Bildung – größtenteils willig verinnerlichten, hat eine grundsätzliche Desorientierung bewirkt, die heute noch nicht aufgehoben ist. Erst in jüngster Zeit haben Philosophinnen und Psychologinnen versucht, unter Einbezie-

hung des mütterlichen Alltags einen anderen – eigenen – Blickwinkel aufzuzeigen (siehe Kapitel VIII), aber immer noch fühlen sich Männer in
der Nachfolge Freuds bemüßigt, aus eigener Praxisferne heraus Mütter zu
schelten (siehe Schützenhöfer 2004).

Nachdem also im Mittelalter die Frau ermahnt wurde, die Liebe zu
ihren Kindern hinter jene zu Gott und zu ihrem Ehemann als Gottes Stell-
vertreter auf Erden zu stellen, und in der frühen Neuzeit das Bild der
emsig werkenden, dem Ehemann nach wie vor Gehorsam schuldenden
Hausfrau und Mutter propagiert wurde, begann im 18. Jahrhundert eine
Flut philosophischer und pädagogischer Schriften, die Frau auf eine jetzt
plötzlich vermisste Mutterliebe einzuschwören. Besonders das Stillen, bislang vor allem in höheren Kreisen wenig geschätzt, wurde zur heiligen
Mutterpflicht. Müttern, die nicht stillten, wurde kriminelles Verhalten vorgeworfen, sie würden mit allen möglichen Krankheiten, ja sogar dem Tod
bestraft werden. Trotzdem durfte die Frau nicht als selbständiges Subjekt
handeln, ihre Milch war lediglich ein „Gut, das die Mütter ... verwahren",
und Kinder hätten „jederzeit das Recht, es zu fordern".[33]

Die Instrumentalisierung der Frau im Interesse eines „volkreichen"
Staates ist auch heute zu beobachten. Sollen doch in einem angeblich aussterbenden Europa die gebärunwilligen Frauen nicht nur mit finanziellen
Zuwendungen zu mehr Nachwuchs ermutigt werden, sondern gleichzeitig
damit auch in die Familie zurückkehren, damit der Staat seine unbezahlten
Arbeitskräfte im Haushalt neuerlich erhöhen kann, weil ohne diese unsere
ganze Männergesellschaft ebenso zusammenbrechen würde wie vor zwei-
oder dreihundert Jahren. Auch die geforderte so genannte Vereinbarkeit
von Beruf und Familie gründet immer noch auf der Voraussetzung der all-
seits bekannten Doppelt- und Dreifachbelastung.

Den Widerspruch in den Ideen der Aufklärung zwischen der Freiheit des
Mannes und der Isolation und Abhängigkeit der Frau zu klären, waren die
Philosophen nicht verlegen, auch wenn diese Theorien ebenso plump und
lächerlich anmuten wie etwa die christliche Schöpfungsgeschichte. Auch
sie wurden nicht nur von Männern, sondern auch von Frauen übernommen
und geglaubt und wirken fort bis in die Gegenwart.

Die „Natur" der Frau

Vorerst einmal wurde die Natur bemüht, um diesen gravierenden Unterschied zu rechtfertigen. Die Natur wolle es so, und diese Natur wurde

festgemacht am weiblichen Fortpflanzungsorgan, das die Frau für alle Zeiten von „höheren" geistigen Weihen ausschloss, um sie in die „Niederungen" der Körperlichkeit einzuschließen. Das kennen wir bereits, neu an dieser Entwicklung ist allerdings eine besondere den Frauen zugestandene Sensibilität, eine Hervorhebung ihres Gefühls, die vor allem in der deutschen Romantik gepflegt wurde. Wir dürfen darin einen gewissen Fortschritt sehen, wenngleich dieses Gefühl in der allgemeinen Bewertung natürlich nicht die Bedeutung der vom Manne gepachteten Verstandeskraft erreicht, schließlich wurden Frauen allzu leicht von diesem Gefühl überrollt und waren dann nicht mehr „Herr" ihrer Sinne.

Neu war auch, dass diese an das weibliche Fortpflanzungsorgan gekoppelte Unterlegenheit jetzt nicht nur gottgefällig bzw. von Gottvater angeordnet war, sondern auch „wissenschaftlich bewiesen" werden konnte. Dass die Medizin im Hinblick auf die Konstruierung eines Frauen- und Mutterbildes immer mit Kirche und Staat zusammengearbeitet hat, wurde bereits erwähnt. Aber jetzt, durch die Anatomie und dabei vornehmlich durch den „geöffneten Frauenleib" mit neuen Kenntnissen ausgestattet, tat sie es besonders intensiv. Angebliche oder tatsächliche körperliche Eigenschaften der Frau wurden nicht nur dazu herangezogen, um ihre abhängige, von der Öffentlichkeit ausgeschlossene Lebensweise zu rechtfertigen, sondern auch um ihre psychische, geistige Unterlegenheit zu „beweisen".

„Daher empfindet der weibliche Körper den Schmerz nicht so heftig wie der männliche; jeder Muskel giebt nach, weicht aus, drückt sich zusammen. Wink, daß das Weib mehr zum stillen Dulden gemacht ist, daß in der Kraft zu dulden seine große Kraft liegt; daß es mehr als der Mann dulden kann und sich durch Ausweichen, Nachgeben, Zusammenziehen in sich selbst, durch Verschließen in sich selbst, seine Leiden erleichtern soll", meint etwa ein J. L. Ewald 1799 in seiner pädagogischen Schrift „Die Kunst, ein gutes Mädchen, eine gute Gattin, Mutter und Hausfrau zu werden". Und weiter: „Die Rippenknorpel des Weibes sind biegsamer, daher beweglicher, die Brust ausdehnbarer wie bey uns. Sie können tiefer athmen, mehr Luft auf einmal einsaugen. Alles ist eingerichtet, um ohne großen Schaden in der Stubenluft zu leben."[34]

Ob es auch ZeitgenossInnen gab, die solche und ähnliche Erkenntnisse komisch und lächerlich fanden, ist heute nicht mehr auszumachen, aber anzunehmen. Immerhin setzte sich bereits 1792 ein Theodor Gottlieb von Hippel in seiner brisanten Schrift „Über die Bürgerliche Verbesserung der Weiber" für die Gleichheit der Geschlechter in Ehe und Gesellschaft ein. Auch eine von der Französischen Revolution beeinflusste Mary Wollstonecraft forderte in ihrem Bestseller „A Vindication of the Rights of Women" Ähnliches. Allerdings war die Aufmerksamkeit, der sich diese AutorInnen erfreuen durften, von kurzer Dauer, erst die Frauenbewegung hat sie aus dem geschichtlichen Vergessen befreit. Die großen Dichter und Denker des Abendlandes hingegen, die unsere gesamte Kultur entscheidend prägten, wie Rousseau, Fichte, Humboldt, Hegel oder Diderot, haben ganz anders über Frauen gedacht. Rousseau, der bekanntlich mit seinem Erziehungsroman „Émile oder über die Erziehung" Generationen beeinflusste, hat dabei die Unterlegenheit der Frau ebenso als „Naturzustand" bezeichnet wie sämtliche anderen Autoren. Dieser Naturzustand bedeutete praktischerweise, dass sich die „ganze Erziehung der Frau ... auf den Mann beziehen (muss)" und dass sie „niemals aufhören" darf, „entweder einem Manne oder den Urteilen der Menschen unterworfen zu sein".[35]

Auch Fichte bemüht die Natur, wenn er das Geschlechterverhältnis folgendermaßen definiert: „Das zweite Geschlecht steht der Natureinrichtung nach um eine Stufe tiefer als das erste." Ausführlich widmet er sich 1796 in seiner „Grundlage des Naturrechts" der Unterwerfung der Frau in der Ehe, wobei diese nicht nur natürlich, sondern auch vernünftig ist und von der Frau selbst gewünscht wird: „Das Weib ist nicht unterworfen, so dass der Mann ein Zwangsrecht auf sie hätte; sie ist unterworfen durch ihren eignen fortdauernden nothwendigen und ihre Moralität bedingenden Wunsch, unterworfen zu sein. Sie dürfte wohl ihre Freiheit zurücknehmen, wenn sie wollte, aber gerade hier liegt es, sie kann es vernünftigerweise nicht wollen."[36]

Hegel hingegen bringt Altbekanntes, wenn er meint: „Der männliche Testikel ist das tätige Gehirn, der Kitzler ist das untätige Gefühl überhaupt."[37] Und auch Wilhelm Humboldts Beschreibung der Geschlechtsunterschiede ist nicht besonders originell: „Die zeugende Kraft ist mehr zur Einwirkung, die empfangende mehr zur Rückwirkung gestimmt. Was von der ersteren belebt wird, nennen wir männlich, was die letztere beseelt, weiblich. Alles Männliche zeigt mehr Selbstthätigkeit, alles Weibliche mehr leidende Empfänglichkeit."[38]

In ermüdender Eintönigkeit ergießen sich nun die Folgen dieser weiblichen „Sonderanthropologie", „wissenschaftlich" aufbereitet in zahllosen philosophischen, medizinischen und pädagogischen Schriften, über die Frauen. Wobei sich etliche Versuche, aufklärerische Ideen auch in das Geschlechterverhältnis einzuflechten, bei näherer Betrachtung als Scheinlösungen entpuppen. So ist jetzt statt der „Gehilfin" häufig von der „Gefährtin" des Mannes die Rede. Diese wurde neben den alten Pflichten nunmehr beauftragt, den Ehemann auch psychisch zu entlasten und „sein" Haus zu einer Stätte des „Friedens, der Freude und der Glückseligkeit" zu machen.[39] Auch wurde ihr, wenngleich das „gelehrte Frauenzimmer" ein Schreckbild war, der Zugang zu einer rudimentären, dem „weiblichen Charakter" angepassten Bildung gestattet, wobei die erlaubte Literatur natürlich durch den Vater oder Ehegatten zensuriert werden musste. Schließlich wollte das gebildete Familienoberhaupt keine strohdumme Gattin, sondern eine angenehme, die eigenen Bildungsziele unterstützende „Gefährtin". Allerdings unterlag diese der Vormundschaft des Ehemannes, der nicht nur über ihre Bildung und ihr Vermögen, sondern auch über ihre Mutterpflichten bestimmen konnte. So etwa wurde er im „Allgemeinen Landrecht für Preußen" 1794 beauftragt, die Stillzeiten seiner Ehefrau zu regeln. „Wie lange die Mutter aber dem Kind die Brust reichen solle", heißt es hier, „hängt von der Bestimmung des Vaters ab" (§ 184, Titel 2). Somit wurde selbst das Stillen, jetzt wieder eifrig propagiert, unter die Entscheidungsgewalt des Ehemannes gestellt.

Die Erziehungsfunktionen jedoch, die bislang vor allem dem Familienvater oblagen, verlagerten sich mehr und mehr in den Bereich der mütterlichen Aufgaben. Allerdings musste die erziehende Frau zuvor selbst erzogen werden, um den neuen Vorstellungen einer speziellen Kindheit, die eine gezielte Aufmerksamkeit erforderte, zu entsprechen. Und die Frauen des Bürgertums, denen durch die zunehmende Industrialisierung ihre Bedeutung als Produzentin genommen worden war, ergriffen freudig diese neue Aufgabe und arbeiteten dankbar mit an der Ausformung einer jetzt „aufgewerteten" Mutterschaft. Alternativen gab es keine. (Arbeiterfrauen hatten stets andere Probleme, aber auch diese sollten für das neue Hausfrauen- und Mutterbild gewonnen werden – mehr dazu siehe unten.)

Heuchelei und Mutterkult

Dass es sich allerdings auch bei diesem Mutterschaftsmythos im Grunde um Heuchelei handelt, erhellt ein Ausspruch Schopenhauers, nach dem sich „die Weiber" zu Pflegerinnen und Erzieherinnen der ersten Kindheit deswegen so gut eigneten, weil „sie selbst kindisch, läppisch und kurzsichtig, mit einem Worte: zeitlebens große Kinder sind – eine Art Mittelstufe zwischen dem Kinde und dem Manne, als welcher der eigentliche Mensch ist".[40]

Auch Joachim Heinrich Campe, dessen „Väterlicher Rath für meine Tochter" zu einem der meistgelesenen Bestseller wurde, hält für seine Tochter, die als eigentliche Adressatin gedacht war, vor allem desillusionierende Belehrungen bereit. Immerhin war der Jakobiner Campe, dessen Buch pikanterweise im Revolutionsjahr 1789 erschien, an den großen Ideen der Aufklärung geschult, weshalb ihm das Los der Ehefrau und Mutter, auf das er seine Tochter vorbereitete, besonders trostlos erscheinen musste. Trotzdem hält er an dieser „erbärmlichen Lage" des Weibes fest, ist sie doch naturbedingt und daher außerhalb jeder menschlichen Beeinflussung. Vielmehr ermutigt er seine Leserinnen, diese „drückenden Übel" mit den „allerunentbehrlichsten Tugenden" des weiblichen Geschlechts, als da sind „Geduld, Sanftmuth, Nachgiebigkeit und Selbstverläugnung", standhaft zu ertragen, um ihre „natürliche Bestimmung zu erreichen, das ist Gattin und Mutter zu werden". Schließlich sei „die Ehe ... das einzige, euch noch übrig gelassene Mittel, einen bestimmten Standort, Wirkungskreis, Schutz, Ansehen und einen höheren Grad von Freiheit und Selbständigkeit zu erhalten".[41] Dieser „höhere Grad an Freiheit und Selbständigkeit" in der Ehe erschöpft sich für ihn allerdings in einer – blumig beschriebenen – weiblichen Gefolgschaft, wobei er das Geschlechterverhältnis am besten im Gleichnis von der Eiche und dem Efeu versinnbildlicht sieht, „der einen Theil seiner Lebenskraft aus den Lebenskräften der Eiche saugt, der mit ihr in die Lüfte wächst, mit ihr den Stürmen trotzt, mit ihr steht und mit ihr fällt". Der Mann, so Campe weiter, ist also idealerweise „des Weibes Beschützer und Oberhaupt, das Weib hingegen die sich ihm anschmiegende, sich an ihm haltende und stützende, treue, dankbare und sorgsame Gefährtin und Gehülfin seines Lebens".

Auch Campe möchte die Frau und Mutter ganz auf den inneren Bereich des Hauses beschränken, zwar gesteht er ihr „Kräfte des Geistes und den Trieb zu gemeinnütziger Wirksamkeit" zu, da dieser jedoch „fast ohne Ausnahme mit Männern besetzt" sei, drohe ihr im Falle des kühnen Versuches, diese Kräfte verwirklichen zu wollen „ein demüthigendes Zurück", das sie „in den kleinen Kreis deiner, zwar an sich sehr wichtigen, aber von allen Seiten beschränkten und wenig bemerkbaren häuslichen Wirksamkeiten" verweise. Dieses ausführlich dargestellte „eigentliche Feld des weiblichen Geistes" erfordere keine umfassende Belesenheit, dafür aber

„wirtschaftliche Kenntnisse, Fertigkeiten und Geschicklichkeiten" ebenso die wichtigen weiblichen Tugenden „Reinheit des Herzens, ... Keuschheit und Schamhaftigkeit, ... Bescheidenheit" und „Befreiung von Eitelkeit". Als Lohn für diese demütige Zurückgezogenheit stellt Campe seinen Leserinnen inneren Frieden und Glück in Aussicht.[42]

Bezeichnend an diesem umfangreichen Katalog von Belehrungen und Anweisungen ist vor allem das Bemühen eines aufgeklärten, von Freiheit, Gleichheit und Brüderlichkeit ebenso wie von der Bedeutung einer umfangreichen Bildung überzeugten Pädagogen, Frauen ihre Unterprivilegiertheit schmackhaft zu machen und trotzdem die hehren Ziele der Aufklärung nicht zu verraten. Bemerkenswert ist auch der Zuspruch, den er von Frauen erfuhr – immerhin waren sie es, die seinen „Väterlichen Rath" zum Bestseller machten. Der krasse Unterschied zwischen weiblicher und männlicher Bestimmung und der totale Ausschluss der Frau von den Idealen der Aufklärung kommt in Campes „Theophron" zum Ausdruck, in dem er den Sohn auf das Leben vorbereitet: „... du darfst dein Haupt frey empor richten, brauchst vor niemand zu kriechen, und niemand wird es von dir verlangen. Unabhängigkeit! O wüßtest du schon jetzt, welch mannigfaltiges Glück durch dieses einzige Wort, welch mannigfaltiges Elend durch das Gegentheil deßelben ausgedrückt wird, du würdest nicht ruhen noch rasten, bis du dir recht große ausgebreitete Verdienste erworben, und deine Bedürfniße bis auf die wirklichen Nothwendigkeiten der Natur vereinfacht und eingeschränkt hättest."[43]

Allerdings: für die „Sittlichkeit" innerhalb der Familie ist die „sittsame", sich in Selbstbeschränkung übende Frau verantwortlich. Dass Erotik und Mutterschaft einander ausschließen, hat das Bild der Mutter bis herauf in das 20. Jahrhundert geprägt. „Die Spaltung des Frauenbildes, die Tragödie der Frau zwischen eigenem erotischen Leben und Mutterdasein"[44] hat Giovanni Segantini gegen Ende des 19. Jahrhunderts in seinem berühmten Bild „Böse Mütter" exemplarisch dargestellt. Die „gute Mutter", die der Madonnenikonografie folgt, und die „böse Mutter", eine wollüstige, verführerische, orgiastische Frau, bilden hier einen unauflöslichen Widerspruch. Während also dem Mann Freiheit – auch erotische Freiheit – für die Bildung seines Selbst eingeräumt wird, definiert sich die „vollkommene" Frau und Mutter über Sittsamkeit und „Selbstaufgabe" im Dienst anderer. Dass die Verurteilung der erotischen Mutter als „böse" für den Bestand der patriarchalen Familie notwendig war und ist, liegt auf der Hand.

Damit im Zusammenhang steht die Vorstellung von einer „heilen", auf den Innenraum bezogenen und von der Mutter und Hausfrau verwalteten Welt einerseits und der rauen und kalten Arbeitswelt des Mannes und Vaters andererseits, die nicht nur das gesamte 19. und 20. Jahrhundert geprägt hat, sondern die selbst noch im 21. Jahrhundert wirksam ist. Frauen und Mütter sind nicht nur nach wie vor überwiegend für die Kindererziehung verantwortlich, sie sollen auch in einer immer kälter, immer brutaler werdenden Gesellschaft Harmonie und Einigkeit in ihre Familien hineinzaubern, sie sollen Kindern in einer Welt, die von Leistungsdruck, Stress, Effizienz und Profit beherrscht wird, die nötige Liebe geben und eine kindgerechte Umgebung schaffen, und sie haben versagt, wenn sie dazu nicht im Stande sind. Was Frauen, was Mütter brauchen, ist in diesem Forderungskatalog ebenso wenig vorhanden wie in den vergangenen Jahrhunderten, ihre Bedürfnisse werden kaum gesehen, ihre Überforderung ist in gewisser Weise auch heute „naturbedingt" oder selbst verschuldet. Soll sie halt kein Kind kriegen, wenn sie das nicht schafft.

„Organisierte Mütterlichkeit"

Das Schlagwort „Mütterlichkeit als Beruf", das bereits im 17. Jahrhundert propagiert wurde, hat in der zweiten Hälfte des 19. Jahrhunderts eine neue Ausformung erfahren. Es wurde von der Frauenbewegung, die sich ab Mitte dieses Jahrhunderts gebildet hat, aufgegriffen, allerdings nicht, um Frauen auf den häuslichen Bereich festzunageln, sondern um sie ganz im Gegenteil in die Öffentlichkeit zu integrieren. Unter dem Schlagwort „Organisierte Mütterlichkeit" versuchte vor allem die gemäßigte Frauenbewegung, sich in gesellschaftliche Prozesse einzubringen, ohne männliche Konkurrenzängste zu provozieren und ohne ihre „weibliche Identität" zu verlieren. Gestützt auf das inzwischen fest verankerte Bild der Frau als Trägerin von Humanität, Sittlichkeit und einer besseren Gesellschaft, wollten Frauen durch ihre Tätigkeit diese Werte in eine durch die zunehmende Industrialisierung und durch einen damit verbundenen Verlust alter Werte immer unmenschlicher erscheinende Arbeitswelt einbringen. Der Begriff „Mütterlichkeit" sollte erweitert und als „natürlicher Beruf" der Frau nicht nur der Familie, sondern auch der Öffentlichkeit zugute kommen. Vor allem Sozialarbeit, die anfangs von wohlhabenden bürgerlichen Frauen rein ehrenamtlich betrieben wurde, bot sich hier als Tätigkeitsfeld an.

Diese als „Kulturaufgabe der Frau" betrachtete Liebesarbeit war allerdings nicht auf jene beschränkt, die Kinder geboren hatten, sondern bildete auch eine Perspektive für kinderlose Frauen, wurde doch Mütterlichkeit, die mit weiblicher Stärke assoziiert wurde, als eine allen Frauen gemeinsame Eigenschaft betrachtet.

Wir wissen, dass sich diese Vision, die mit großem Engagement und tiefer innerer Überzeugung vertreten wurde, nicht verwirklichen ließ. Denn spätestens mit der Professionalisierung der Frauensozialarbeit seit Beginn des 20. Jahrhunderts, die im Übrigen gegen erbitterten männlichen Widerstand erkämpft werden musste, führten Verstaatlichung und Bürokratisierung zu einer patriarchalen Vereinnahmung. Die durchwegs schlecht besoldeten Fürsorgerinnen wurden grenzenlos ausgebeutet, sie besaßen kein Mitspracherecht in den obersten Gremien, und ihre ursprünglich hehren Vorstellungen einer selbstlosen Liebesarbeit verkamen im täglichen Verschleiß im Umgang mit Elend, Not und tristen eigenen Lebensbedingungen. Weshalb die Zeitschrift „Soziale Berufsarbeit" im Jahr 1925 auch feststellen musste, „dass der Gesundheitszustand unserer Mitglieder ein erschreckend schlechter ist".[45] Dass weibliche Kulturleistung allein noch kein Gegenkonzept für das bürgerliche Patriarchat bietet, mussten Frauen desillusioniert feststellen.

Vom Schattendasein der Mutter in der Kunst des 18. und 19. Jahrhunderts

Interessant in diesem Zusammenhang ist allerdings, dass die allgemeine Hochstilisierung von Mutter und Mutterschaft in Literatur und Kunst wenig bis keinen Niederschlag fand. Renate Möhrmann hat das bürgerliche Trauerspiel des 18. Jahrhunderts und die Familiendramen und Rührstücke des Sturm und Drangs ebenso wie das bürgerliche Familienbild daraufhin untersucht und festgestellt, dass die Mutter in beiden ein merkwürdiges Schattendasein führt.[46] Weder die großen Dramatiker wie George Lillo, Gotthold Ephraim Lessing, Friedrich Schiller und Jakob Michael Reinhold Lenz noch die folgenden sozialen Dramen eines Gerhard Hauptmann oder Arthur Schnitzler haben Mütter in das Zentrum ihrer theatralischen Aufmerksamkeit gestellt. Dieses wird vielmehr von den Vätern besetzt, und wenn wir uns daran erinnern, dass die Entscheidungsgewalt des Familienoberhauptes bis in den intimsten Bereich mütterlicher Pflichten reichte, erstaunt das eigentlich nicht. Interessant ist im bürgerlichen Familiendrama die Mutter lediglich als Femme fatale wie etwa die laster-hafte, „wollüstige" und „gefährliche" Marwood in Lessings bürgerlichem Trauerspiel „Miß Sara Sampson". Als törichte, dumme, naive Mutter, wie in Schillers „Kabale und Liebe" oder Lessings „Emilia Galotti" ist sie eine Randfigur. Sehr viel ausführlicher widmen sich die Dichter den Töchtern, das Duo Vater/Tochter ist ein relativ häufiges Sujet.

Auch im Familienbild der bürgerlichen Malerei des 18. Jahrhunderts ist die Mutter zwar präsent, aber, wie Renate Möhrmann in ihren Analysen feststellt, stets als junge, blühende, von einer Kinderschar umgebene gebärfreudige Frau. Die Mutter im Drama hingegen steht an der Schwelle des Alters. Und hier finden wir auch eine Erklärung: die Darstellung der alternden Mutter, der Matrone stößt auf kein besonderes Interesse, sie wird entweder verunglimpft oder verschwiegen, wohingegen die junge Mutter in der Blüte ihres Lebens sehr viel reizvoller erscheint. „Wenn man nicht mehr gefallen kann, muß mans verstecken, dass man eine Frau ist", bringt es der Schriftsteller und Theaterleiter Heinrich Laube auf den Punkt.[47] Letztendlich allerdings erscheint auch die junge Mutter im Familienbild als entindividualisierte Person, wichtig nur aufgrund ihrer Gattungsfunktion.

Wahrscheinlich haben Dichter und Künstler in dieser Hinsicht ein realeres Bild geschaffen als die verklärenden Mutterideologen der Moralisten und Pädagogen, deren emphatische Anrufung eines Mutterideals nichts anderes war als der – misslungene –Versuch, Frauen für ihre tatsächliche Unterdrückung zu entschädigen, sich ihrer Dienstleistungen zu versichern und sie als Konkurrentinnen auszuschalten. „Auch das Mütterlichkeitsideal soll demonstrieren, dass es die Mutter nicht gibt. Dass die mütterliche ‚Normalität' darin besteht, nicht zu sein", meint Christina von Braun.[48]

Hysterie als „Genitalneurose der Frauen"

Wie haben Frauen auf diese ihnen zugewiesene gesellschaftliche Realität reagiert? Im 19. Jahrhundert kam es zum einen zum Protest „nach außen" in der Ersten Frauenbewegung, zum anderen aber auch zum Protest „nach innen", zur Selbstbeschädigung. Die „Krankheit Frau" erreichte in diesem Jahrhundert einen Höhepunkt, Frauen waren empfindlich, schwach, leidend und sie fielen ständig in Ohnmacht. Ein besonderes Phänomen allerdings war die damals als reine Frauenkrankheit begriffene Hysterie. (Erst als sich im Ersten Weltkrieg unter den schweren seelischen Belastungen ähnliche Symptome auch bei Männern zeigten, wurde diese Ansicht revidiert.) Ursprünglich hatte sie ihren Sitz in der Gebärmutter (siehe dazu Kapitel IV), später wurde sie teilweise aus einer erhöhten Reizbarkeit des weiblichen Nervensystems abgeleitet, wobei allerdings Gebärmutter und Eierstock nach wie vor eine wichtige Rolle spielten. Der aufklärerische Kliniker Philippe Pinel hat an der Wende vom 18. zum 19. Jahrhundert die Hysterie als „Genitalneurose der Frauen" bezeichnet, und der berühmte französische Nervenarzt Jean Martin Charcot machte zwar nicht mehr die Gebärmutter, dafür aber den Eierstock für Hysterie verantwortlich. Schließlich waren inzwischen durch die Entdeckung des weiblichen Eis durch Karl Ernst von Baer die Ovarien zum Kristallisationspunkt der weiblichen Psycho-Physiologie geworden.

Im 20. Jahrhundert schließlich hat Freud neuerlich sexuelle Faktoren zum Ausgangspunkt der Hysterie erklärt. Das ist nicht weiter erstaunlich, wenn wir uns die jahrhunderte- bzw. jahrtausendelange Fixierung der Frau auf ihre Gebärmutter, auf ihre reproduktiven und damit auch sexuellen Eigenschaften vergegenwärtigen. Die vorherrschende Auffassung, dass „nur der Uterus die Frau zu dem macht, was sie ist" (Johan Baptista van Helmont, 1579–1644),[49] die dann in der zweiten Hälfte des 19. Jahrhunderts durch Virchow dahingehend ergänzt wurde, dass sich durch die Ovarien das Frausein bestimmen lasse, musste zu der Ansicht führen, dass diese rätselhafte, schockierende und vornehmlich Frauen befallende Krankheit ihren Sitz in den Fortpflanzungsorganen hat.

Die weibliche Hysterie war im 19. Jahrhundert tatsächlich ein auffallendes Phänomen. Sie äußerte sich nicht nur in Depressionen, Nervosität, abwechselndem Weinen und Lachen, in Schmerzen, Spannungen und Herzklopfen, sondern auch in Erstickungsanfällen, einem schlagartigen Verlust des Hör- und Sehvermögens, Lähmungen und einer todesartigen Trance, die Stunden, oft auch Tage dauern konnte. Behandelt wurde mit Elektroschocks, dem Auflegen von Zugpflastern, vielfältigen Operationen und sogar Amputationen. Da häufig Masturbation als Ursache von Hysterie betrachtet wurde, kam es vermehrt zur Klitorisbeschneidung. Außerdem wurden diese Frauen von Charcot, Professor an der Klinik für Nervenkrankheiten in Paris, dem berühmt-berüchtigten „Hospice de la Salpêtrière", als wissenschaftliche Schauobjekte benutzt. Die eigentlichen Ursachen blieben unerkannt, und obwohl Ärzte feststellten, dass nervöse und hysterische Leiden vor allem bei jenen Frauen auftraten, denen die häufigen Schwangerschaften, Kinderpflege und Haushaltspflichten zu viel geworden waren, wurde diese Erkenntnis offenbar nicht weiter verfolgt.

Heute gehen viele PsychologInnen von einer – unbewussten – Revolte aus, bot doch Krankheit die oft einzige Möglichkeit, aus einer Situation auszubrechen, die als untragbar empfunden wurde. Die hysterische Frau hörte auf, in der Familie zu funktionieren, sie war keine sich aufopfernde Mutter, Ehefrau oder Tochter mehr. Das Hauswesen wurde ihren Bedürfnissen angepasst, jetzt war sie es, die in der Familie dominierte. Manchmal, so berichten verärgerte und ratlose Ärzte, hat sie diese Macht auch genossen.[50] Dass Frauen ihre Aggressionen vielfach in dieser Weise gegen sich selbst wandten, sich selbst beschädigten und verkrüppelten, ist allerdings Ausdruck ihrer totalen Überforderung ebenso wie ihrer Unsichtbarkeit, ihrer Ich-Losigkeit, zu der vornehmlich Mütter auch heute noch vielfach verurteilt werden.

„Hausfrauisierung der Arbeiterfrau"

Der in bürgerlichen Kreisen entstandene Hausfrauen- und Muttermythos schien so attraktiv, dass er auch die Arbeiterschichten erreichen sollte, die sich nach dem allgemeinen Prozess der Industrialisierung gebildet hatten. Das erwies sich jedoch als schwierig, lag doch das Problem der Arbeiterfrau nicht in der Suche nach einem neuen Daseinszweck, sondern bei ihr ging es schlicht und einfach ums Überleben, und das meist unter schwierigsten Verhältnissen. Die Situation der Kinder in den Arbeitervierteln war tatsächlich erbärmlich, sie blieben häufig unversorgt, bestenfalls wurden sie von älteren Frauen, Pflegeeltern oder in Kinderbewahranstalten beaufsichtigt. Oft übernahmen auch ältere Kinder die Obhut über die Kleinen. Säuglinge wurden an ihre Bettchen angebunden, vielfach auch mit Alkohol ruhig gestellt. Das Kinderelend war ungeheuer, die Säuglingssterblichkeit groß. Aber statt hier durchgreifende gesellschaftspolitische Maßnahmen zur Verbesserung der Situation zu setzen, wurden wieder einmal Frauen dafür verantwortlich gemacht.

Dass die Fabrikarbeiterin mit einem damals oft noch 14-stündigen Arbeitstag bei geringem Lohn keinen ordentlichen Haushalt führen und ihre Kinder nicht nach den – von bürgerlichen Männern aufgestellten – Erziehungsregeln großziehen konnte, wurde eingesehen. Doch sollte es ihr eine sparsame Haushaltsführung ermöglichen, auf Erwerbsarbeit zu verzichten und damit in ihren „natürlichen Beruf" einzutreten, wie

Pädagogen und Mediziner unermüdlich predigten. Dass es oft nichts mehr zu sparen gab, blieb diesen Theoretikern offenbar verborgen, ganz im Gegenteil wurde der Arbeiterfrau häufig auch noch die Schuld an der Verelendung des Proletariats aufgebürdet: „Worin liegt der Grund für so viele traurige Familienverhältnisse? ... Warum kehrt so mancher Mann seinem Heime den Rücken und sucht ein Wirtshaus auf? Warum wachsen so viele jämmerliche Kinder auf? Warum muss so manche Familie sich in den engsten Verhältnissen einschränken? Warum ist für Krankheitsfälle oder andere schlechte Zeiten kein Notgroschen da? ... Meistenteils, weil die Hausfrau, das Mädchen, nicht zu wirtschaften versteht, weil sie nicht das Einkommen mit den täglichen Ausgaben in ein richtiges Verhältnis zu bringen versteht",[51] meint mit kaum zu überbietender Ignoranz ein Pädagoge 1908.

Dass sich das Hausfrauen- und Mutterideal in diesen Schichten allerdings nicht durchsetzen ließ, mussten allmählich nicht nur die um eine Einschränkung der außerhäuslichen Erwerbsarbeit bemühten kirchlichen und sozialen Vereinigungen erkennen, sondern das wurde auch der gemäßigten Frauenbewegung klar, die sich in der Folge eher um eine bessere Bildung der Arbeiterfrauen bemühte.

„Heldenmütter" im Nationalsozialismus

Dass die ungeheuer zynische, frauen- und menschenverachtende Vereinnahmung der Mutter durch den Nationalsozialismus vor allem am Beginn auch von Frauen selten erkannt wurde, ist auf den damals bereits über zweihundert Jahre alten Muttermythos zurückzuführen, der lediglich neu belebt werden musste. Wenn Hitler Mutterschaft als den „höchsten Beruf der Frau" pries und die Frau als „Trägerin des ewigen Lebens", „Hüterin der Nation" und „lebenserhaltende und fortgebärende Kraft", so benutzte er vertraute Bilder. Allerdings wurden jetzt die bislang eher verschleierten Beweggründe für diese „Aufwertung" der Mutterschaft direkter und offener geäußert: Kinder für eine „starke Nation", Söhne für „Führer, Volk und Vaterland" und schließlich „Heldenmütter", die auch noch stolz zu sein hatten, wenn sie ihre Kinder opfern durften.

„Dein Körper gehört der Nation"[52] – in dieser Deutlichkeit wurde die Ent-Leiblichung der Frau, der Verzicht auf Kontrolle ihrer reproduktiven Kräfte noch nie gefordert. Aber neu war diese Unterwerfung unter die Bedürfnisse des Staates, des Volkes, des Ehemannes nicht, sie ist auch in vielen Ländern bis heute nicht aufgehoben. Ebenso wenig wie die gegenteilige Zwangslage: die Einschränkung, die Verhinderung ihrer reproduktiven Fähigkeiten wurde nicht nur an Frauen ohne Ariernachweis im Dritten Reich vollzogen, sondern wird auch heute an Frauen der so genannten Dritten Welt praktiziert, deren Nachwuchs unerwünscht ist.

Von der Erziehung der Erzieherin

Die Erziehung der Frau zur Hausfrau und Mutter schloss auch ihre Belehrung als Erzieherin ihrer Kinder ein. Wie sehr auch Erziehung als „Schöpfung durch den Mann, geistige Zeugung" verstanden wurde und wird, haben Christine Holzkamp und Gisela Steppke analysiert.[53] Sie stoßen bei ihren Untersuchungen der Geschichte der Erziehung auf pädagogische Strategien und Techniken, die in verschlüsselter Form Männerphantasien widerspiegeln. Neben Beziehungen zwischen Pädagogik, Kolonialismus und Krieg fanden sie männliche Symbolik vor allem in den religiösen Wurzeln der Pädagogik, die insofern Bedeutung haben, als sehr viele Pädagogen des 18. und auch 19. Jahrhunderts Geistliche gewesen sind. Die Verdrängung des Weiblichen aus der christlichen „Schöpfungsgeschichte", die Vorstellung vom sündhaften, mit dem Makel der Erbschuld versehenen Leib der Frau und die „Erlösung" des Menschen durch den Opfertod eines männlichen Gottes habe – so die Autorinnen – auch die Pädagogik beeinflusst. Erziehung, so ein Autor des 19. Jahrhunderts, sei „Zeugung auf einer höheren Stufe als die natürliche Zeugung zur Fortpflanzung des organischen Wesens", daher ist auch „der Mann vorzugsweise Erzieher, das Weib Ernährerin, Pflegerin; denn der Mann ist Repräsentant des (schaffenden) Geistes, das Weib Repräsentantin der (passiven) Natur".[54] Die Erziehungs- und Belehrungssucht des Mannes, wie sie uns in der gesamten patriarchalen Geschichte entgegentritt (und keinesfalls beendet ist), dürfte damit eine Erklärung gefunden haben.

Während sich jedoch im gesamten 18. und 19. Jahrhundert vornehmlich Pädagogen und Ärzte darum bemühten, die Frau/Mutter als Erzieherin im rechten Sinne zu erziehen, ist es seit Freud die Psychologie, die hier die erforderlichen Maßstäbe setzt (siehe Kapitel VIII). Wobei diese – neue – Erziehungsfunktion der Frau, die als Erweiterung des weiblichen Tätigkeitsfeldes begriffen wurde, gleichzeitig dazu diente und dient, Mütter an das Haus und die Kinderstube zu fesseln.

Begründet wurde die plötzlich entdeckte, besondere Eignung der Mutter zur Erzieherin ihrer Kinder wiederum mit ihrer Natur, wie es etwa der bekannte Pädagoge Johann Heinrich Pestalozzi (1746–1827) unmissverständlich formuliert: „Ich möchte sagen: die Mutter ist befähigt, und zwar von ihrem Schöpfer selbst befähigt, die wichtigste Triebkraft in der Entwicklung des Kindes zu werden. Der glühendste Wunsch für sein Wohlergehen ist schon in ihr Herz eingepflanzt."[55]

Wir wundern uns inzwischen nicht mehr, wie unbekümmert und mit welcher Selbstverständlichkeit Männer Frauen/Müttern vorschrieben (und vorschreiben), was und wie sie zu fühlen hatten/haben (noch wenige Jahrhunderte zuvor lauteten diese Maßregeln gänzlich anders). Aber auch jetzt ging es mit diversen widersprüchlichen Anleitungen munter weiter. Während die berühmten Pädagogen Pestalozzi und Friedrich Wilhelm August Fröbel (1782–1852) noch von Liebe sprachen, wurde in der Folgezeit daraus „Aufopferung", „strenge Ordnung" und vor allem „Pflicht", wie es Friedrich von Ammon 1827 formuliert: „Verbindet eine Mutter bei dem Aufziehen ihres Kindes vernünftige Grundsätze in der Wahl der ihrem Kinde zukommenden Nahrungsmittel mit Reinlichkeit und diese mit strenger Ordnung, pflegt sie mit eigener Aufopferung ihr Kind, und überläßt sie die Abwartung nur im Nothfalle einer fremden Hand, so wird ... das Gedeihen ihres Kindes sie für tausend Opfer, für tausend Beschwerden süß und reichlich belohnen." Vorgeschrieben werden auch hier entsprechende mütterliche Gefühle, denn „wehe der Mutter, die sich nicht in jedem Verlangen des Säuglings nach ihrem Busen, in dem sichtbaren Wachstum des Kindes, in dem Lächeln nach dem Genusse, in dem Suchen seiner Händchen für die Beschwerden zehnfach belohnt fühlt". Sie verstößt gegen „das Element des Weibes". Denn so, wie jede Pflichterfüllung ihren Lohn, trägt auch „jede Pflichtversäumnis ihre Strafe in sich selbst".[56]

Neben den Pädagogen waren es die Ärzte, die – ähnlich wie heute – mit ständig wechselnden Erziehungsvorschriften aufwarteten. Die Frühfeministin Fanny Lewald etwa berichtet von einer plötzlich ausbrechenden „orthopädischen Epidemie", die in beinahe jedem Kind irgendeine Verkrümmung feststellte, sie an Streckbetten schnallte oder in orthopädische Anstalten einwies. Und Helene Lange (geboren 1848) empört sich über neu in Mode gekommene Abhärtungsmaßnahmen, nach denen die Kinder jedes Mal, wenn sie aus der Schule kamen, mit einem Eimer kaltem Wasser übergossen wurden.[57]

Im 20. Jahrhundert setzte sich die Serie verschiedener Erziehungskonzepte fort. Die Psychologisierung der Mutter-Kind-Beziehung nahm in den USA ihren Anfang, wo jetzt allerdings neuerlich vor einer Verhätschelung der Kinder gewarnt wurde. Mütterliche Zärtlichkeit wird wiederum als Schwäche bezeichnet und als schädlich für die gesamte spätere Kindheit. Eindringlich warnt der prominente Psychologe John B. Watson in den zwanziger Jahren vor dem „gefährlichen Instrument" der Mutterliebe. „Ein Instrument, das eine niemals heilende Wunde schlagen kann, eine Wunde, die eine Kindheit unglücklich, die Jugend zum Albtraum macht, ein Instrument, das das Berufsleben deines erwachsenen Sohnes oder der Tochter ebenso wie ihre Chancen einer glücklichen Ehe vernichten kann." Weshalb er der Mutter folgende Verhaltensweisen empfiehlt: „... Umarme und küsse sie (die Kinder) niemals, lass sie niemals auf deinem Schoß sitzen. Wenn du es musst, dann küsse sie einmal auf die Stirn, wenn sie Gute Nacht sagen. Gib ihnen am Morgen die Hand ..."[58]

Was uns heute Kopfschütteln bereitet, hat allerdings in Europa nicht wirklich gegriffen. Immerhin ist jedoch der damals geprägte Begriff der „overprotective mother", der überfürsorglichen Mutter, auch bei uns ein Schlagwort geworden. Er geht auf D. M. Levy zurück, der 1957 in einer 5. Auflage seine Ergebnisse einer Längsschnittuntersuchung an 20 amerikanischen Kindern veröffentlichte, die angeblich unter überbehütenden Müttern litten. Seine Typologie erlebte in den USA einen ungeheuren Boom und führte zu einer Karikatur der amerikanischen Mutter. Daraus entstand eine Bewegung, die in der Veröffentlichung von E. A. Strecker „Their mothers son" gipfelte, die zu einem Bestseller wurde. Die Depressionen und psychischen Leiden der amerikanischen Soldaten im Zweiten Weltkrieg seien, so Strecker, nicht etwa auf die Kriegsereignisse, sondern auf die überfürsorglichen Mütter zurückzuführen, die ihre Söhne daran hindern würden, „richtige Männer" zu werden. Eine absurdere Verdrehung eigentlicher Tatsachen und gleichzeitig Schuldzuweisung an Mütter lässt sich kaum vorstellen.

Allerdings ließ eine Gegenbewegung auf derartige Entgleisungen nicht lange auf sich warten. Noch während des Zweiten Weltkrieges verbreitete der Kinderarzt und Kinderanalytiker Donald W. Winnicott in seinen berühmten BBC-Sendungen das Bild der „ordinary devoted mother", der „normal hingebungsvollen Mutter", das vom Psychoanalytiker und Psychiater Bowlby weiterentwickelt wurde. Jetzt war es wieder „für die seelische Gesundheit des Kindes überaus wichtig, in den ersten Lebensjahren eine warme, intensive und beständige Beziehung zu seiner Mutter zu erleben".[59] Winnicott, der sich neuerlich in hymnischen Beschreibungen der einzigartigen Bedeutung der Mutterliebe ergeht, prägte unter anderem den Begriff „primäre Mütterlichkeit". Damit bezeichnet er einen „Zustand erhöhter Sensibilität" der Mutter während der Schwangerschaft und auch noch mehrere Wochen nach der Geburt, den er mit einer Krankheit vergleicht. Indem er das gesamte Gedeihen des Kindes von der mütterlichen Fähigkeit zu diesem sensiblen Zustand abhängig macht, bürdet er der Mutter eine ungeheure Verantwortung auf, die zwingend zu Schuldgefühlen führen muss. Denn wehe, wenn sie diese „primäre Mütterlichkeit" nicht aufbringt. Nicht nur die „Lebenskraft" des Kindes, sondern später auch die Kraft zu sterben hängen davon ab.[60] Winnicott wurde nicht nur in den USA, sondern auch in England, Frankreich und Deutschland eifrig gelesen.

Eine ähnliche Richtung beschreiten die amerikanischen Pädiater Marshall Klaus und John Kennell, die 1976 ihr aufsehenerregendes Werk „Maternal-infant-bonding" veröffentlichten, in dem aufgrund wissenschaftlicher Beweise unmittelbar nach der Geburt eine „sensitive Periode" festgestellt wurde, die entscheidend für die weitere psychische und kognitive Entwicklung des Kindes sei. Dass die beiden Autoren in den achtziger Jahren nach neuerlichen Untersuchungen mit gegenteiligen Ergebnissen diese „Beweise" für hinfällig erklären mussten und öffentlich bedauerten, dieses Buch jemals geschrieben zu haben, wirft vor allem ein bezeichnendes Licht auf die allgemeine diesbezügliche Wissenschaftsgläubigkeit.[61]

In Deutschland war in den fünfziger Jahren einer der Gurus, die sich auf mütterliches Verhalten spezialisiert hatten, Dr. Otto Speck, der seine keinesfalls originellen Bedenken gegen weibliche Erwerbstätigkeit (gleichgültig, ob es sich um alleinstehende oder verheiratete Frauen mit oder ohne Kinder handelt) äußert, weil dadurch „bestimmte ... Wesenselemente der Frau ... zu kurz kommen".[62] Hingegen führt Rene Spitz unter anderem die gelegentlich nach der dritten Lebenswoche auftretenden so genannten Dreimonatskoliken auf mütterliche Überbesorgtheit zurück.

Interessant ist in diesem Zusammenhang, dass weder Bowlby noch Winnicott noch Spitz Erfahrungen mit tatsächlichen Mutter-Kind-Beziehungen hatten, sondern sich ausschließlich auf wissenschaftliche Forschungen an Affen und Kindern in Heimen beschränkten. Wie brüchig diese „wissenschaftlichen Erkenntnisse" sind, wie sehr sie abhängen von kulturellen Verhaltensmustern, wie sehr sie Frauen verunsichern mussten, weil Liebe, Gefühle nicht zu analysieren sind, darauf haben Psychologinnen, Soziologinnen und Ärztinnen seit den siebziger Jahren des 20. Jahrhunderts vermehrt hingewiesen. Sie stellen diese Methoden zunehmend in Frage und konzentrieren sich auf eigene Erfahrungen von Frauen, die ein völlig neues

Licht auf Mütter, ihren Alltag und ihre Probleme werfen. In diesen Untersuchungen, Interviews, Berichten ist viel von dem Spagat die Rede, den Mütter zwischen der Liebe zu dem Kind und der Verantwortung gegenüber sich selbst bewältigen müssen, von Überforderung und daraus resultierenden negativen Gefühlen. Es erfordert immer noch einigen Mut, sich dazu zu bekennen. Aber es tut nach so viel Heuchelei, nach so viel fremdbestimmten Disziplinierungsmaßen manchmal richtig gut.

VIII. Der Muttermord in der Psychoanalyse

Freuds zentrale These des Ödipuskomplexes, die besagt, dass der Sohn bereits als Knabe die Mutter begehrt und damit zum Rivalen des Vaters wird, orientiert sich an der Ödipussage, die mit dem Vatermord endet. Freud sieht darin einen Urkonflikt, den der zivilisierte Mann nur durch Triebverzicht und Identifikation mit dem väterlichen Über-Ich bewältigen kann.

Tatsächlich jedoch ist es der „Muttermord", der Wunsch nach einer mutterlosen Gesellschaft, der so wie in der gesamten abendländischen Kultur und Geschichte auch in der Psychologie seit Freud zum Ausdruck kommt. Die französische Philosophin Luce Irigaray spricht in diesem Zusammenhang von „einem ursprünglichen Mord, der eine Kultur stiftet, die nicht die unsere ist", und sie fordert Frauen auf, sich „aus einer Wahn-Welt zu befreien, die in Wirklichkeit nicht die unsere ist".[1] Wobei es nach all dem Gesagten keinesfalls mehr verwundert, dass dieser „Mord" nach Jung als „Kulturfortschritt" und als „weltschöpferische Befreiungstat des Logos" gefeiert wird.[2]

Mütter sind bei Freud kaum erwähnenswert, sie gehören zum „dunklen Kontinent" und fallen unter das „Rätsel Weib". Seine Theorie vom Ödipuskomplex – den die Psychologin Christa Rohde-Dachser einen „patriarchalen Mythos" nennt[3] – macht das sehr deutlich: Wichtig dabei ist vor allem, dass sowohl der Sohn als auch die Tochter das „Gesetz des Vaters" erfüllen. Was so viel bedeutet, dass sich beide nach einer anfänglichen, auch von Freud eingeräumten starken Liebe zur Mutter von dieser entfernen müssen, wobei „die Abwendung von der Mutter ... im Zeichen der Feindseligkeit" zu geschehen hat, „die Mutterbindung geht in Hass aus".[4] Der Sohn, so Freud, gibt unter dem Druck der vom Vater ausgehenden Kastrationsdrohung seine inzestuösen Wünsche auf, um sich mit dem Vater und dessen Kultur zu identifizieren. Die Tochter hingegen, die nach der schicksalhaften Entdeckung, dass ihr das wichtige männliche Organ fehlt, diese Minderausstattung der Mutter anlastet, wendet sich ebenfalls von dieser ab und dem Vater zu, von dem sie sich einen Penis und später, als Ersatz, ein Kind erhofft. Durch die Geburt eines Kindes, nach Freud „am besten ein Knäblein"[5], findet sie dann zu ihrer eigentlichen Berufung, nämlich der Mutterschaft. Ausschlaggebend für diese Entwicklung ist natürlich der Penisneid, der auch für diverse charakterliche Defizite der Frau wie etwa ihre mangelnde Sublimierungsfähig verantwortlich ist. „Die soziale Ordnung, unsere Kultur und selbst die Psychoanalyse wollen es so", meint Luce

Irigaray. „Die Mutter muss verboten bleiben, ausgeschlossen. Der Vater verbietet das Körper-an-Körper-Sein mit der Mutter."[6]

Auch Rohde-Dachser stellt in ihren Analysen fest, dass trotz Abwandlung und teilweiser Ablehnung der Lehre Freuds immer noch sehr viel davon in der klassischen Psychoanalyse enthalten ist. Vor allem die Notwendigkeit der Trennung von der Mutter ist Kernstück psychotherapeutischer Behandlungen. Wie die Mutter damit fertig wird, verdient wenig Aufmerksamkeit. Ihre Bedürfnisse, ihr Wohlergehen, ihre Überforderungen und Probleme interessieren auch in der gegenwärtigen androzentrischen Gesellschaft wenig. Vom „Elend unserer Mütter" spricht Luisa Muraro und sie meint, dass es der Feminismus bislang versäumt hat, „eine weibliche Kultur der Liebe zur Mutter" einzufordern.[7] Vielmehr geht es nach wie vor darum, die wichtigste Beziehung überhaupt, nämlich das Band zwischen Mutter und Kind, das den Kern jeder menschlichen Existenz bildet, zu zerschlagen. Ein Bestreben, das auch in der Gen- und Reproduktionsmedizin, in der schrittweisen Herauslösung des Embryos aus dem Mutterleib und in einer Verselbständigung des werdenden Lebens, das jetzt unter dem Schutz des Staates steht, zum Ausdruck kommt.

Die „furchtbare Mutter"

Die Notwendigkeit dieses „Muttermordes" wird stets mit einer übermächtigen, klammernden und daher angsteinflößenden Weiblichkeit gerechtfertigt. Diesem Bild der „furchtbaren Mutter" begegnen wir in der gesamten Geschichte des Patriarchats, aber kaum jemand hat es so deutlich formuliert wie Erich Neumann in seinem bekannten Werk „Die große Mutter" (1956): „So wird der Schoß der Erde zum tödlich zerreißenden Maul der Unterwelt, und neben dem zu befruchtenden Schoß und der schützenden Höhle der Erde und des Berges klaffen der Abgrund und die Hölle, das dunkle Loch der Tiefe, der fressende Schoß des Grabes und des Todes, der lichtlosen Dunkelheit und des Nichts. Denn dieses Weib, welches das Leben und alles Lebendige gebiert, ist zugleich auch die alles wieder Fressende, und in sich Einschlingende, die ihre Opfer jagt und mit Schlinge und Netz einfängt ... Dieses furchtbare Weibliche ist die gierige Erde, welche ihre eigenen Kinder frisst und sich mit ihren Leichen mästet ..."[8]

Wir können nicht umhin, diese Vorstellung der fressenden, verschlingenden, aggressiven „bösen Mutter" (ein Gegenstück zur „guten Mutter", die ebenso einseitig und einschränkend erscheint) als tief neurotisch zu bezeichnen. Ausdruck einer Kultur, in der es stets um den Ausschluss, um die Verächtlichmachung des Weiblichen ging, das sich auf diese Weise sozusagen durch eine Hintertür in verzerrten Dimensionen eingeschlichen hat. Schon in der griechischen Sage vom Muttermörder Orest sind es die Erinnyen, wilde, kreischende Racheweiber, die Orest für seine Bluttat bestrafen. Die Rache der gedemütigten, vergewaltigten, herabgewürdigten Frau führt zu übersteigerten Phantasien des Mannes, der seine Schuldgefühle auf diese Art und Weise abladen will.

Diesen irrealen Phantasmagorien stehen die realen, männlich initiierten Gefahren unserer Welt gegenüber, die zahllosen Kriege mit Millionen Toten, die Profitgier und ein daraus resultierendes ausbeuterisches Wirtschaftssystem, das ebenso viele Hungertote zur Folge hat, eine Verwüstung unseres Planeten, ein Sterben der Tiere. Diese Gesellschaft haben nicht Frauen geschaffen, auch wenn sie mehr und mehr daran partizipieren. Das vom Mann phantasierte mütterliche Ungeheuer liefert allerdings eine ständig erneuerte Rechtfertigung, dieses Schreckbild zu bekämpfen und in Schach zu halten. „Das Bild der ‚furchtbaren Mutter' legitimiert so grundsätzlich immer auch das Patriarchat, die Herrschaft des männlich-väterlichen ‚Prinzips'", meint Rohde-Dachser.[9]

Freud geht in seinen Theorien von der Situation der patriarchalen Kleinfamilie gegen Ende des 19. Jahrhunderts aus. Seine sämtlichen die Frau betreffenden Lehrmeinungen sind darüber hinaus ein getreues Spiegelbild einer patriarchalen Kultur. Wichtig in diesen Thesen sind Vater und Sohn als Träger dieser Kultur – Mutter und Tochter sind sekundär. Weil der Frau ein starkes Über-Ich fehlt – das der Mann infolge seiner Kastrationsfurcht durch Sublimierung bilden muss –, trägt sie auch nichts zur Kultur bei. Schließlich ist sie – nach uraltem Muster – auf ihre sexuell-reproduktive Existenz beschränkt, und das ist auch notwendig, denn sonst ist sie keine richtige Frau. Abartig sind Frauen in der Sicht Freuds aber nicht nur, wenn sie ihre reproduktive Rolle verweigern oder sich sexuell dem Mann versagen (wozu auch lesbische Frauen gehören), sondern auch, wenn sie „männliche" Ziele verfolgen wie etwa eine unabhängige Lebensweise oder den Besuch einer Universität. Weiblicher Protest war in seinen Augen ein vergeblicher Kampf gegen die eigene Natur, ein Männlichkeitskomplex, Unreife oder Penisneid.

Es ist erstaunlich, wie kurzsichtig und beschränkt sich der große Schöpfer der Psychoanalyse in dem Augenblick erweist, in dem es um Frauen geht. Obwohl der junge Freud noch Sexualunterdrückung für die

„intellektuelle Inferiorität so vieler Frauen" verantwortlich macht[10] und auch gesellschaftliche Faktoren berücksichtigt, spielen diese Überlegungen in seinen reifen Jahren keine Rolle mehr. Er hat in dieser Zeit die Symptome seiner Patientinnen, die sich bei ihm auf die Couch legten, nicht als Folge von Diskriminierung und einengenden Lebensumständen begriffen, sondern als Symptome einer spezifisch weiblichen psycho-physischen Befindlichkeit. Wenn sich die Frau dieser „Weiblichkeit" widersetzt, lädt sie Schuld auf sich, die in eine Neurose mündet. Wieder ist sie Eva, die für die Erbschuld büßt. Freud hat patriarchale Strukturen nicht hinterfragt – er hat sie vielmehr verfestigt.

Dazu gehört auch seine Ansicht, dass die Frau ihre Sexualität von der Klitoris auf die Vagina verlagern muss, um zu einer „normalen" und „reifen" Sexualität zu gelangen. Und das, obwohl er genau wusste, dass das eigentliche weibliche Lustorgan die Klitoris ist. Aber es ging schließlich nicht um die Lust der Frau, sondern um die Lust des Mannes. Und diese benötigt die Vagina.

Dass Masochismus und Passivität in diesem Konstrukt nicht nur als weiblich definiert werden, sondern als Merkmal einer gesunden weiblichen Entwicklung, erstaunt dann auch nicht mehr.

Wie wir wissen, sind die Theorien Freuds von vielen AnhängerInnen übernommen und ausgebaut worden (Jacques Lacan gehört dazu, für den die Trennung des Kindes von der Mutter eine Notwendigkeit im Sinn patriarchaler Ordnung ist, auch C. G. Jung, wenngleich Jung durch das Einbeziehen der gesamten Mythengeschichte die Ödipussage in einen anderen Kontext stellt.) Aber sie fanden auch GegnerInnen, bezeichnenderweise vor allem unter Frauen. Karen Horney (geboren 1885) etwa meint, dass sich im „Penisneid" des Mädchens nicht so sehr der Neid auf das männliche Geschlechtsorgan als vielmehr auf die damit verbundenen gesellschaftlichen Vorrechte äußert. Sie will den kruden Gedankengang nicht akzeptieren, dass ein weiblicher Kinderwunsch, die eindrucksvolle weibliche Leistung der Geburt, sozusagen ein Ersatz für das vorenthaltene männliche Glied sein sollen. „An dieser Stelle frage ich mich als Frau erstaunt: und was ist mit der Mutterschaft? Was mit dem glückseligen Bewusstsein, ein neues Leben im eigenen Körper zu tragen? Was mit dem unbeschreiblichen Glück, das mit der wachsenden Erwartung und dem Erscheinen dieses neuen Wesens verbunden ist? ..."[11]

Auch Helene Deutsch (geboren 1884) hat eine „Psychologie der Frau" geschrieben, in der sie der Mutter einen größeren Einfluss einräumen möchte, als ihr von Freud zugestanden wird. (In seinen späteren Jahren hat er übrigens zugegeben, dass die Liebe des kleinen Mädchens zur Mutter in unserer Kultur unterschätzt wird; siehe dazu „Weibliche Sexualität", 1931.) Im Großen und Ganzen war Deutsch jedoch Freuds treue Schülerin, die – mit einigen Abwandlungen und Erweiterungen – jene Weiblichkeitsentwürfe vertritt, wie sie von ihrem Lehrer vorgegeben wurden. Eine eigenständigere Position vertritt Melanie Klein, die ebenfalls den besonderen mütterlichen Einfluss in der frühen Entwicklung des Kindes betont. Diese Ansicht kam neuen Theorien sehr entgegen, wie sie etwa von dem bereits erwähnten Donald Winnicott vertreten wurde. Nach der Überbewertung der Männlichkeit und der Abwertung der Weiblichkeit wurde in den fünfziger Jahren des 20. Jahrhunderts plötzlich wieder einzig und allein eine idealisierte Mutterliebe wichtig, unter Strafandrohung sozusagen – von der Liebe des Vaters hingegen ist recht wenig die Rede. (Von Liebe im Zusammenhang mit dem Vater war im Übrigen zuvor auch nichts zu hören, eher von männlicher Dominanz und den damit verbundenen Privilegien.) Wir sehen also, wohin diese unterschiedlichen Theorien regelmäßig führen: nämlich zu einer Beschneidung, einer Einschränkung weiblicher Lebensentwürfe, zu einer Anpassung an ständig differierende männliche Vorstellungen, die, mit dem Nimbus der Wissenschaftlichkeit versehen, nicht anzuzweifeln sind.

Die Mutter als „Ort der Schuld"

Dass in den 1960er Jahren dann das Problem einer „vaterlosen Gesellschaft" (Alexander Mitscherlich) vermehrt diskutiert wurde, war nur folgerichtig. (Aufgetaucht ist es allerdings wesentlich früher, schon Paul Federn hat sich nach dem Ersten Weltkrieg dafür interessiert, und die Frühfeministin Rosa Mayreder sprach 1924 in der Wiener Urania über „Die Krise der Väterlichkeit".) Doch noch etwas erwies sich als verhängnisvoll: Indem der Einfluss der Mutter überbetont wurde, geriet sie automatisch zur Quelle alles „Guten" und „Bösen". Die von Winnicott und seinen Nachfolgern (Bowlby, Speck, Spitz und anderen) beschworene „gute Mutter" hat bei Missachtung der geforderten Verhaltensweisen die „böse Mutter" zur Folge, und diese beginnt allmählich das positive Mutterbild zu überwuchern.

Auf die Mutter als „Ort der Schuld" stützt sich die Psychoanalyse bis heute. Welche Fehlentwicklung ein Kind auch immer nehmen mag: Die Mutter ist schuld! Ihre eigene soziale Lage, der Vater, das gesellschaftliche Umfeld erfahren wenig bis keine Berücksichtigung. Einge-schlossen in die Kleinfamilie, meist ohne weitere Bezugsperson für das Kind, bleibt sie in einer „vaterlosen Gesellschaft" nicht nur als einzige Identifikationsfigur, sondern auch als einzige Projektionsfigur übrig. In ihr, so meint der Psychoanalytiker und Paar-Experte Michael Lukas Moeller, versammelt sich alles, „was wir an negativen Eigenschaften aufzubieten haben. Es kommt in den Therapien auf, in Lebensberichten, in theoretischen Abhandlungen, in den Massenmedien: Sie ist besitzergreifend, uneinfühlsam (als Kern der narzisstischen Schäden) kindersüchtig, krallend, fressend, dominant, sich selbst mit dem Kind stopfend, lebensneidisch, wütend, aggressiv, überfürsorglich, symbiotisch".[12] Von einem „gewaltigen Mutterhassapparat, eine der ungeheuerlichsten und effektivsten Bastionen der Frauenfeindlichkeit" spricht die französische Psychoanalytikerin Monique Plaza.[13]

Die Mutter als ideale Projektionsfläche entlastet eine kinderfeindliche, Frauen benachteiligende, zunehmend sterile Automaten- und Industriegesellschaft. Statt aber diese in Frage zu stellen, die Schwierigkeiten zu untersuchen, unter denen Mütter in diesem lebensfeindlichen Klima ihre Kinder aufziehen müssen, ihren Selbstverzicht aufzuzeigen – zu dem sich kaum ein Mann bereit erklärt –, wird die Ursache für jedes kindliche Versagen in der Mutter gesucht. Das ist bequem und schützt vor der eigenen Verantwortung. Und Frauen lassen sich davon nur allzu leicht beeindrucken, mütterliche Schuldgefühle sind, wie wir wissen, an der Tagesordnung. Was habe ich falsch gemacht, was hätte ich besser machen können, wo habe ich versagt – jede Mutter kennt diese Selbstzweifel, die ihr suggerieren, trotz bester Vorsätze alles verkehrt zu machen – Ergebnis einer jahrhundertelangen Gehirnwäsche widersprüchlicher Lehrmeinungen, die sich in den gegenwärtigen psychologischen Debatten lediglich fortsetzen. Wenn überhaupt, dann besteht eine „Schuld der Mutter" darin, nicht selbstbewusst genug zu sein, um in diesen ständigen Schuldzuweisungen ein Machtspiel zu erkennen, das auf ihre Kosten geht, und dass sie zu wenig eine Mitverantwortung der Gesellschaft, vor allem aber des Vaters einklagt.

„Die Mutter schafft nicht selbst ihre Lage. Die Lage schafft sie. Aber für uns alle sieht es so aus, als wäre sie der Ursprung des Übels."[14] Nach Winnicott ist die Mutter sogar für die Qualität der Beziehung ihres Ehemannes zum gemeinsamen Kind verantwortlich: „Es hängt von der Mutter ab, ob der Vater sein Kind kennen lernt oder nicht ... Es steht nicht in ihrer Macht, daraus eine reiche Beziehung entstehen zu lassen ... Aber es steht in ihrer Macht, eine solche Beziehung zu ermöglichen, zu verhindern oder zu zerstören."[15]

Die Mutter büßt also nicht nur für die eigene, sondern auch für die Schuld des Vaters. Die Psychologin Christa Rohde-Dachser zeigt an etlichen Fallbeispielen, wie sehr im psychoanalytischen Diskurs die Schuldzuweisung an die Mutter dominiert. So wurde für die seit den 1960er Jahren immer häufiger diagnostizierten Borderlinestörungen überwiegend das Fehlverhalten der Mütter verantwortlich gemacht. Erst in den achtziger Jahren hat der auffallende Frauenüberhang unter den Borderline-PatientInnen dazu geführt, sich damit auseinander zusetzen. Dabei zeigte sich, dass diese Frauen in ihrer Kindheit vielfach einem schwerwiegenden sexuellen Missbrauch ausgesetzt waren, insbesondere in Form eines Vater-Tochter-Inzests. Aber auch wenn es um die Inzesterfahrung einer Patientin geht, wird nicht nur häufig die Frage gestellt, ob es sich dabei um die Realität oder die Phantasie der Patientin handle (wohingegen die Darstellung eines männlichen Patienten bezüglich eines Kindheitstraumas nie angezweifelt wird), sondern es konzentriert sich im gegebenen Fall die allgemeine Aufmerksamkeit auch sofort auf die Mutter, wobei vor allem die Frage interessiert, warum sie den Inzest gedeckt hat und wie es mit der Häufigkeit des Mutter-Sohn-Inzests ganz allgemein bestellt ist. Der eigentliche Täter, so Rohde-Dachser, gerate dabei in den Hintergrund.[16]

Der Vater als „Retter und Befreier"

Das Bemühen, den Vater auf Kosten der Mutter aufzuwerten, hat aber auch noch andere Facetten. Denn Väter, von denen bei Freud noch die Kastrationsdrohung ausging und die aus diesem Grund für den Sohn bedrohlich erschienen, mutieren jetzt zum „Retter und Befreier". Sie müssen das Kind – und dabei vor allem den Sohn – aus der engen, „fressenden", „verschlingenden" Mutter-Kind-Dyade herauslösen um es – hier wiederum nach Freud – einer patriarchalen bzw. androzentrischen Kultur zuzuführen. Ist dieser Vater nicht vorhanden oder kümmert er sich nicht um sein Kind, dann ist an den daraus entstehenden Problemen die Mutter schuld. Alleinerzieherinnen, ohnedies von Stress, Armut und gesellschaftlicher Isolation bedroht, werden also auch noch für die Folgen eines fehlenden Vaters verantwortlich gemacht.

Die Mutter als „Sündenbock der Moderne" (Rohde-Dachser) hat inzwischen zu zahlreichen Reaktionen, Differenzierungen, Erklärungsversuchen und Gegendarstellungen vornehmlich von Autorinnen geführt. Vorerst von der Frauenbewegung eher stiefmütterlich behandelt – Mutterschaft erschien so sehr patriarchal-ideologisch überfrachtet, dass sich eine Annäherung aus feministischer Sicht als schwierig erwies – war die prominente amerikanische Schriftstellerin Adrienne Rich sicher eine der Ersten, die sich Ende der siebziger Jahre des 20. Jahrhunderts dieses Themas in einer umfangreichen Betrachtung angenommen hat. In ihrer historisch und psychologisch untermauerten Beschreibung von Mutterschaft macht sie klar, dass nicht Mutterschaft an sich, sondern deren patriarchale Institutionalisierung das Problem ist.[17] Im Zentrum vieler feministischer Betrachtungen steht dabei die phantasierte, übermächtige Mutter, die sich in der Realität gegenüber einer Kriege führenden, die Umwelt verschmutzenden und Nahrungsmittel vergiftenden Gesellschaft meist als ohnmächtig erweist.

Carol Hagemann-White (1979) stellt dieser realen Mutter die mächtige Mutter gegenüber, wie sie vom Kleinkind erfahren wird: Als Quelle alles Guten und Bösen, als Nahrungsspenderin, Glücksspenderin und als Verweigerin, als Gebende und als Strafende, von der das eigene Überleben abhängt, und sie warnt vor den fatalen Folgen einer Verwechslung dieser magischen und der realen Macht der Mutter. „Das Kind in uns allen glaubt an die Macht der Mutter. Aber diese Macht ist, selbst in der unbewussten Vorstellung, keine Macht der Mutter *für sich selbst*, sondern eine Macht für oder gegen das Kind: Auch die mächtige Mutter der kindlichen Phantasie ist Objekt, nicht Subjekt. Die Frau, die dieses Idealbild zu leben versucht, kann die Frage nach der eigenen Identität gar nicht mehr stellen; ihr gerinnen die Aufopferung und Bedürfnislosigkeit zur Charaktermaske.“[18] Auch Rohde-Dachser beschreibt die verhängnisvollen Konsequenzen, die sich aus dieser Verwechslung ergeben können: Der Mann verstrickt sich dadurch noch intensiver in den ambivalenten Zirkel von Idealisierung und Entwertung des Mütterlichen.[19] Für Frauen hingegen bedeutet die Identifizierung mit dieser mächtigen und daher auch immer „schuldigen“ Mutter eine Sackgasse. Sie geben die damit verbundene Selbststigmatisierung an ihre Töchter weiter, eine verordnete „Erbsünde“ in der Generationenkette. Es geht also darum, sich von der Vorstellung einer „perfekten Mutter“ ebenso zu verabschieden wie von der Identifikation mit einem „allmächtigen“ Mutterimago, auch wenn dies für viele Frauen angesichts ihrer realen Ohnmacht schwierig sein mag.

In der frühen und einseitigen Symbiose des kleinen Jungen mit seiner Mutter als Folge der patriarchalen Kleinfamilie und der abwesenden Väter sieht Christiane Olivier die Ursache für ein sich ständig erneuerndes Patri-archat: „Die vom Mann so oft erwähnte berühmte ‚Falle‘ scheint die Sym-biose mit der Mutter zu sein, die als ‚einsperrend‘ gesehen wird. Symbi-ose, Psychose? Auf jeden Fall ‚Gefängnis‘, das beim Mann Panik vor jeder Symbiose mit jeder anderen Frau auslösen wird. Sich nie mehr am glei-chen Ort verschmolzen wiederfinden, im gleichen Begehren wie dem der Frau: das wird die hauptsächliche treibende Kraft hinter der Frauenfeind-lichkeit des Mannes sein.“[20]

Worüber sich allerdings alle diese Autorinnen einig sind: Die berühmte Angst des Mannes, die das Patriarchat stets neu gebiert, ist selbst Produkt einer patriarchalen Gesellschaft. Nur wenn das Weibliche als minderwer-tig erfahren wird, der „weibische Mann“ ein Schimpfwort ist und „echte Männlichkeit“ sich über eine Abwertung von Weiblichkeit definiert, kann es zu derartigen, häufig psychotischen Angstzuständen und übersteigerten Schreckbildern des Weiblichen kommen. Und nur wenn der „Mord an der Mutter“ bereits vollzogen ist, besetzen die Erinnyen, die Rachegöttinnen, die männlichen Traumphantasien und wird die Vagina, der Zugang zur Mutter, dem Sohn zur Bedrohung und zum Abgrund.

Neue Väter?

Und noch etwas wird von vielen feministischen Autorinnen betont: Die Bedeutung eines anwesenden, zärtlichen und verständnisvollen Vaters. Die Vater-Phobie von Generationen von Söhnen und Töchtern ist bekannt, und es ist dieser früher vor allem strenge, heute viel zu oft gleichgültige oder abwesende Vater, der die Mutter zur einzigen Bezugsperson mit allen geschilderten Folgen macht. Bei einem einfühlsamen Vater könnte der Knabe Geborgenheit und Zärtlichkeit auch am gleichgeschlechtlichen Elternteil erfahren, ohne mit seiner männlichen Identitätsfindung in Kon-flikt zu kommen. Für das Mädchen hingegen könnte eine zärtliche Bezie-hung zum Vater die Basis ihrer erotischen Beziehungsfähigkeit zum späteren Partner sein.

Dass diese idealen Vorstellungen allerdings selten der Realität entspre-chen, müssen viele Mütter leidvoll erfahren. Denn nur allzu oft empfin-den diese „neuen Väter“ die Mutter neben sich als Konkurrentin, die es zu übertreffen gilt. Betrachten in einer androzentrischen, dem hierarchi-schen, dualistischen Denken verpflichteten Gesellschaft doch diese Väter die Mutter nicht als Ergänzung bzw. Mutterschaft als Anfang, Ursprung und damit Voraussetzung für Vaterschaft, sondern sie wollen vielfach die „besseren Mütter" sein. Die daraus sich entwickelnde Konkurrenz wird meist über die Kinder ausgetragen, und das ist einer der Gründe, warum viele Frauen ihre Kinder lieber allein aufziehen. Häufig wird für einen Vater auch sein Kind zum Konkurrenten, das ihm den Alleinanspruch auf seine Frau streitig macht. Darum werden viele Beziehungen brüchig oder lösen sich ganz auf, sobald ein Kind da ist.

Bei den alten ebenso wie bei den heute noch existierenden matriarchalen Kulturen finden wir eine völlig andere Situation. EthnologInnen beschreiben immer wieder den liebevollen, fürsorglichen Umgang der Männer mit den Kindern eines Stammes, wobei sich jeder Mann jedem Kind gegenüber als Vater fühlt, ebenso wie alle Frauen Mütter sind.[21] Ebenso selbstverständlich ist in diesen matriarchalen Kulturen das Fehlen eines Ödipuskomplexes. Wenn Kinder von vielen Menschen gleichzeitig aufgezogen werden, wie es in Sippengesellschaften der Fall ist, erübrigt sich dieses Problem. Noch im Europa des 16. und 17. Jahrhunderts hat es im „Ganzen Haus" diese ausschließliche Bezogenheit auf die Mutter nicht gegeben. Sie wurde erst ab dem 18. Jahrhundert mit der Trennung von Berufs- und Privatsphäre und der Propagierung der Mutterschaft als vornehmlicher oder einziger Beruf der Frau Realität.

Dieses Bild hat sich allerdings inzwischen grundlegend gewandelt. Immer mehr Mütter sind berufstätig, und daher trifft auch die Theorie von der engen mütterlich-kindlichen Symbiose immer weniger zu. Kinder sind vielfältigen Einflüssen ausgesetzt, das alte Ödipus-Konstrukt taugt nicht mehr. Und auch die wachsende Zahl an Alleinerzieherinnen wehrt sich gegen die Zumutung, für die Folgen eines fehlenden Vaters in der Psyche des Kindes verantwortlich zu sein. Schließlich gibt es in der Familie ebenso wie in der Gesellschaft auch noch andere Männer, die sich eines Kindes liebevoll annehmen können. Es gibt Onkel, Großväter, es könnte auch mehr Kindergärtner und Volksschullehrer geben. Hier muss die Verantwortung einer Gesellschaft insgesamt eingefordert werden, statt alles auf überforderte Mütter abzuwälzen.

Dass „muttern" eine soziale Tätigkeit ist, unabhängig vom Geschlecht, beschreibt auch die amerikanische Soziologin Nancy Chodorow in ihrem 1985 auf Deutsch erschienenen Buch „Das Erbe der Mütter".[22] Indem sie sich vor allem mit der Entwicklung des Mädchens beschäftigt, leistet sie darüber hinaus einen wichtigen und lang ausstehenden Beitrag zur weiblichen Sozialisation, hat doch die Psychologie seit Freud vor allem die Entwicklung des Knaben interessiert. Chodorow untersucht die unterschiedlichen Auswirkungen, die eine beinahe ausschließlich weibliche Erziehung auf Mädchen und Jungen hat, und kommt dabei zu dem Schluss, dass bestimmte Eigenschaften des männlichen und weiblichen „Geschlechtscharakters" (Freud) eine Folge der Tatsache sind, dass der Junge früh von der Mutter weg in die Männlichkeit gedrängt wird, während die Tochter keine derartigen radikalen Einschnitte erlebt. Im Gegensatz zu früheren psychologischen Auslegungen wird diese Mutter-Tochter-Beziehung bei Chodorow zu einem zentralen und bedeutsamen Bereich weiblicher Existenz erklärt, in dem der Mann/Vater eine Außenseiterposition einnimmt. Weil diese Beziehung durch Ähnlichkeit bestimmt ist, wird sie als Erweiterung des eigenen Selbst erlebt und kann ein Leben lang bestehen bleiben. Während sich der Junge, um Mann zu werden, früh aus der primären Beziehung zur Mutter lösen muss, womit auch ein großer Teil seiner Gefühls- und Phantasiewelt verdrängt wird.

Ausgelöschte weibliche Genealogie

Auch wenn Nancy Chodorow die Vater-Tochter-Beziehung vernachlässigt (diese wird von der französischen Psychoanalytikerin Christiane Olivier in ihrem Buch „Jokastes Kinder", 1991, umfassend dargestellt), ist die Aufwertung der Mutter-Tochter-Beziehung ein notwendiger Schritt zur Herstellung einer weiblichen Genealogie, die in der gesamten patriarchalen Geschichte verleugnet wird.

Dieser ausgelöschten weiblichen Generationenfolge in einer patriarchalen Familie, in der die Tochter ihre Mutter verlässt, um im Familienclan ihres Mannes integriert zu werden, widmet sich auch Luce Irigaray. Sie nennt das Verschwinden der einen Genealogie in der anderen „eine sittliche Schuld, die den Geist eines Volkes, der Völker pervertiert und die Konstitution einer Ethik des Paares verhindert".[23] Ebenso betont Luisa Muraro die „symbolische Ordnung der Mutter". „Die primäre Beziehung zur Mutter liefert uns eine dauerhafte und wahre Sicht der Realität, wahr nicht im Sinne der Wahrheit nach dem Korrespondenz-Prinzip, sondern im Sinne der metaphysischen (oder logischen) Wahrheit, die das Sein nicht vom Denken trennt und aus dem gegenseitigen Interesse von Sein und Sprache erwächst. Wir lernen das Sprechen von der Mutter, und diese Aussage definiert, wer die Mutter ist/was die Sprache ist."[24] Die fehlende Liebe zur Mutter, durch die sich unsere gesamte Kultur auszeichnet, schafft, so

Muraro, die symbolische Unordnung der patriarchalen Gesellschaft. „Die größte Unordnung, die selbst die Möglichkeit der weiblichen Freiheit in Frage stellt, ist die Unkenntnis einer symbolischen Ordnung der Mutter auch seitens der Frauen."[25]

Denn das Patriarchat hat es verstanden, die Beziehung zwischen Mutter und Tochter weitgehend zu zerstören. Mütter können in unserer gegenwärtigen Gesellschaft selten Vorbild für die Töchter sein. Der Lebensentwurf der Mutter ist für die Tochter meist nicht attraktiv, wie die eigene Mutter zu sein ist für viele Töchter eine schreckliche Vorstellung. Sie sehen die Schwierigkeit, Beruf, Mutterschaft und persönliche Weiterentwicklung unter einen Hut zu bringen oder aber auf eine Komponente ihres Menschseins zu verzichten, und lasten ein Versagen der Mutter dieser selbst, nicht den Umständen an. Wenn die Mutter keinen Weg zeigen kann, fühlt sich die Tochter von ihr enttäuscht. Wenn sie bei ihr keinen Schutz vor einer patriarchalen/androzentrischen Gesellschaft finden, fühlen sie sich verraten. Die bittere Ironie daran ist allerdings, dass dieser „Verrat" meist in bester Absicht geschieht: Mütter wollen die Zukunft ihrer Töchter in dieser Gesellschaft sichern und predigen daher die Anpassung an das Gesetz des Vaters. Es sind auch häufig Frauen selbst, die eine Trennung von ihren Kindern unterstützen, weil das nach Meinung von Experten zum Wohl des Kindes und für die Entwicklung seiner Autonomie notwendig ist. Die Selbstverleugnung, die hier von einer Mutter verlangt und auch geleistet wird, ist wohl kaum zu überbieten. Die Verletzungen auf beiden Seiten auch in späteren Jahren sind oft schwer zu heilen.

In einer Gesellschaft, in der Individualität und Autonomie überbetont werden und die Vereinzelung zunimmt, erscheint diese von der Psychologie vertretene Ansicht zunehmend angreifbar. Von einer „Trennungslüge" sprechen Elisabeth Debold et al.[26], die eine „Scheinfreiheit" und emotionale Isolation produziert. Das trifft auch zu für die besonders vehement geforderte Trennung der Mutter von ihrem Sohn. Denn wenngleich von vielen Psychologinnen die Abgrenzung des Sohnes von der Mutter als Notwendigkeit infolge des Geschlechtsunterschiedes betont wird (vgl. etwa Chodorow 1985, Olivier 1991, Meier-Seethaler 1988) und seine Selbstwerdung – ebenso wie jene der Tochter – mit einem Verlassen des mütterlichen – und väterlichen – Einflussbereiches verbunden ist, so darf dies nicht zu jenem traumatischen Bruch führen, wie er von einer patriarchalen Kultur gefordert wird. Die Vorstellung, dass diese Identitätsfindung nur über die Ausschaltung und Herabsetzung des Mütterlich-Weiblichen stattfinden kann, wie es die traditionelle Psychoanalyse lehrt, ist ein patriarchales Produkt. Wenn Mütter ihre Söhne mit einer falsch verstandenen Männlichkeit in eine Kultur entlassen, deren Neigung zu Gewalt, Krieg, Zerstörung und Verächtlichmachung des Weiblichen uns bestens bekannt ist, dann begehen sie Verrat auch an ihnen.

Angst vor Zärtlichkeit

Das ist immer noch ein tief sitzendes Tabu selbst feministischer Mütter: Die Angst, den Sohn „seiner" Kultur zu entfremden. Dazu gehört auch die Angst vor zu viel Liebe und Zärtlichkeit gegenüber dem Sohn und vor seiner damit zusammenhängenden „Verweiblichung" und „Verweichlichung". „Solange die Gesellschaft selbst patriarchal ist – was antimütterlich bedeutet – kann es nie genug Bemuttern für die Söhne geben, die unter den Gesetzen des Vaters aufwachsen müssen, in einer öffentlich ,männlichen' Welt, die sich von der privaten ,weiblichen' Welt der Gefühle abgespalten hat", meint dazu Adrienne Rich.[27] Und wie sollen Männer, die diese Gefühle aus ihrer Kindheit „abgespalten" haben, später eine Frau lieben, fähig sein zu Zärtlichkeit und zu Verständnis? Dass starke, liebende Mütter ihre Söhne in die Homosexualität treiben, ist ebenfalls ein Mythos, der lediglich dazu dient, das Band zwischen Mutter und Kind zu zerschneiden. Auch er sitzt tief – selbst bei Müttern, die Homosexualität nicht ablehnen. Tatsächlich ist wenig über die Ereignisse und Einflüsse bekannt, die zu homosexueller Orientierung führen können. Einheitliche Ursachen lassen sich hier nicht ausmachen. Berühmte Männer wie etwa Goethe und Freud, beide von ihren Müttern verhätschelt und geliebt, waren eindeutig heterosexuell, hingegen sind aus der psychotherapeutischen Praxis sehr wohl Fälle bekannt, in denen ein Mann den gleichgeschlechtlichen Umgang sucht als Reaktion auf einen frauenfeindlichen Vater. Angst vor der starken Frau ist ein verbreitetes männliches Problem, aber es gibt keine Hinweise darauf, dass diese Furcht bei Homosexuellen stärker ist als bei heterosexuellen Männern.[28]

Gar nichts ist dran an der Theorie vom „Muttersöhnchen" in seiner negativen Bedeutung, meint die amerikanische Familientherapeutin Olga Silverstein.[29] Gehirnwäsche stecke dahinter, wie bei so vielem, das die Mutterschaft betrifft. Der „Sohn der Mutter" besitzt ganz im Gegenteil Eigenschaften, die der Sohn eines patriarchalen Vaters meist vermissen lässt und die, als „weibisch" verdammt, auch einem Mann gut anstehen, wie Zärtlichkeit, Einfühlungsvermögen, Konfliktbereinigung ohne Brachialgewalt.

Auch Harriet Lerner betont die Absurdität eines männlichen Gesetzes, das auf der einen Seite die Wichtigkeit einer innigen Beziehung des Kindes zur Mutter hervorhebt und Frauen praktisch zu Alleinerzieherinnen macht und auf der anderen Seite verlangt, dass vor allem der Sohn ab einem gewissen Alter die Mutter und alles, was er an Liebe und Zärtlichkeit von ihr erfahren hat, verleugnet.[30] Die amerikanische Psychologin und Psychotherapeutin Lerner, die selbst zwei Söhne großgezogen hat, warnt vor den „vergiftenden Botschaften, die Mütter bis heute erhalten: Dass sie ihre Söhne nicht adäquat aufziehen können, wenn sie in die Lage kommen, allein erziehende Mütter zu sein, und des Weiteren, dass sie sich an einem bestimmten Punkt ,zurückziehen' müssen, um die Männlichkeit eines Sohnes nicht zu gefährden".[31]

Welche zusammenfassende Botschaft vermitteln uns nun die vielen, in Einzelaspekten voneinander differierenden, die großen Zusammenhänge aber wahrenden Analysen und Schlussfolgerungen feministischer Expertinnen? Sie sprechen vor allem von dem Recht auf weibliche Selbstverwirklichung und von der Liebe zum Kind. Dass beides einander ausschließt, ist eine Erfindung des Patriarchats, vielmehr ist es im Gegenteil so, dass das eine das andere voraussetzt. Das Patriarchat hat der Frau – und dabei insbesondere der Mutter – ihre Selbstverwirklichung gestohlen, und es hat auch ihre Liebe vielfach verstümmelt oder zerstört, wie etwa das Verhalten von Müttern im 17. und 18. Jahrhundert auf beklemmende Weise zeigt, die, ihren ständigen Schwangerschaften ausgeliefert, ihre Kinder Ammen und damit häufig dem Tod auslieferten. Die Autorinnen sind sich auch darüber einig, dass sich Mütter von dem Wunsch, perfekt zu sein, verabschieden müssen und dass sie die Unmöglichkeit, allmächtig zu sein, nicht als Versagen begreifen dürfen. Fast alle Expertinnen halten liebevolle Väter für ungeheuer wichtig (die Betonung liegt auf „liebevoll", ein unsensibler, konkurrierender Vater, der die Mutter an die Wand spielen will, wird eher als Störfaktor erlebt), und sie lehnen eine abrupte, zerstörerische Trennung mit den damit verbundenen Verletzungen auf beiden Seiten ab. Es ist insgesamt ein versöhnlicher Gegenentwurf, in dem nicht so sehr von Abspaltung, sondern mehr von Liebe die Rede ist. Eine Liebe, die in männlichen Entwürfen kaum vorkommt und an der es auch in unserer androzentrischen Gesellschaft sichtbar mangelt.

182

IX. Das Kind aus dem Labor

In der Reproduktionsmedizin erfüllt sich endlich der alte männliche Schöpfungstraum: Die Geistgeburt wird materialisiert. Das Ziel, die Ausschaltung des Frauenleibs, ist zum Greifen nahe. Aber was ist die Folge der kolossalen Kraftanstrengung, diesen Naturzustand zu beseitigen, in die Evolution einzugreifen, das Leben nicht nur zu manipulieren, sondern auch selbst schaffen zu wollen? Wird damit der Nachwuchs gesünder, lebensfroher, werden Eltern glücklicher, hat die Liebe eine größere Chance, das Wohlbefinden? Mitnichten! Das Kind aus dem Labor ist vielmehr kränker, lebendige Zusammenhänge werden weiter zerrissen, die Zersplitterung in viele Elternteile verursacht Unsicherheit und verhindert eine Genealogie und damit auch das Gefühl von Kontinuität.

Die gravierenden physischen und psychischen Folgen, denen Frauen dabei ausgesetzt sind, werden kaum thematisiert. Denn es ist nach wie vor ihre Gebärkraft, um die es geht, die erforscht, mit der experimentiert werden muss, um sie möglichst „naturgetreu" nachahmen zu können. Werden Frauen bald gänzlich überflüssig? Wird ihnen diese Macht, die es ihnen ermöglichte, die ungeheuren Diskriminierungen der vergangenen Jahrtausende zu ertragen, auch genommen? Wo stehen wir jetzt? Haben wir nicht dagegen gekämpft, zur Mutterschaft gezwungen, in die Mutterschaft eingeschlossen und von gesellschaftlichen Prozessen ausgeschlossen zu werden? Und müssen wir jetzt dafür kämpfen, dass wir gebären, ein Kind auf natürliche Art austragen, eine erfüllte Schwangerschaft erleben dürfen?

Alles deutet darauf hin. Denn die Reproduktionsmediziner, die Genetiker, überwiegend männlichen Geschlechts, haben es sich zur Aufgabe gemacht, uns von dieser Fähigkeit zu „befreien". Dass Frauen irgendwann auch in diesen Bereich vordringen werden, ist möglicherweise sogar positiv zu bewerten, weil die Gefahr, die von einer reinen Männerdomäne ausgeht, wahrscheinlich noch größer ist. Dass sie an einer künstlichen Gebärmutter arbeiten, während ihre eigene verkümmert, ist trotzdem schwer vorstellbar. Ist diese „Muttermaschine" (Gena Corea) allerdings erfunden, wird die übliche Entwicklung einsetzen: bedient wird sie dann höchstwahrscheinlich vor allem von Frauen.

Die Frau als „Rohstofflieferantin"

Die Reproduktionsmedizin gehört zu den expandierenden Wirtschaftszweigen. In Österreich gibt es über zwanzig Befruchtungszentren, in Deutschland sind es bereits über hundert, in denen die Zeugung zu einem Prozess geworden ist, der die Frau weitgehend an den Rand gedrängt hat. Da der Embryo die ersten vierzehn Tage in der Retorte und der Fötus bereits ab dem fünften oder sechsten Monat im Brutkasten überleben kann, ist anzunehmen, dass sich diese Lücke, in der die Frau vorläufig als Brutstätte noch benötigt wird, in absehbarer Zeit auch noch schließt. Ihr wird in diesem Prozess der Laborgeburt als Person schon jetzt wenig Bedeutung eingeräumt, wichtig ist sie lediglich als Lieferantin von „Rohmaterial". Wichtig sind ihre Eier, wichtig ist ihr Embryo als Forschungsgegenstand, und wichtig ist ihr Körper als „Experimentierfeld".

Es erstaunt, dass offenbar die wenigsten Frauen diesen Zustand als entwürdigend empfinden. Bernhard Hadolt und Monika Lengauer haben in ihrer Dissertation aus dem Jahr 2003 am Wiener Allgemeinen Krankenhaus acht Fallstudien über ungewollt kinderlose Paare und zwei Frauen ohne Partner vorgestellt, die sich einer IVF (In-vitro-Fertilisation) unterzogen. Sie berichten, dass Frauen die Bezeichnung „Brüterin", die mehrmals angewendet wurde, keinesfalls als degradierend, sondern eher als Kompliment auffassten.[1] Wir müssen uns also fragen, wie weit der bedingungslose und unhinterfragte Glaube in die Machbarkeit von Technik und Wissenschaft bereits gediehen ist und wie sehr Frauen in diesem höhere Weihen, wenn nicht gar Unfehlbarkeit suggerierenden Wissenschaftsbetrieb ihren Selbstwert, ihr Wissen um ihre psycho-physische Integrität und Würde verloren haben. Die Reproduktionsmedizin und damit im Zusammenhang auch die Gentherapie konnten nur diesen phänomenalen Aufschwung nehmen, weil Frauen sich dafür als „Material" zur Verfügung stellen. In die Arme der Reproduktionsmedizin treibt sie ihr verständlicher, meist leidenschaftlicher Kinderwunsch, und weil aufgrund einer zerstörten, zunehmend lebensfeindlichen Umwelt die Unfruchtbarkeit von beiden Geschlechtern zunimmt, darf sich auch die Fortpflanzungsindustrie eines steigenden Zuspruchs erfreuen. Aber obwohl Männer zu 50 bis 70 Prozent an dieser Entwicklung beteiligt sind (so stellten schottische Wissenschaftler am „Aberdeen Fertility Centre" 2004 fest, dass in den letzten 15 Jahren die Samenzahl um fast ein Drittel gefallen ist[2]), muss in guter alter Tradition vor allem der Frauenleib tauglich gemacht werden, was für jede Frau eine körperliche und seelische Tortur mit nicht selten bleibenden gesundheitlichen Schäden darstellt. Dass wenige Frauen sich bei Beginn der Behandlung eine rechte Vorstellung davon machen und sich größere Chancen einräumen, als sie dann tatsächlich vorfinden, belegt ebenfalls die Studie von Hadolt/Lengauer.

Die Entwicklung der Reproduktionsmedizin zeigt eine ähnliche Dynamik, wie wir sie auch in der Genforschung und auf vielen Gebieten der medizinischen Wissenschaft vorfinden: Zuerst lockt das Heilsversprechen: das Kind für das unfruchtbare Paar, Genpflanzen gegen den Hunger der Welt, Stammzellen für die Behandlung unheilbarer Krankheiten, Organtransplantationen für die Erhaltung des Lebens. Tatsächlich jedoch zeigt die weitere Entwicklung regelmäßig, dass die erzeugten hohen Erwartungen selten eingelöst werden können. Denn im Grunde geht es dabei gar nicht um diese vorgeblich humanen Ziele, sondern um Macht und Profit. Es geht um Macht zur Kontrolle, Macht zur Manipulation und Selektion, Macht auf den Weltmärkten, um weitere Akkumulation des Kapitals und im Zusammenhang damit um gewaltsame Spaltung von lebenden Organismen und Zerstörung dessen, was einmal die „Würde des Menschen" genannt wurde.

Das erste IVF-Baby hatten 1978 nach jahrelangen ergebnislos verlaufenden Versuchen an mindestens achtzig Frauen an der Universität Cambridge die beiden Wissenschaftler Patrick Steptoe und Robert Edwards geschafft. Es wurde triumphal gefeiert und erlangte als Louise Brown weltweite Berühmtheit. Die Eltern sind eher unbekannt, die Tortur, der sich die Mutter unterzog, die fürchterlichen Schmerzen und schweren Blutungen, von denen ihr Mann bei einer Fernsehsendung erzählte,[3] wurden nicht thematisiert. Sie wusste auch nicht, dass sie Gegenstand eines Experiments war, das vor diesen Versuchen an Frauen nicht einmal an Affen erprobt wurde. Lediglich an Hamstern hatte das Verfahren bislang funktioniert. Als die ersten Retortenzwillinge erzeugt wurden, erschien ein Zeitungsfoto mit dem Facharzt, nicht mit den Eltern.[4] Die Aussagekraft dieser Bilder sollte nicht unterschätzt werden: In den Labors sind nach einer über zweitausendjährigen Anstrengung jetzt endlich Männer die – natürlich besseren – Mütter. Inzwischen wurden weltweit mehr als eine Million Retortenkinder gezeugt, in Österreich kommen jährlich ungefähr 1.500 bis 2.000 IVF-Babys zur Welt.[5]

Schmerzhafte und gesundheitsschädliche IVF

Das klingt vielversprechend, ist es aber nicht, wenn berücksichtigt wird, dass die Erfolgsrate pro Paar trotz jahrzehntelanger Forschung, trotz ungeheurer Geldmengen, die in dieses Projekt gesteckt werden, durchschnittlich nur etwa 10 bis 15 Prozent beträgt.[6] Zwar wird im Allgemeinen zu

25 bis 30 Prozent eine Schwangerschaft versprochen, dabei werden aber nicht die zahlreichen Abgänge und Fehlgeburten berücksichtigt, die das ganze Unternehmen – wenn eine Befruchtung überhaupt gelingt – zu einer höchst risikoreichen, kostspieligen und meist frustrierenden Angelegenheit machen.

Vor allem die Frau setzt sich bei einer IVF quälenden, schmerzhaften und oft gesundheitsschädlichen Behandlungen aus. Vorerst einmal müssen die möglichen Ursachen für die Unfruchtbarkeit geklärt werden. Das erfolgt durch Ultraschall- und Röntgenuntersuchungen. Die unangenehme Bauchspiegelung wird unter Vollnarkose durchgeführt, ebenso ist für die so genannte „Hysterosalpingographie", bei der die Tuben und der Uterus mit einem Kontrastmittel gefüllt werden, häufig eine Narkose notwendig. Zu Bluttests müssen Frauen meist über einen Menstruationszyklus hinweg täglich die Klinik zur Blutabnahme aufsuchen, außerdem wird geklärt, ob eine Schilddrüsenüber- oder -unterfunktion oder Diabetes die Fruchtbarkeit beeinflussen. Wichtig ist die Bestimmung des Eisprungs, die mit oder ohne vorangehender Hormonstimulation erfolgt und entweder eine tägliche Messung der Basaltemperatur notwendig macht oder mittels Ovulationstest zu Hause durchgeführt werden kann. In bis zu 20 Prozent lässt sich keine körperliche Ursache finden. Auch die männliche Fruchtbarkeit wird untersucht, aber obwohl die dazu notwendige Masturbation als unangenehm erlebt wird, ist sie doch mit den massiven Eingriffen in den Körper der Frau und den damit verbundenen Verletzungen nicht zu vergleichen.

Das Ejakulat muss nach drei bis fünf Tagen sexueller Abstinenz gewonnen werden. Außerdem soll ein Spermienfunktionstest die „Penetrationsfähigkeit" der Spermien prüfen. Bei dem so genannten „Postkoitaltest" etwa wird der Schleim aus dem Gebärmutterhals acht Stunden nach dem Geschlechtsverkehr auf lebende Spermien untersucht, um die Spermienqualität des Mannes festzustellen. Nicht nur dieser gezielte Geschlechtsverkehr wird von den PartnerInnen als extrem belastend erlebt, sondern das Verfahren insgesamt. Die von Hadolt/Lengauer untersuchten Paare sprechen von großer „Gereiztheit", von „Horror", und dass sie das ganze Verfahren regelrecht „ankotzt".

Wie verläuft nun eine IVF-Behandlung? Zuerst wird die Frau hormonell überstimuliert, um das Wachstum der Eibläschen (Follikel) anzuregen. Das erfordert tägliche Hormonspritzen über mehrere Wochen, die entweder den täglichen Gang in die Klinik bedeuten, oder die Frau lernt sich die

Spritze selbst zu verabreichen. Die Nebenwirkungen äußern sich in Kopf- und Bauchschmerzen, Hitzewallungen, Schweißausbrüchen, Schwindel und Gewichtszunahme. Außerdem besteht das Risiko eines so genannten Ovarüberstimulationssyndroms. Dabei kommt es zum Anschwellen der Eierstöcke und zur Bildung von Ovarialzysten. Unter Umständen kann auch Flüssigkeit in Bauch- und Brustraum gelangen, was als sehr schmerzhaft erlebt wird und manchmal sogar eine stationäre Aufnahme im Spital erfordert.

Wenn die Hormonbehandlung ohne Erfolg geblieben ist, wird meist recht bald eine IVF-Behandlung angeregt, denn – so die Begründung – je älter die Frau, umso geringer die Chance auf das eigene Kind. Jetzt wird vorerst noch einmal hormonell stimuliert, und zwar stärker als bei der herkömmlichen Hormonbehandlung, damit möglichst viele Eizellen reifen, was für die IFV wichtig ist. Mit Ultraschall und Hormonuntersuchungen wird dann täglich kontrolliert, wann der optimale Zeitpunkt der „Eierernte" gekommen ist. Nach einer Injektion zur Auslösung des Eisprungs werden die reifen Eizellen mittels der so genannten vaginalen Ultraschallpunktion entnommen. Dabei wird die Punktiernadel gemeinsam mit dem vaginalen Ultraschallgerät in die Scheide eingeführt, die herangewachsenen Follikel in den Eierstöcken durch die Scheidenwand hindurch mit der Nadel angestochen und die Follikelflüssigkeit mit den darin befindlichen Einzellen abgesaugt. Dieser gewaltsame und verletzende Eingriff wird als äußerst schmerzhaft empfunden, weshalb manche Kliniken dafür Vollnarkose anbieten. Inzwischen muss der Partner in einem Raum, der in den USA „Masturbatorium" genannt wird und oft mit Pornomagazinen und Videos ausgestattet ist, nach vier oder fünftägiger Enthaltsamkeit sein Sperma loswerden. Das wird dann mehrmals gewaschen, zentrifugiert und gefiltert und anschließend mit den entnommenen Eizellen in einer Nährlösung 18 bis 20 Stunden in einem Brutkasten mit konstanter Temperatur gelagert, wo die Befruchtung stattfinden soll. Ist diese geglückt, werden die befruchteten Eizellen beim so genannten Embryotransfer nach frühestens 24 Stunden bis zu fünf Tagen in die Gebärmutter der Frau übertragen. Um die Gefahr der häufig vorkommenden Mehrlingsschwangerschaften zu minimieren, darf in Österreich ebenso wie in Deutschland nur eine beschränkte Anzahl von Embryonen mit einem dünnen Katheder durch die Scheide in den Gebärmutterhals eingebracht werden.

Es ist also mehr als zynisch, wenn Carl Djerassi, Chemiker an der Universität Stratford und „Vater der Pille", Frauen, die im späten Alter ein Kind haben wollen, vorschlägt, mit 25 Jahren ihre Eier einfrieren und sich sterilisieren zu lassen, um dann zum gewünschten Zeitpunkt „risikofrei" ein – künstlich erzeugtes – Kind zu gebären.[7] Dieser Vorschlag, der nur einem männlichen Gehirn entspringen konnte, negiert die weibliche Wirklichkeit in einer geradezu atemraubenden Weise. Er ist symptomatisch für männliches, theoretisches Denken, wie es in diesem gesamten Verfahren zum Ausdruck kommt. Frauen sind Figuren, die in diesen Plan- und Machtspielen hin und her geschoben werden. Es wäre an der Zeit, dass sich nicht nur ein paar wenige Feministinnen dagegen zur Wehr setzen, sondern dass der Widerstand weitere Kreise zieht.

Höhere Fehlbildungsrate bei ICSI

Bei einer Samenschwäche des Mannes, also wenn die Spermien zu „schwach" sind, um die Eihülle zu durchbrechen, wird eine besondere, die so genannte ICSI-Methode (Intra-Cyto-Plasmatische Sperma-Injektion) durchgeführt. Dabei werden die ausgewählten Spermien auf eine dünne Hohlnadel aufgezogen und in die Mitte einer Eizelle eingespritzt. Ein Verfahren, das eine höhere Erfolgsquote verheißt und daher vermehrt angewendet wird. Und das, obwohl eine Studie an der Universitätsklinik Mainz ergeben hat, dass mittels ICSI gezeugte Kinder eine 4,4fach höhere Fehlbildungsrate aufweisen als jene, die auf natürliche Weise gezeugt werden. Die Krankenkassen in Deutschland hatten aufgrund dieses Ergebnisses das Behandlungsverfahren mit ICSI aus ihrem Leistungskatalog gestrichen, mussten aber wegen des massiven Drucks der Reproduktionsmediziner Anfang 2001 die Kosten neuerlich übernehmen.[8] (Auch in Österreich werden IVF-willige Paare finanziell unterstützt. Ein im Jahr 2000 gegründeter Fonds übernimmt bei entsprechenden Voraussetzungen 70 Prozent der Kosten.) Die Ursache für die höhere Rate an Fehlbildungen ist wahrscheinlich darin zu suchen, dass auf diese Weise der natürliche Selektionsprozess ausgeschaltet ist, da damit doch Spermien künstlich zur Befruchtung angehalten werden, die ansonsten keine Chance hätten. Die Evolution lässt sich eben nicht so leicht überlisten.

Die Negierung eventueller Behinderungen durch ICSI bzw. das Fehlen entsprechender Untersuchungen hat einen Grund: Damit steigt der Druck, die bislang in Österreich (Fortpflanzungsmedizingesetz) und Deutschland (Embryonenschutzgesetz) verbotene PID (Präimplantationsdiagnostik), bei der Embryonen bereits vor Einsetzen in den Mutterleib auf mögliche genetische Abweichungen geprüft werden, zuzulassen. Damit wäre auch bei uns der genetisch durchgecheckte Mensch, inklusive jeder Möglichkeit des Missbrauchs, Realität. Welche Perspektiven sich ergeben, wenn diese Verfahren von Diktaturen im Sinne eines menschenfeindlichen Machterhalts angewendet werden, wie das etwa in der NS-Zeit praktiziert wurde, wagen wir uns nicht vorzustellen.

Dass eine IVF-Behandlung für die betroffenen Paare, und dabei insbesondere für die Frauen, nicht nur physische, sondern auch psychische Folgen hat, wird von den Reproduktionsmedizinern meist bagatellisiert. Dabei ist einsichtig, dass sie einen tiefen Einschnitt im gesamten Lebensrhythmus bedeutet. Besonders kritisch ist die Phase nach der Befruchtung, die Hoffnung auf eine Schwangerschaft, die nur allzu oft enttäuscht wird. Die Frustration aufgrund oft jahrelanger vergeblicher Versuche ist also sehr hoch, Frauen werden zu Patientinnen, deren ganzes Leben sich nur noch um die Befolgung ärztlicher Regeln dreht, die ihre übrigen Interessen und Lebensziele vernachlässigen, ihre Selbstachtung, ihr Selbstvertrauen verlieren und deren Partnerschaft darunter leidet. Sexuelle Kontakte, in ein Zwangskorsett geschnürt, werden als Verpflichtung und damit vor allem von Frauen als entwürdigend erlebt, sexuelles Verlangen nimmt ab. Dazu kommen berufliche Probleme, die sich automatisch aus einer ständigen Verfügbarkeit für den medizinischen Apparat ergeben, die zumeist verschwiegen wird. Es kommt zu Isolationstendenzen, weil auch die Freizeit nicht mehr wie sonst gestaltet werden kann. Dabei fällt es diesen Frauen oft schwer auszusteigen, denn es könnte doch einmal gelingen, Durchhaltevermögen ist gefragt, wie beim Lotto, wie beim Glücksspiel, wo es vielleicht einmal klappt.

Entscheidungsfreiheit?

Warum tun sich Frauen das alles an? Warum ertragen sie die schlimmsten körperlichen und seelischen Torturen in der Hoffnung, irgendwann doch zu einem eigenen Kind zu kommen?

Selbst schuld, sagt der/die Außenstehende, schließlich zwingt sie ja niemand, es ist ihre eigene, freie Entscheidung, was soll's.

Aber so einfach ist das nicht! Denn wir alle unterstehen den Zwängen einer Gesellschaft, in der eine unfruchtbare Frau immer noch keine richtige Frau ist. In der außerdem aufgrund der zunehmenden Vereinzelung und Isolierung, zunehmender, häufig stressbedingter Kälte und freudloser Beziehungen in einem Kind mit seiner Spontaneität, seiner Unverfälschtheit und emotionalen Wärme so etwas wie eine letzte Zuflucht aus der völligen inneren Vereinsamung gesucht wird. Wobei Frauen ihre Unfruchtbarkeit immer noch häufiger als persönliches Versagen, als schwer zu schließende Lücke in ihrem Leben empfinden als Männer. Eine interessante Berufslaufbahn, eine erfüllte Tätigkeit kann dieses Verlangen allerdings erheblich vermindern (siehe dazu die Untersuchung von Hadolt/Lengauer 2003).

Früher wurde Kinderlosigkeit als Schicksal angenommen, heute erscheint sie als eine zu reparierende Krankheit. Die Vorstellung einer Technik, einer medizinischen Wissenschaft, mit der alles machbar ist, hat sich tief in unser Bewusstsein eingegraben. Der Druck, der auf Frauen ausgeübt wird, diese Techniken in Anspruch zu nehmen, Versagensängste, Schuldgefühle, wenn eine mögliche Chance nicht ergriffen wird, machen die unterstellte „freie Wahl" zweifelhaft. Dass trotz aller Anstrengungen, physischer und psychischer Belastungen und eines hohen finanziellen Aufwands 70 bis 80 Prozent aller Paare, die sich für eine IVF entscheiden, kinderlos bleiben, beweist die Brüchigkeit dieses Technikglaubens.

In den letzten Jahren wird daher zunehmend versucht, Unfruchtbarkeit mittels Homöopathie zu beheben, wie das etwa an der Universitätsfrauenklinik in Heidelberg geschieht. Hier wurden im Rahmen einer Pilotstudie mit 119 Frauen, die unter hormonellen bzw. idiopathischen Ursachen litten (jene mit schweren organischen Störungen waren ausgeschlossen), 25 Schwangerschaften erzielt, das entspricht einer Schwangerschaftsrate von 21 Prozent. Es gibt allerdings einen begründeten Verdacht, dass dieser – Kosten sparende – Weg (homöopathische Behandlungen sind um die Hälfte bis um das Fünffache günstiger) nicht weiter verfolgt wird, weil Ärzte und Pharmaindustrie daran nicht so üppig verdienen können. Immerhin muss in den Kliniken bei einer IVF pro Versuch mit einem Aufwand von bis zu 1.700 Euro gerechnet werden.[9]

Auch eine psychologische Betreuung, die von der Annahme ausgeht, dass der Schlüssel zu Sterilität häufig in der Psyche zu suchen ist, kann auf Erfolge verweisen. So etwa konnte mit einer verhaltenstherapeutischen Behandlung bei langjährig ungewollt kinderlosen Paaren eine Schwangerschaftsrate von 33 Prozent vier Monate nach der Therapie erreicht werden.[10] Eine weitere Möglichkeit, zu einem Kind zu kommen, besteht in der Adoption. Es ist im Grunde absurd, dass angesichts der weltweit zunehmenden Zahl verwaister, Not leidender Kinder unbedingt ein eigenes Kind gezeugt werden muss und dass die Hindernisse, mit denen üblicherweise ein adoptionswilliges Paar zu kämpfen hat, nicht abgebaut werden.

Schließlich und endlich sollte es jedoch auch gelingen, sich von einem Kinderwunsch zu verabschieden und Erfüllung in den unendlich vielen Möglichkeiten zu suchen, die ein weibliches Leben zu bieten hat. Christine Northrup hat es sehr schön ausgedrückt, wenn sie meint, dass die Begriffe „Fruchtbarkeit" und „Geburt" erweitert werden müssen. „Wir müssen die Macht des Gebärens endlich als das sehen, was sie ist – die Grundlage aller Schöpfung. Wenn genügend Frauen diese kreative weibliche Macht spüren, die jede Frau besitzt und die nicht davon abhängt, was wir mit unserem Körper produzieren und wem wir Zugang dazu gestatten, dann wird sich die Welt verändern. Wenn Frauen diese Kraft nutzen, werden die Kinder, die Gedanken und die neue Welt, die wir gebären, alle Wesen fördern, auch uns selbst ... Man muss kein Kind bekommen haben um zu wissen, was gebären heißt."[11]

Mehr Frühgeburten

So wie die Belastungen, denen sich Frauen bei künstlicher Befruchtung aussetzen, von Reproduktionsmedizinern und der Pharmaindustrie heruntergespielt werden, sind auch die Folgen für die auf diese Weise gezeugten Kinder keinesfalls ausreichend erforscht. Ebenso werden Ergebnisse, die sich für diese expandierende Industrie als hinderlich erweisen, bestenfalls verschämt in irgendwelchen Fachblättern publiziert oder sofort mit gegenteiligen Resultaten konfrontiert. Einer dieser eher seltenen Versuche wurde im März 2002 im „New-England Journal of Medicine" veröffentlicht. Danach wiesen Babys, die durch IVF und ICSI gezeugt wurden, eine doppelt so hohe Gefährdung auf, mit einem schweren Geburtsfehler zur Welt zu kommen wie natürlich gezeugte Kinder. Auch massive Mehrfachbehinderungen traten bei künstlich gezeugten Kindern wesentlich öfter auf als bei jenen, die natürlich gezeugt worden waren. Die Behinderungen betrafen schwere Herzfehler, urologische und genitale Schäden, Schädigungen der Muskeln und der Knochen sowie Chromosomenanomalien. Ebenso zeigten in Belgien und Australien untersuchte ICSI-Kinder im zweiten Lebensjahr Entwicklungsverzögerungen bei der Gedächtnisleistung und Sprachfähigkeit. Außerdem wird die Gefahr einer Frühgeburt durch künstliche Befruchtung um das Fünffache erhöht, Mehrlinge, die ein häufiges Ergebnis der IVF darstellen, kommen zu 75 Prozent zu früh zur Welt.[12] In Österreich stieg die Zahl der so genannten Frühchen mit einem Geburtsgewicht unter 1.000 Gramm in den Jahren 1992 bis 2002 um 52,2 Prozent. Heinrich Salzer, Vorstand der Gynäkologie und Geburtshilfe am Wiener Wilhelminenspital, nannte auch die Zunahme künstlicher Befruchtung als Ursache für die steigende Zahl extremer Frühgeburten.[13] Frühchen haben jedoch oft Probleme durch unreife Organe, es kann zu Blutungen im Gehirn kommen und dauerhaften körperlichen und geistigen Behinderungen.

Schafft sich der Mensch als „Kunstprodukt" irgendwann einmal selbst ab? Eine Frage, die nicht so absurd erscheint angesichts eines patriarchalen/androzentrischen Konzepts, das dem Tod immer näher stand als dem Leben, wie unser gewaltbereiter, zunehmend verwüsteter Globus deutlich zeigt. Immerhin wird auch das natürliche „Kinder-Kriegen" durch das künstliche „Kinder-Machen" erschwert. Bei fruchtbaren Paaren verringert eine IVF die Chance auf eine Schwangerschaft von zirka 80 auf 20 Prozent, weshalb auch von einem Geburtenrückgang gewarnt wird, sollte sich die in Österreich und Deutschland bisher untersagte PID (Präimplantationsdiagnostik) ausbreiten.[14] (PID ermöglicht die Prüfung von Embryonen auf mögliche genetische Abweichungen bereits vor Einsetzung in den Mutterleib.) Immerhin ist die PID in diesen beiden Ländern bis jetzt verboten. In den USA, England, China, Russland, Belgien und Spanien sowie weiteren sieben europäischen Ländern wird sie bereits praktiziert.

Weil die Warnungen vor den negativen Folgen der Reproduktionsmedizin einen florierenden Wirtschaftszweig einschränken und zur Gefährdung der Existenz vieler Experten führen würden, stoßen sie in Fachkreisen meist auf taube Ohren. Auch die Erkenntnis von Semmelweis über die Ursachen des Kindbettfiebers wurde von den Ärzten jahrzehntelang nicht ernst genommen, was zum Tod von tausenden Frauen führte, die ansonsten gerettet hätten werden können. Und jüngste Entwicklungen haben uns gelehrt, dass wissenschaftliche Forschung zu einem großen Teil verantwortungslos, ohne Rücksicht auf das Leben, auf die Natur, auf die eigentlichen menschlichen Bedürfnisse erfolgt. Die Liste derartiger Versäumnisse ist lang, angefangen von der Atombombe, deren Entwicklung ihr Erfinder Robert Oppenheimer im Nachhinein bitter bereute, über den Streit, ob denn die Klimaerwärmung „natürlich" oder vom Menschen verursacht sei (dass der Mensch zu einem großen Teil dafür verantwortlich ist, wird erst in letzter Zeit nicht mehr bestritten), bis zur Schädlichkeit massiver Röntgenstrahlen und hemmungsloser Hormonbehandlungen. Die so genannte „grüne Revolution", die in den Entwicklungsländern den Hunger bekämpfen sollte, hat sich als ebensolcher Irrtum herausgestellt wie die angeblich zum selben Zweck gezüchteten Genpflanzen, die mehr Probleme schaffen, als damit gelöst werden.

Der Versuch, Krankheitsresistenz durch gentechnische Manipulation bei Pflanzen und Tieren zu erreichen, um damit den Hunger der Welt zu bekämpfen, muss fehlschlagen, weil dieser Hunger ein Resultat unseres übertriebenen Konsums ist, nicht eines technologischen Rückstands. Auch viele Krankheiten sind eine Folge des Industriesystems, der Umweltzerstörung und könnten durch eine andere Lebensweise verschwinden. Die Krebsforschung in den USA ergab in den letzten Jahren, dass Zivilisationsnahrung, Produkte der Chlorchemie und Pestizide auf die Krebsentstehung größeren Einfluss haben als genetische Anlagen.[15] Es ist absurd, gentechnisch veränderten Mais herzustellen, der gegen Herbizide resistent ist, statt die Herbizide abzuschaffen, und die Produktion von „Cashcrops", also von landwirtschaftlichen Erzeugnissen für überregionale Märkte ist sinnlos, weil sie traditionelle Nutzungsmethoden verdrängt. Gentechnisch hergestellte Wachstumshormone für Rinder, die ihre Milchleistung bis zu 30 Prozent steigern, sind ebenso sinnlos, weil der Milchmarkt bereits überflutet ist. Dafür werden diese Tiere krank. So etwa nahmen Euterentzündungen und Fruchtbarkeitsstörungen bei Kühen, denen das Rinderwachstumshormon rBST gespritzt wurde, dramatisch zu, ebenso Gelenksentzündungen, Stoffwechselentgleisungen und erhöhte Temperatur.[16]

Fehlender Respekt vor dem Tier führt zu fehlendem Respekt vor dem Menschen

Mit Tieren ebenso wie mit Pflanzen wird manipuliert und experimentiert mit dem einzigen Ziel, sie für Menschen weiter nutzbar zu machen, das Wirtschaftswachstum anzukurbeln. Der geringste Respekt vor dem Tier als einem Lebewesen mit einem eigenen Wert ist uns abhanden gekommen. Während sich Gentechniker der letzten Grenze der Biotechnologie, nämlich der Veränderung der menschlichen Keimbahn nähern, wird sie bei Tieren schon längst manipuliert. So genannte „transgene" Tiere, denen genetische Eigenschaften des Menschen oder anderer Tiere eingepflanzt wurden, sollen noch mehr Fleisch, noch mehr Milch, noch mehr Eier geben. Manche Tiere werden auch genetisch manipuliert, um aus ihnen lebende Fabriken zur Herstellung von Insulin, Hämoglobin und Blutgerinnungsfaktoren zu machen. Die Schaffung eines transgenen „Superschweins" in den 1980er Jahren geriet allerdings zum Flop: Das arme Tier konnte infolge seines enormen Gewichts kaum stehen, wirkte lethargisch und war von Arthritis geplagt.

Wie die New York Times im Jahr 1987 berichtete, wurden in mehrjährigen Experimenten mehr als 8.000 Embryonen benötigt, um lediglich 43 transgene Tiere zu zeugen.[17] Gentherapeutische Experimente erfordern neben Massen von Tierversuchen auch spezifische Experimente am Menschen, die sich freiwillig zur Verfügung stellen, aber auch an „austherapierten" Sterbenden. Dass 3.000 Menschenversuche mit Gentherapie keine einzige Heilung brachten,[18] wirft einmal mehr ein grelles Licht auf verschleuderte Gelder, die auf Kosten der medizinischen Basisversorgung in den Ländern des Südens gehen, wo nach wie vor zehn Mal so viele Kinder und 35 Mal so viel Mütter wie in den Industrienationen sterben.[19]

Die hochgespannten Erwartungen in die so genannte Gentherapie, in die Bemühungen, gesunde Erbanlagen in erkrankte Gewebe einzuschleusen, wurden in den letzten Jahren enttäuscht. Die großen Durchbrüche wirksamer Medikamente etwa gegen Krebs, Herzinfarkt oder Aids lassen bis jetzt auf sich warten. Stattdessen geht es langfristig nicht um die Veränderung kranker Gene, sondern um genetische Verbesserung, weshalb auch das Wort „Therapie" in diesem Zusammenhang eine fragwürdige Bedeutung angenommen hat.

Der Verlust des Respekts vor dem Tier führt zu einem Verlust des Respekts vor dem Menschen. Gena Corea zeigte bereits 1986 Parallelen zwischen Tierversuchen und Versuchen an Menschen, vor allem Frauen, die – damals teilweise noch im Bereich der Spekulation – heute Realität geworden sind. Toten Spitzenkühen wurden schon 1982 die Eierstöcke entfernt, um ihnen die Eier zu entnehmen und einzufrieren. „Dasselbe", so Corea, „lässt sich natürlich auch an Frauen vornehmen – auch eine ‚wertvolle' Frau könnte lange, nachdem sie tot ist, für die Fortpflanzung ausgeschlachtet werden."[20] Zehn Jahre später machte der so genannte „Erlanger Fall", die „Ausschlachtung" einer toten Frau zum Zwecke der Fortpflanzung, Schlagzeilen. Marion P., eine hirntote Schwangere, wurde fünf Wochen weiter beatmet, um das Kind zu retten. Es kam allerdings zu einem Abort, der einen toten Fötus zur Folge hatte. Corea

beschreibt weiters ihre spontane Identifizierung mit weiblichen Versuchs-
tieren bei einem Workshop über Reproduktionsbiologie und stellt Vergleiche her zwischen Leihmüttern, die unter Weinkrämpfen und schlaf-
losen Nächten litten, nachdem ihnen „ihr" Baby weggenommen worden
war, und Kühen, die nach der Entfernung ihres Kälbchens (schließlich
müssen sie sich für die Produktion des nächsten Kalbes erholen) vier
oder fünf Tage brüllen.[21]

Das Absurde daran ist, dass die meisten Menschen diese glorreichen
Erfindungen, die eine Vergewaltigung von Natur, Tier und Mensch bedeuten und langfristig zum Sterben der Arten, zu kränkeren Tieren und jetzt
auch zu kränkeren, weniger lebensfähigen Kindern führen, gar nicht wollen. Sie fürchten den Eingriff in das Erbgut, wie er von der Genforschung jetzt nach der Manipulation an Pflanzen und Tieren auch am
Menschen erfolgen soll. Diese Neuerungen werden uns durch Experten,
durch die Mechanismen einer lebensfeindlichen Weltwirtschaft sozusagen aufgezwungen, wir müssen uns daran gewöhnen, wir gelten als altmodisch, wenn wir nicht mitgehen, wenn wir uns verweigern. Tatsächlich
sind wir dann nicht wettbewerbsfähig, nicht konkurrenzfähig, wer hat
schon den Mut zum Außenseitertum, zur Randexistenz, selbst wenn diese
unter Umständen gesünder ist. Die meisten Menschen sind auch über
die Vorgänge hinter den Mauern der Labors zu wenig informiert, oder
sie wollen sich gar nicht informieren, sie schrecken davor zurück, weil
es Angst macht, weil es Verantwortung erfordert, die unbequem und
anstrengend ist. Wir kennen diese Verweigerung aus der Geschichte –
die angebliche Unkenntnis über die Morde an der jüdischen Bevölkerung
kann als eines der verhängnisvollsten Beispiele angeführt werden.

Natürlich gibt es auch Kritiker unter den Experten. Robert Edwards
etwa, einem der Schöpfer des ersten IVF-Babys Louise Brown, ergeht es
wie einstens Robert Oppenheimer: Er beklagt eine Entwicklung, die er
so nicht gewollt hat, und findet angesichts der inzwischen über 70.000
Retortenkinder in England und der Tatsache, dass Großmütter ihre Enkel
und Tanten ihre Nichten und Neffen austragen, diese „Babyfabriken" ent-
setzlich. Und Robert Winston, englischer Professor für Fruchtbarkeitsstu-
dien, der sich vor zwanzig Jahren mit großer Begeisterung am Aufbau
der ersten Fruchtbarkeitskliniken beteiligt hat, macht sich um die in
Großbritannien verbreitete Praxis Sorgen, Embryonen vor der Verpflan-
zung einzufrieren. Die möglichen Folgen, so meint er in einem Interview,
seien heute noch gar nicht abzuschätzen. „Um es einfach zu sagen: Wenn

man Lebensmittel einfriert, schmecken sie hinterher anders. Nach dem Einfrieren kann sich eine größere Anzahl von Embryonen als sonst nicht festsetzen, und wir müssen uns fragen, warum das so ist."[22]

Medikalisierung von Schwangerschaft und Geburt

Ärzte und Pharmaindustrie haben allerdings nicht nur aus der künstlichen Befruchtung ein Riesengeschäft gemacht, auch die normale Geburt wird zunehmend medikalisiert und programmiert. Fortpflanzung wird zu einer Art von Produktion, der Uterus zu einem Leistungsinstrument, als sei er eine Maschine und nicht Teil der Frau.[23] Das Kind muss zum für die MedizinerInnen richtigen Zeitpunkt geholt werden, die Geburt wird durch Wehenmittel eingeleitet und der Geburtsablauf durch Medikamente gesteuert. Die Gebärmutter kann nicht ihrem eigenen Rhythmus nachgehen, denn die Wehen sind in Phasen und Teilphasen eingeteilt. Insgesamt gleicht das gesamte Geburtsritual in der Klinik einer ständigen Entmachtung der Frau und ihrer Gebärpotenz, sie wird als aktiv Handelnde weitgehend ausgeschaltet, die Geburt ist nicht mehr vorrangig ihre Leistung, sondern jene des Arztes.

Bezeichnend für diese Entwicklung ist auch die Zunahme des Kaiserschnitts. Er wird von vielen Frauen besonders stark als Kontrollverlust empfunden, ihnen wird das bewusste Erlebnis der Geburt genommen, es entscheidet hingegen das Können und Handeln der Ärzte über Leben und Tod. Das „schreckliche Geburtserlebnis" soll dem Baby damit erspart bleiben, das Erleben der Mutter zählt wenig, auch, dass die Sterblichkeitsrate der Mütter bei Kaiserschnittentbindung trotz erhöhter Sicherheit zehnmal höher ist als bei einer Vaginalgeburt.[24] Peter Husslein, Vorstand der Universitäts-Frauenklinik in Wien, möchte die natürliche Geburt überhaupt abschaffen. Ein Kaiserschnitt würde seiner Ansicht nach die Beckenbodenmuskulatur der Frauen schonen, außerdem könnte der Homo sapiens sapiens auf diese Weise ein größeres Hirnvolumen entwickeln, schließlich müsste er seinen größeren Kopf dann nicht mehr durch den Geburtskanal quälen.[25] Ein wesentlicher Grund für das gesteigerte Interesse der ÄrztInnen an einer Kaiserschnittgeburt dürfte allerdings im saftigen Honorar zu suchen sein, das jenes für eine Normalgeburt bei weitem übersteigt. Inzwischen werden in Österreich etwa 25 Prozent der Geburten mittels Kaiserschnitt durchgeführt, und Johannes Huber, Professor an der Wiener Universitätsklinik für Frauenheilkunde befürwortet den Kaiserschnitt als „Standardmethode".[26]

Auch die Schwangerschaftsvorsorge hat in den letzten Jahrzehnten eine rasante Entwicklung durchgemacht. Noch in den 1970er Jahren war eine Fruchtwasseruntersuchung die Ausnahme, viele Gynäkologen weigerten sich aus ethischen Gründen, einen genetischen Check-up von Feten durchzuführen. Inzwischen haben wir uns an Tabubrüche gewöhnt. Heute sind Fruchtwasseruntersuchungen bei Frauen, die das 35. Lebensjahr überschritten haben, in der „normalen" Schwangerschaftsvorsorge inkludiert, und Frauen, die sich dagegen entscheiden, handeln – so wird suggeriert – verantwortungslos. Sie müssen ein Formblatt unterschreiben, dass sie über die Risiken aufgeklärt wurden. Damit wollen sich ÄrztInnen absichern, um im Falle eines behinderten Kindes nicht zur Verantwortung gezogen werden zu können. Was die Schwangere meist nicht weiß, ist, dass die Möglichkeit für sie, mit 35 ein Kind mit Down-Syndrom zu gebären, statistisch bei 1:385 liegt, die Gefahr, durch Amniozentese das Kind zu verlieren, aber statistisch vier Mal so hoch ist.[27] Generell können die heute üblichen vorgeburtlichen Tests lediglich fünf Prozent aller möglichen Schäden aufdecken. Drei Prozent aller Neugeborenen kommen mit Fehlbildungen auf die Welt, und davon ist lediglich ein Prozent genetisch bedingt, zwei Prozent entstehen während der Schwangerschaft oder während der Geburt, und über 90 Prozent aller Behinderungen stammen aus dem späteren Leben.[28]

Bei der Fruchtwasseruntersuchung wird bei örtlicher Betäubung mit einer Punktionsnadel durch Bauchdecke und Uterusmuskulatur gestochen, um in die Fruchthöhle vorzudringen, aus der das Fruchtwasser entnommen wird. Ein Vorgang, der manchmal wiederholt werden muss. Damit es nicht zu einer Verletzung der Plazenta und des Fötus kommt, wird dringend eine gleichzeitige Beobachtung durch Ultraschall empfohlen. Dass es dabei trotzdem zu Schädigungen kommen kann, beweist das Schicksal der 39-jährigen Postbeamtin Margret, bei der die Fruchtwasserentnahme zum Tod ihres Kindes führte. Sie wurde von entsetzlichen Schuldgefühlen und monatelangen Albträumen geplagt. „Meine Gebärmutter hatte sich angefühlt wie ein Sarg. Ich habe dieses tote Kind in mir getragen und mir war so, als hätte ich den Tod geboren."[29] Natürlich kann es auch bei der Fruchtwasseruntersuchung zu Fehlurteilen kommen. Eine Meta-Analyse von 57.676 Schwangerschaften, in denen Feten mittels Tripletests auf das Down-Syndrom untersucht wurden, erwies sich in 6,3 Prozent der Schwangerschaften als falsch. Das bedeutet, dass 3.638 Frauen über eine mögliche Behinderung ihres Kindes informiert wurden, obwohl das gar nicht der Fall war.[30]

Eine weitere Methode, an fötale Zellen zu gelangen, besteht in der so genannten Chorionbiopsie, die einen Zugang durch die Scheide vorsieht. Sie gilt allerdings als schmerzhafter und risikoreicher, es treten häufiger als bei Fruchtwasseruntersuchungen wehenartige Schmerzen, Blutungen und Schmierblutungen auf.

Damit sind die Möglichkeiten, die von einer Pränataldiagnostik geboten werden, jedoch keinesfalls erschöpft. Ultraschallüberwachungen werden bereits routinemäßig verordnet, dazu kommen im Bedarfsfall zahlreiche Blutuntersuchungen und genetische Tests. Ein erhöhter Alpha-Fetoprotein-(AFP-)Wert im Blut kann ein Hinweis auf einen Neuralrohrdefekt wie offenen Rücken oder Anenzephalie (Missbildung des Kopfes) sein, ein niedriger AFP-Wert auf ein Down-Syndrom hinweisen. Allerdings muss sich dieser Verdacht keinesfalls bestätigen. Nachdem bei einer Untersuchung von 50.800 Frauen an 1.001 Schwangeren ein erhöhter AFP-Wert im Blut festgestellt wurde, der sich dann nur bei 50 Frauen durch Amniozentese bestätigte, wurden 50 Aborte durchgeführt. Bei der Obduktion der Föten konnte in sechs Fällen der Missbildungsverdacht nicht bestätigt werden. Das bedeutet, dass es sich immerhin sechs Mal um einen falschen Befund gehandelt hat.[31]

Entgegen einem weit verbreiteten Glauben können auch Ultraschalluntersuchungen nicht mit hundertprozentiger Sicherheit eine Fehlbildung des Fötus feststellen. Wobei es außerdem immer noch nicht gesichert ist, ob Ultraschall auf beginnendes Leben nicht einen schädigenden Einfluss ausübt. Ultraschallexperten gestehen ein, dass die Wirkung des Schalls auf das Gewebe bislang unbekannt ist und dass es hier auch zu wenig Forschung, zu wenig Kontrollen und zu wenig internationale Richtwerte gibt.[32] Auch bei der Beurteilung von Röntgenstrahlen hat es 50 Jahre gedauert, bis eine Schädlichkeit konstatiert und ein sparsamer Gebrauch (der im Übrigen nicht immer berücksichtigt wird) empfohlen wurde.

Die Zeit der „guten Hoffnung", von der Eva Schindele spricht, hat sich in eine Zeit ständiger Überwachung, Angst und Unsicherheit verwandelt. Nach der Fruchtwasseruntersuchung etwa dauert es zwei bis vier Wochen, bis die Ergebnisse bekannt gemacht werden, was eine mehrwöchige psychische Belastung für die Frau darstellt, die sie daran hindert, sich auf ihr Kind einzustellen, mit ihm Kontakt aufzunehmen. Schließlich kann sie erst dann beginnen, dieses Kind lieb zu haben, wenn sie weiß, dass es ihr bleiben wird. Denn diese Untersuchungen versprechen ja nicht die Möglichkeit einer Heilung, sondern lediglich jene einer Abtreibung. Ein Schwangerschaftsabbruch in der 22. oder 24. Woche jedoch wirkt auf viele Frauen extrem traumatisierend, sie erleben ihn wie einen Mord an ihrem Kind. Mit der schwer wiegenden Schicksalsfrage, ob dieses Kind nun abgetrieben werden soll oder nicht, werden Frauen allein gelassen, diese ungeheure Verantwortung haben sie allein zu tragen. Die Wissenschaftsjournalistin Eva Schindele, die ausführliche Gespräche mit zwei Dutzend betroffenen Frauen führte, berichtet von der vierundvierzigjährigen Psychotherapeutin Hannah, die sich nach einer im fünften Monat festgestellten Chromosomenanomalie zu einem Schwangerschaftsabbruch entschloss, tagelang in den Wehen lag und schließlich ihr Kind zu Tode gebären musste. Das Schlimmste dabei war allerdings, dass sich nach einer anschließend vorgenommenen Autopsie eine anatomisch vollkommen normale Entwicklung des Kindes herausgestellt hatte.[33] Die wenigsten Frauen wissen, dass diese Prozedur zwischen 24 Stunden und fünf Tagen dauern kann und dass das Kind je nach Schwangerschaftsalter manchmal noch lebend, wenngleich schwer geschädigt auf die Welt kommt. Nach ihrer Berufsordnung wären Ärzte verpflichtet, auch dieses Kind intensivmedizinisch zu betreuen. Durch das gezielte Totspritzen der Föten noch im Mutterleib wird an einigen Kliniken inzwischen versucht, diese fatale Situation zu vermeiden. Nach Peter Husslein sind am Wiener Allgemeinen Krankenhaus von 1998 bis 2001 mindestens 15 derartige Schwangerschafts-Spätabbrüche durch Gabe von Prostaglandinen erfolgt, wobei zahlreiche dieser Kinder lebend auf die Welt gekommen sind und vereinzelt über eine Stunde gelebt haben, bis sie schließlich erstickten.[34] Über das Schicksal dieser Frauen, den Schock, das Trauma, das sie dabei erleben, wird so gut wie nichts berichtet.

Die Angst vor einem behinderten Kind

Die Angst vieler Frauen, ein behindertes Kind zu gebären, die sie auch im Zweifelsfall eine Abtreibung vornehmen lässt, ist zu einem großen Teil auf die Diskriminierung zurückzuführen, die unsere Gesellschaft einem behinderten Menschen – und damit auch seiner Mutter – entgegenbringt. Bedeutet für diese doch bereits ein gesundes Kind oft Abbruch einer Karriere, einen finanziellen Engpass sowie fehlende oder verringerte Pension. Ein behindertes Kind jedoch führt darüber hinaus nicht nur zu erhöhtem Arbeitseinsatz, der in der Regel an der Mutter hängen bleibt, sondern auch zu Ächtung und Isolation. Dabei kann in vielen Fällen gar nicht vorhergesagt werden, wie groß die Behinderung sein wird, auch Menschen mit einem Down-Syndrom können bei entsprechender Zuwendung und Förderung ein autonomes Leben führen. Wie, müssen wir weiter fragen, werden die Begriffe „Gesundheit" und „Krankheit" definiert, wo verläuft die Grenze, welche Kriterien sind ausschlaggebend. Es gibt auch viele so genannte Behinderte, die nicht ihre Behinderung, sondern ihren Ausschluss, ihre Isolation und das Gefühl, nicht als vollwertiger Mensch zu gelten, als eigentliche Belastung empfinden. Die Pränataldiagnostik ebenso wie die Gen- und Reproduktionsmedizin lassen Behinderung als vermeidbares Übel erscheinen und damit als elterliche „Schuld". Das Auslöschenwollen der Kranken, Schwachen und Behinderten, die Tendenz, in einer Gesellschaft nur die Gesunden, Kräftigen und Tüchtigen anzuerkennen, hat allerdings nichts mit Liebe zu tun, und liebeleer ist auch eine moderne Technologie, die ein immer gesünderes und daher angeblich immer glücklicheres Leben verspricht. Behinderung wird sich jedoch nie vermeiden lassen, sie ist – wie oben vermerkt – in eher seltenen Fällen angeboren. Was in unserer Gesellschaft mit dieser ausufernden Kontrolle und dem damit verbundenen Heilsversprechen zunimmt, sind im Gegenteil soziale Kälte und allgemeine Lieblosigkeit.

In vergangenen Zeiten war es „unzüchtig", seinen dicken Bauch zu zeigen, schwangere Frauen hatten das entstehende Leben „sittsam" zu verbergen. Heute allerdings wird der natürliche Vorgang einer Schwangerschaft zum risikoreichen Zustand erklärt, der einer ständigen Überwachung bedarf. „Die Orientierung am Risiko hat zu einer drastischen Zunahme von Risikoschwangerschaften geführt", schrieb die Weltgesundheitsorganisation bereits 1988. Und seit dieser Zeit hat das angebliche Gefahrenpotential, dem schwangere Frauen ausgesetzt sind, drastisch zugenommen. Deutschland, das weltweit das dichteste Netz der medizinisch-apparativen Schwangerschaftsvorsorge aufweist, hat auch die höchste Rate (70 bis 80 Prozent) an Risikoschwangerschaften zu verzeichnen.[35] Nachdem Frauen sich immer später für ein Kind entscheiden, weil unsere Gesellschaftsstruktur nur auf diese Art und Weise eine gewisse berufliche Selbstverwirklichung mit anschließender finanzieller Absicherung zulässt, ist zu erwarten, dass dieser Prozentsatz weiter steigt.

Perfekte Technik?

Erinnern wir uns an dieser Stelle an die umfangreichen Maßnahmen, denen Schwangere im Mittelalter und in der frühen Neuzeit unterworfen waren, so müssen wir eine Wiederholung ähnlicher Verhaltensweisen feststellen, die immer dasselbe Ziel verfolgen: nämlich die Kontrolle weiblicher Fruchtbarkeit, die Verunsicherung und Schwächung der Frau. Damals wurden – den Vorstellungen der Zeit entsprechend – religiöse oder abergläubische Rituale beschworen, heute ist es die moderne Medizin, der es allerdings nicht mehr nur um Kontrolle geht, sondern um den Eingriff in den weiblichen Leib und die Veränderung werdenden Lebens. Die Manipulation in der Keimbahn, wie sie mit PID bereits heute praktiziert werden kann, und der damit befürchtete – und irgendwann wohl auch verwirklichte – Machtmissbrauch sind nur möglich, weil Frauen ihren Körper geöffnet haben, vorerst gezwungenermaßen durch Not, durch Androhung von Strafe (wie in Kapitel V beschrieben), heute sehr oft freiwillig, weil ihre Abhängigkeit von der Medizin, ihr Glaube an die Machbarkeit und Perfektion der Technik das Vertrauen in die natürlichen Vorgänge ihres Körpers zu einem großen Teil zerstört haben. Nur indem die das heranwachsende Kind schützende Hülle durchschlagen wurde, konnte der Embryo zum Forschungsgegenstand und damit allen Manipulationen ausgesetzt werden. Die Frau, die dieses werdende Leben in sich trägt, damit es nach dem Plan einer viele Millionen Jahre währenden Evolution wachsen kann, hat es zugelassen, dass dieses Leben dem Zugriff erfolgs- und profitorientierter Genetiker preisgegeben wird, die verändernd in den Bauplan des Lebens eingreifen, ohne sich über die Folgen wirklich im Klaren zu sein.

Die Vorteile, die damit angeblich für die Menschheit zu erreichen sind, erweisen sich bei näherem Hinsehen als brüchig. Auch die Stammzellenforschung, die mit dem Versprechen eines neuen, gesünderen Zeitalters gestartet war, muss bereits Rückschläge verzeichnen. Hoffnungen, aus Stammzellen bald neue Organe züchten zu können, haben sich weitgehend zerschlagen. Ebenso verliefen Versuche, damit neurodegenerative Erkrankungen wie Alzheimer oder Parkinson heilen zu können, bisher erfolglos.[36] Nach einer US-Studie, über die Anfang 2005 in der Zeitschrift „Nature Medicine" berichtet wurde, waren wahrscheinlich fast alle embryonalen Stammzellenkulturen, mit denen Forscher nach Therapien für Dutzende Leiden suchten, unbrauchbar.[37] Derartige Meldungen erscheinen in den Medien allerdings meist als Kleingedrucktes, wohingegen die angeblichen Erfolge ein großes Echo finden. Schließlich muss der mit der Embryonenforschung verbundene finanzielle Aufwand gerechtfertigt werden.

Die so genannte „sanfte Geburt", die als Gegenbewegung in den neunzehnsiebziger und -achtziger Jahren entstand, hat zwar für Frauen einige

Besserungen gebracht. So etwa wurde der Berufsstand der Hebamme aufgewertet, die Hausgeburt, das so genannte „Rooming-in", die Unterwasser-Entbindung wurden propagiert, Kreißsäle familienfreundlich gestaltet, Apparate hinter Vorhängen versteckt. Aber in den Kernfragen hat sich nichts geändert, die Reproduktionsmedizin ist vielmehr der neue, erfolgversprechende Wirtschaftszweig und die Klinikgeburt allgemein üblich. Obwohl eine Studie des Hebammenverbandes und der Ärztekammer in Niedersachsen in den Jahren 1995 bis 1998 an über 4.000 Hausgeburten kein erhöhtes Risiko gegenüber Geburten in Kliniken feststellen konnte – es kam ganz im Gegenteil dabei zu weniger Eingriffen, es gab weniger Saugglocken-Geburten, weniger Dammrisse und es mussten weniger Schmerzmittel verabreicht werden –, ziehen weit über 90 Prozent der Schwangeren trotzdem eine Geburt in der Klinik vor.[38] Dass entgegen der allgemeinen Ansicht nicht die klinische Medizin, sondern der soziale Fortschritt die Säuglings- und Müttersterblichkeit gesenkt hat, bestätigt auch Alfred Rockenschaub, ehemaliger Leiter der Semmelweis-Frauenklinik in Wien.[39] Ein selbstbewussterer Umgang mit Schwangerschaft und Geburt ist also gefragt, der Glaube an die eigenen Fähigkeiten, eine intensivere Beziehung zum eigenen Körper, der als Ganzheit verstanden werden muss und nicht zerlegbar in einzelne, voneinander abgespaltene Teile.

Das Gefühl der Sicherheit, das dieses Kontrollsystem vielen Frauen verschafft, täuscht, die Fehlerquellen – meist heruntergespielt oder vertuscht – sind oft beachtlich. Sicherheit kann auch die Technik nicht bieten, aber sie erzeugt viele neue Probleme. Schwangerschaft, dieser sensible Prozess, in dem ein neues Leben heranwächst und sich eine Frau auf ihr Kind einstellt, wird zu einem angstvollen Zustand, sie wird zerstückelt, aufgeteilt und Irritationen ausgesetzt. Die Medizinpsychologin Irmgard Nippert stellte anhand einer Untersuchung fest, dass 87,2 Prozent der Frauen die pränataldiagnostische Untersuchung als äußerst problematisch erleben, und auch die Psychologin Monika Willebring fand in ihren Forschungen heraus, dass Pränataldiognostik insgesamt eher Ängste fördert.[40] Dabei ist die Zahl der geschädigten Neugeborenen durch die Pränataldiagnostik keinesfalls nachweisbar gesenkt worden.[41] Was angesichts der Tatsache, dass nur ein geringer Prozentsatz an Behinderungen angeboren ist, wenig überrascht.

Pränataldiagnostik kann auch eingesetzt werden, um das Geschlecht des Kindes zu erkennen, was bekanntlich in Ländern wie Indien, China und Korea zu massenhaften Abtreibungen weiblicher Föten führte. Wie das UN-Kinderhilfswerk UNICEF im Februar 2004 bekannt gab, fehlen weltweit bereits 60 Millionen Frauen.[42] In Indien darf aus diesem Grund bei Pränataldiagnostik das Geschlecht des Kindes offiziell nicht mehr mitgeteilt werden – inoffiziell allerdings ist es vor allem wohlhabenden Kreisen nach wie vor möglich, dieses Gebot – etwa durch eine Reise ins Ausland – zu umgehen.

PID öffnet die Tür zur Eugenik

Die künstliche Befruchtung (IVF) öffnete die Tür zur Gentechnik. Sie liefert die für die Genforschung wichtigen Eizellen und Embryos. Die Präimplantationsdiagnostik hingegen öffnet die Tür zur Eugenik. Vorläufig wird diese genetische Untersuchung von Embryonen, die im Labor erzeugt wurden, als Alternative zum ethisch umstrittenen und für die Frau sehr belastenden Schwangerschaftsabbruch eines möglicherweise behinderten Kindes vorgeschlagen. Durch den Check-up im Labor soll bereits vor der künstlichen Befruchtung der genetisch einwandfreie Embryo sichergestellt werden. Zunächst war das Verfahren für Risikopaare mit einer Disposition zu schweren Erbkrankheiten vorgesehen, inzwischen jedoch nehmen bereits 60 Prozent der Frauen über fünfunddreißig, bei denen das statistische Risiko, ein Kind mit Down-Syndrom zu bekommen, leicht erhöht ist, das Angebot an, den Embryo bereits vor der Einpflanzung durchzuchecken.

Wenn wir uns allerdings die bisherige Entwicklung vergegenwärtigen, können wir ziemlich sicher sein, dass es dabei nicht bleiben wird. Dass uns vielmehr das „Designer-Baby", das perfekte Kind droht, die „Eugenik im Reagenzglas", die dazu führt, dass wir Kinder immer weniger hinnehmen können, wie sie sind, sondern nur noch die Auslese gelten lassen. (In Großbritannien wurde dieses Ausleseverfahren mit einem Beschluss vom April 2005 bereits erlaubt.[43]) Nicht nur Eigenschaften wie Haar- oder Augenfarbe, Größe, Intelligenz und Persönlichkeitsmerkmale wie rasche Auffassungsgabe und Tatkraft können demnächst im Voraus bestimmt werden. Auch vergleichsweise harmlose Eigenschaften wie Neigung zum Haarausfall oder zu bestimmten Krankheiten könnten Ziel der Untersuchungen sein. Schon jetzt würden 11 Prozent der US-Amerikaner ein Kind abtreiben lassen, das zur Fettleibigkeit neigt.[44] Krankenkassen kündigten in den USA bereits Eltern die Versicherung für ihr Kind, nachdem bei ihm eine Erbkrankheit festgestellt wurde,[45] und jeder fünfte von tausend befragten Betrieben gibt an, Gentests als Kriterium für Entscheidungen bei Beförderungen oder Kündigungen einzusetzen.[46]

Bemerkenswert ist auch, dass diese Methode, bei der mit menschlichen Embryonen experimentiert und ihr Erbgut manipuliert wird, in der mit Absicht mehrere Embryonen gezeugt werden, wovon nur jene, die den Gentest bestehen, überleben, während die anderen „verworfen" bzw. für die Forschung genutzt werden, auch in Ländern zum Einsatz kommt, in denen Abtreibung verboten oder stark eingeschränkt ist. Der Embryo außerhalb des Mutterleibes ist offenbar weniger wert als jener im Mutterleib, mit ihm darf hemmungslos herumexperimentiert werden, aber Frauen müssen ihn austragen, manchmal sogar unter Gefahr des eigenen Lebens.

Während die IFV noch immer als Vertreterin der Interessen ungewollt kinderloser Frauen gepriesen wird, ist dieses Argument bei Anwendung von PID hinfällig geworden. Wenn heute bereits die Ansicht zu hören ist, dass IFV ohne PID nur halb so erfolgreich sei, bedeutet dies eine schleichende Entwicklung in Richtung Eugenik. Wobei allerdings berücksichtigt werden muss, dass es auch mit PID keine hundertprozentige Sicherheit gibt und alle damit gescreenten Embryos in der Schwangerschaft nochmals durch eine Pränataldiagnostik überprüft werden müssen. Immerhin sind EU-weit rund zwei Prozent aller Genanalysen fehlerhaft.[47]

Die Schwangere ist von einer gesunden Frau also längst zur Patientin geworden, die sich infolge dieser zahlreichen Eingriffe auch so fühlt. Allerdings ist bislang ungeklärt, ob es infolge der PID-Untersuchungen nicht zu einer Schädigung des Embryos und damit des zukünftigen Kindes kommen kann. Am bestürzendsten jedoch ist die durch PID eröffnete Möglichkeit, Eingriffe in der Keimbahn vorzunehmen, was zu einer irreversiblen Entwicklung führt, weil dadurch das menschliche Genom für immer verändert wird. Die Forderung vieler Reproduktionsmediziner, PID auch bei uns zuzulassen, ist nach Professor Therese Neuer-Miebach von der Fachhochschule Frankfurt nicht auf die 100 bis 150 Hochrisikopaare in Deutschland zurückzuführen. „Ich glaube nicht, dass nur die Ökonomie des Heilens diese Eile in der Diskussion und das Drängen auf gesetzliche Entscheidungen auslöst, sondern ganz klar die Ökonomie wirtschaftlicher und forschungspolitischer Dimensionen."[48]

Die künstliche Gebärmutter

Die gänzliche Abschaffung der bereits in Einzelteile zerlegten Mutter soll demnächst durch eine künstliche Gebärmutter möglich werden, an der bereits eifrig gearbeitet wird. Dass diese als „sauberer", „hygienischer" und

„ungefährlicher" geschildert wird als die natürliche, erscheint nur folgerichtig. Die Ansicht, dass die Mutter eine Gefahr für ihr Kind bedeutet, hat eine lange Tradition, sie erstreckt sich jetzt auch auf ihr Körperinneres. Der inzwischen verstorbene Professor für medizinische Ethik der University of Virginia School of Medicine, Joseph Fletcher, beschreibt die Gebärmutter als „düster dräuenden Ort ... eine lebensgefährliche Umgebung"[49] (1974) und meint: „Wir hätten unsere potentiellen Kinder lieber an einem Ort, an dem wir sie beobachten und bestmöglich schützen können."[50] Gerald Leach nennt die Gebärmutter die „gefährlichste Umgebung, in der Menschen zu leben haben"[51] (1970), und nach Edward Grossman wird sie zu einem „Anachronismus ... die Gebärmutter wird so überflüssig wie ein Blinddarm".[52] In seinem Artikel „Wie die Mutter aus der Mode kommt – ein Szenario" (1971) beschreibt er die Segnungen der modernen Medizin, die eine Frau gänzlich von dem Schrecken des Gebärens befreien wird, der „noch heute irgendwie prähistorisch, wild und wie eine Naturgewalt anmutet".[53]

Immerhin ist es jetzt schon möglich, fast die Hälfte der Schwangerschaft außerhalb des Mutterleibes zu erledigen, und der Rest, so die Hoffnung der Reproduktionsmediziner, wird auch noch gelingen. Gegenwärtig laufen in Japan ebenso wie in England diesbezügliche Versuche, die einen Embryo nach der Befruchtung möglichst lange am Leben erhalten und einem Frühgeborenen ein immer früheres Verlassen des mütterlichen Körpers ermöglichen sollen.

Damit ist dann der Embryo endgültig der Gebärmutter einer Frau entzogen und einer segensreichen Forschung ausgesetzt, die – im Sinne staatlichen und profitorientierten Interesses – nun uneingeschränkt experimentieren bzw. den genetisch wertvollsten Nachwuchs produzieren kann. Die Argumente der Reproduktionsmediziner, mit denen diese Verfahren gerechtfertigt werden, beziehen sich allerdings wieder einmal auf das Wohl des werdenden Lebens, das in einer künstlichen Gebärmutter angeblich sicherer aufgehoben ist als im Leib einer Frau. Drohen ihm doch dort zahllose Gefahren, angefangen von schlechter Ernährung über Nikotin, Abgase, Medikamenten- und Drogenmissbrauch bis zu verschiedenen Unfällen, die sich alle in der Maschine ausschalten lassen. Dem kontrollierten Embryo allerdings kann jede gewünschte Eigenschaft einprogrammiert werden, auch Geschlechtsselektion wäre einfach durchführbar.

Huxleys schöne neue Welt lässt grüßen!

Mit der Möglichkeit, in die Keimbahn des Lebens einzugreifen, ist eine neue, noch nie da gewesene Situation entstanden, eine „biotechnologische

Revolution" (Treusch-Dieter), deren Folgen noch nicht abzusehen sind. Mit der künstlichen Gebärmutter hingegen wäre eine Männerwelt endlich realisiert, und Frauen, deren Biographien sich bereits mehr und mehr jenen der Männer angleichen, würden sich auch im Hinblick auf die Fortpflanzung nicht mehr von diesen unterscheiden. Das entstehende Leben wäre ein aus dem Frauenleib ausgelagerter, der Maschine überlassener Vorgang, der überwiegend von Männern, vielleicht auch von einzelnen Frauen gesteuert und kontrolliert wird.

Es gibt sicher Frauen, die eine solche Entwicklung begrüßen, Schwangerschaft als Last und Geburt als schmerzhaften Schock empfinden. Eines allerdings ist klar: dass die „abgeschaffte Mutter" nicht nur die letzte Entmachtung der Frau und ihre Vernichtung als Sexualwesen bedeutet, sondern dass die Welt mit einer „Mutter-Maschine" bereits dem werdenden Leben den letzten Rest mütterlicher Wärme nehmen würde. Die „abgeschaffte Mutter", jahrtausendelang von Philosophen und Alchemisten und heute von Medizinern erträumt, bedeutet den endgültigen Triumph einer patriarchalen und daher kalten, liebeleeren und somit auch lebensunwerten Welt. Dass ein Baby bereits im Mutterbauch Signale empfängt, dass es hört, schmeckt und bei Intelligenz und Entwicklung besser abschneidet, wenn die Mutter mit ihm bewusst vorgeburtliche Kontakte pflegt, hat die Pränatalforschung eindeutig bewiesen. Der Psychotherapeut und Präsident der International Society for Prenatal Psychology and Medicine, Ludwig Janus, sprach in einem im Februar 2002 in der „Frankfurter Rundschau" erschienenen Interview von einer „Isolationsfolter", dem das sich entwickelnde Kind ausgesetzt wäre, einem „völlig verzerrten Milieu", das eine solche künstliche, emotionslose technische Umgebung erzeugen würde, und daraus resultierenden „Verlassenheitsängsten, Einsamkeit" und „existentieller Urangst".[54]

Diese so wichtigen Gefühlskontakte mit der Mutter werden bereits jetzt in einer fremdbestimmten Schwangerschaft, wie sie in den Kliniken oder bei IVF stattfindet, empfindlich gestört oder durchbrochen. Die völlige Ausschaltung des Mutterbauches und der Ersatz durch eine Maschine würde diese Situation dramatisch verschlimmern. Aber darum geht es der Reproduktionsmedizin nicht. Vielmehr wird bereits an einem „Baby-Besänftiger" gebastelt, der mit den Herztönen einer Schwangeren und rhythmischem Glucksen die Klangwelt der schwangeren Gebärmutter nachahmen soll. Damit wären also die Geräusche hergestellt, denen das Kind ausgesetzt ist, und der Mutterbauch erübrigt sich. „Die ‚endgültige

Befreiung der Frau'", sagt Christina von Braun, „besteht also aus ihrer endgültigen Abschaffung."[55]

Dass Eltern diese Entwicklung – zumindest vorerst – wahrscheinlich wenig gefällt, wird von einer boomenden Industrie wohl ebenso wenig berücksichtigt werden wie der Widerstand gegen Genpflanzen, brutale Tierhaltung und Umweltverschmutzung. Dabei ist es keinesfalls so, dass wir all diesen Monstrositäten wehrlos ausgeliefert sind. Aber der Glaube an diesen so genannten „Fortschritt", in die Allmacht der Medizin und Technik ist immer noch so stark, dass Widerstand – zumindest einer breiteren Schicht – als altmodisch, rückständig und auch zu mühsam erscheint. Irgendwann stellt sich dann ein Gewöhnungseffekt ein, und was noch vor wenigen Jahren als unglaublicher Tabubruch galt, wird akzeptiert.

Vermarktung des menschlichen Körpers

Die Vermarktung des menschlichen Körpers, die Kommerzialisierung der menschlichen Fortpflanzung, die damit verbundene Abwertung des menschlichen Lebens und die Bedrohung menschlicher Würde hat bereits 1997 der Jurist, Philosoph und Gentechnikkritiker Andrew Kimbrell angeprangert. Inzwischen hat sich diese Situation weiter verschärft. Viele tausend Menschengene sind weltweit patentiert. Trotz bestehender Verbote werden jährlich Zehntausende von Organen gehandelt. Arme Menschen vornehmlich aus Indien, Lateinamerika und Afrika, aber auch aus Osteuropa verkaufen ihre Nieren, um ihren Lebensunterhalt zu sichern, Schulden zu tilgen oder eine Ausbildung für sich oder ihre Kinder zu finanzieren. Manche werden sogar ermordet, um an ihre lukrative Hornhaut, ihre Leber oder ihr Herz zu gelangen. Dabei ist die Zahl jener Menschen, die durch Transplantation gerettet werden können, relativ niedrig. So wie auch die Reproduktionsmedizin wenigen Frauen zu einem gesunden Baby verhilft, können auch von den Zehntausenden Leberkranken, die ihre Leber häufig durch übermäßigen Alkoholkonsum geschädigt haben, nur wenige hundert durch ein Spenderorgan gerettet werden. Dasselbe gilt für Herztransplantationen, die nur einem Bruchteil der Herzkranken helfen.

Zur weltvollsten und am vielfältigsten verwendbaren Ware sind allerdings die Eizelle und der Embryo geworden. Zu Zehntausenden werden Embryonen gegenwärtig ausgespült, eingefroren, genetisch getestet oder durch Injektionen getötet, weggeworfen, eingepflanzt, gespendet und gegen Bezahlung ausgetragen. Einen Aufschrei, wie er bei Abtreibungen üblich ist, wo es um die Gesundheit der Frau, ihren eigenständigen Lebensentwurf, die soziale Sicherheit eines gewollten Kindes geht, hören wir hier nicht. Auch die Reaktion der Kirchen ist auffallend moderat. Dass hier mit einem möglichen neuen Menschen experimentiert, gehandelt und er bei Bedarf weggeworfen werden kann, scheint weniger zu stören als das Selbstbestimmungsrecht der Frau. Schließlich wird ständig mit dem Argument eines medizinischen Fortschritts und damit verbundenen Heilungschancen argumentiert, dem schwer widersprochen werden kann.

In Österreich, Deutschland und einigen weiteren Ländern ist die Eizellenspende – vorläufig – verboten. (In einem Zwischenbericht der Bioethikkommission an die österreichische Bundesregierung wurde allerdings bereits im Februar 2003 der Vorschlag unterbreitet, die Eizellenspende zuzulassen. Seitdem ist die diesbezügliche Bereitwilligkeit gestiegen.[56]) In den USA und in England wird damit bereits ein schwungvoller Handel getrieben. In Beverly Hills beispielsweise können zahlungskräftige Kunden bei einer Eizellenagentur aus über 300 Eizellenspenderinnen die genetische Mutter ihres Kindes aussuchen, über die auch persönliche Details zur Verfügung gestellt werden. Das Fortpflanzungsgeschäft ist lukrativ: 3.500 bis 5.500 Dollar wird für den Verkauf von Eizellen gezahlt, wobei sich der Preis nach der Eizellenproduktionsmenge, aber auch nach Bildungsstand und Aussehen der Spenderinnen richtet. Gefragt sind vor allem Studentinnen, die sich häufig damit ihr Studium finanzieren. Aber dieser Handel ist auch risikoreich und manchmal selbstzerstörerisch. Infolge der hohen Hormonmengen, die für eine „Superovulation" notwendig sind, kann es zu Schwindelgefühlen kommen, Kopfschmerzen und Haarausfall, auch Nierenversagen und Herzprobleme sind möglich. Außerdem besteht das Risiko von Blutungen, Infektionen und Unfruchtbarkeit. Auch die wiederholten Punktionen der Eierstöcke, die zu Vernarbungen führen, können Unfruchtbarkeit erzeugen. Aus diesem Grund müssen Eizellenspenderinnen in der Regel nach der fünften Spende einen Vertrag mit der Agentur unterzeichnen, dass sie bei eventuellen gesundheitlichen Schäden keine Regressforderungen an die Agentur oder das Paar stellen. Da haben es die Samenspender besser. Die Gewinnung ihres Ejakulats verläuft relativ problemlos und birgt auch keine gesundheitlichen Risiken. Außerdem können sie – im Gegensatz zu Eizellenspenderinnen – anonym bleiben. Die Kataloge der Samenagenturen informieren zwar über Größe, Haarfarbe, Augenfarbe, Religionszugehörigkeit, Ausbildung, Beruf und – natürlich – Rasse, aber die Identität des Spenders bleibt im Allgemeinen ungenannt. Darauf legen Samenspender Wert, sie wollen meist auch nichts über das mit ihrem Samen gezeugte Kind wissen, weil sie Unterhaltszahlungen befürchten.

„Höchstrangiges Forschungsgut Embryo"

Nach der Einnistung eines mittels IVF befruchteten Eis in die Gebärmutter – die keinesfalls beim ersten Mal klappen muss, manchmal klappt sie gar nicht – werden die übrig gebliebenen Embryonen eingefroren, wobei Rechtsanwälte vertraglich festlegen, wem sie legal gehören. Entschließt sich das Paar, diese für die Forschung zu „spenden", wird die gesamte Behandlung kostengünstiger. Schließlich ist das „höchstrangige Forschungsgut Embryo" (Treusch-Dieter) äußerst begehrt. Und weil die meisten Menschen davon überzeugt sind, damit einen wertvollen Beitrag zu einer segensreichen Wissenschaft zu leisten, ist die Spendenfreudigkeit sehr hoch. So präsentierte im Juli 2003 der Wiener IVF-Guru Professor Wilfried Feichtinger das Ergebnis einer Befragung von 160 Patientinnen an seinem Institut, nach der 67,5 Prozent zu einer Eizellenspende bereit wären und 66 Prozent einen „überzähligen" Embryo spenden würden. Außerdem sprachen sich 39,9 Prozent für die Adoption eines Embryos aus.[57] Anlass für diese Studie war der von Feichtinger und auch anderen Reproduktionsmedizinern beklagte Zustand, dass in Österreich – bislang – überzählige Embryonen maximal ein Jahr für einen eventuellen Transfer aufbewahrt werden dürfen und auch ihre Adoption – vorläufig – verboten ist. Ein Grund dafür sind Befürchtungen, dass Kliniken mit dem Verkauf von Embryonen an kinderlose Paare Geschäfte machen könnten, die dazu führen, dass Frauen in Zukunft noch mehr hormonell stimuliert werden, damit sie noch mehr Eizellen und damit mehr Embryonen „produzieren", die dann „übrig" bleiben.

Eizellen, das begehrte Gut aus dem Reservoir „weiblicher Körper", werden auch für die Stammzellenforschung ebenso wie für das Klonen gebraucht, und zwar in erheblichen Mengen. Die Biologin Sabine Riewenherm beschreibt in einem im Jänner 2002 in der Fachzeitschrift „Psychologie Heute" erschienenen Interview anschaulich die Schwierigkeiten, mit denen sich die Stammzellenforschung konfrontiert sieht. Danach würden 25.000 menschliche Klone benötigt, um nur 10 Prozent der Alzheimerkranken in Deutschland zu therapieren, wobei für die Herstellung jedes Klons

Hunderte Eizellen verbraucht werden müssten. Immer vorausgesetzt, das funktioniert überhaupt, was fraglich ist.[58] Wieder einmal wundern sich alle mit gesundem Menschenverstand bei der Vorstellung, welche ungeheuren Geldmengen, welcher Aufwand an menschlicher Energie in ein Projekt gesteckt werden, dessen Chance auf Erfolg so gering ist. Und wie sehr Frauen als „Rohstofflieferantinnen" bereit sind, hier mitzuspielen. Wobei bereits jetzt abzusehen ist, dass es wieder die armen Frauen aus dem Süden sein werden, die sich für geringe Bezahlung diesbezüglich besonders ausbeuten lassen werden. Zwar wird in den letzten Jahren als Alternative an adulten Stammzellen geforscht, die aus dem Gewebe Erwachsener gewonnen werden und mit denen die gleichen therapeutischen Ziele zu erreichen sind wie mit embryonalen Stammzellen. Allerdings sind adulte Stammzellen schwerer gewinn- und vermehrbar. Dass die Heilserwartungen generell überschätzt werden, wurde bereits erwähnt.

Embryonenforschung schafft zwei Klassen von Embryonen: Fortpflanzungsembryonen, aus denen ein Kind werden darf, und Nutzembryonen, die wissenschaftlich, kommerziell und therapeutisch verwendbar sind. Seit Jahren versucht die EU die so genannte „verbrauchende Embryonenforschung" einheitlich zu regeln, also die Forschung an Embryonen, die zur Herstellung neuer Stammzellen vernichtet werden müssen.

Ebenfalls seit Jahren wird EU-weit die Möglichkeit diskutiert, menschliche Embryonen zu Forschungszwecken künstlich herzustellen. An diesem so genannten „therapeutische Klonen" – noch vor einem Jahr EU-weit abgelehnt – darf seit Herbst 2004 in Großbritannien gearbeitet werden, worauf bereits im Mai 2005 die Jubelmeldung durch die Presse ging, dass britischen Forschern der erste in der EU geklonte Embryo geglückt sei, nur einen Tag nach dem ersten Klonen von Stammzellen in Südkorea. Freilich, so wird einschränkend hinzugefügt, sollten die damit verbundenen Heilserwartungen nicht zu hoch geschraubt werden, denn zu einer erfolgversprechenden Therapie sei es noch ein weiter Weg.[59] Es ist also neuerlich die Frage zu stellen, inwieweit sich dieser ungeheure Aufwand lohnt bzw. inwieweit es gerechtfertigt ist und ob für eine gesündere Menschheit nicht andere, effektivere Wege beschritten werden könnten. Trotzdem ist es nur eine Frage der Zeit, dass weitere Staaten diesem Beispiel folgen werden.

Im Gegensatz zu diesem „therapeutischen Klonen" ist das so genannte „reproduktive Klonen", das zur Entstehung eines neuen Menschen führen soll, bis jetzt international geächtet. Wie lange noch? Die weltweit erste embryonale Stammzellenbank wurde bereits – analog zu den zahlreichen

Samen- und Eizellenbanken – im Mai 2004 in der Nähe von London eröffnet. Sie lagert hauptsächlich „überzählige Embryonen" aus künstlicher Befruchtung und ermöglicht es damit auch Forschern aus Ländern, in denen es – so wie in Österreich und Deutschland – aufgrund eines Gesetzes an ausreichendem „Forschungsmaterial" fehlt, sich den begehrten Nachschub an Embryonen zu besorgen.

Inzwischen ist die Situation derart unübersichtlich geworden, dass nicht nur dem Laien, sondern allmählich auch dem Experten die Kontrolle zu entgleiten droht. So häufen sich in letzter Zeit peinliche „Unfälle", Verwechslungen und daraus resultierend unerwünschter Nachwuchs. Im Jänner 2003 beispielsweise informierte eine Wiener Tageszeitung über zwei Frauen, denen in London die falschen Embryonen eingepflanzt worden waren. Außerdem hatte ein weißes Paar farbige Zwillinge bekommen, weil die Eizelle der Frau irrtümlich mit dem Sperma eines schwarzen Mannes befruchtet wurde.[60] Auch in Italien kam es im September des folgenden Jahres zu ähnlichen „Unglücksfällen". Auch hier hatte eine Italienerin nach einer Behandlung im Zentrum für Fortpflanzungsmedizin in Modena dunkelhäutige Zwillinge geboren, weil das Sperma ihres Mannes mit dem eines Afrikaners verwechselt worden war. Ebenso wurden in einer Turiner Privatklinik zwei Frauen Eizellen eingepflanzt, die mit dem Sperma anderer Männer befruchtet worden waren.[61]

Die aufgespaltene Mutter

Unübersichtlich werden auch die verwandtschaftlichen Verhältnisse. Das Zerstückeln, Zerteilen, Zerreißen von Zusammenhängen setzt sich auf dieser Ebene fort. Inzwischen wird nicht nur von einer genetischen Mutter (Eispenderin), einer biologischen Mutter (Leihmutter) und einer sozialen Mutter (Auftraggeberin, aufziehende Mutter) gesprochen. Es kann darüber hinaus – theoretisch – auch zwei genetische Mütter (wenn die Eizelle genetisch entkernt und mit dem genetischen Material der auftraggebenden Mutter gefüllt wird) und zwei Väter (wenn der genetische Vater nicht der soziale Vater ist) geben. Für das Selbstverständnis der heranwachsenden Kinder, für ihre Identität, für ihr Gefühl der Sicherheit, in einer Mutter und einem Vater aufgehoben zu sein, interessiert sich offenbar niemand. Darüber machen sich die Reproduktionsmediziner kaum Gedanken, das geht sie nichts an, das kümmert die Forscher in ihren Labors, die neuen Menschenzüchter, die angeblich nur das allgemeine Wohl anstreben, herzlich wenig. Auch die zur Überwachung wissenschaftlichen Eifers eingesetzten Ethikkommissionen zeigen sich unter Rücksichtnahme auf Forschung und Wissenschaft eher kompromissbereit.

Und die Frauen? Denen auf diese Art und Weise Mutterschaft als Ganzheitserlebnis gestohlen und damit der Kern jeder menschlichen Beziehung zerstört wird? Viele bieten sich als Versuchskaninchen an, viele schweigen. Eine radikale Kampfansage gibt es nur von Feministinnen, die von Anfang an die Reproduktionstechniken als patriarchal/androzentrisches Herrschaftsinstrument erkannt haben. Allerdings kommt es auch hier zu Spaltungen, es gibt auch innerhalb des feministischen Lagers Befürworterinnen der Reproduktionsmedizin, vor allem in den USA.

Die Aufsplitterung der Mutterschaft wird besonders schmerzlich von einer Leihmutter erfahren. In den USA, wo Leihmutterschaft etwa in der Hälfte der Staaten zugelassen ist, haben bereits in mehreren Prozessen Leihmütter um das Recht gekämpft, das Kind, das sie neun Monate lang ausgetragen haben, auch behalten zu dürfen. Sie mussten erfahren, dass ein Kind keine Ware ist, die nach der Geburt weggegeben werden kann, so wie ein Fabrikant sein Produkt verkauft. Allerdings hat bislang noch keine Leihmutter von einem amerikanischen Gericht das Baby zugesprochen bekommen. Lediglich Besuchsrechte wurden in manchen Fällen eingeräumt. Ihr psychisches Trauma, ihre Trauer zählen nicht. Da wurde jahrhundertelang Mutterliebe gepredigt, Mutterinstinkt als angeboren hingestellt, aber wenn sich diese Eigenschaften männlichen Interessen entgegenstellen, sind sie plötzlich nicht mehr vorhanden. Schließlich werden die Dienste dieser Übergangs-Mutter ja bezahlt, wobei die etwa 15.000 bis 25.000 Dollar, die ihr nach Abzug der Kosten für die Leihmütter-Agentur bleiben, gar nicht so fürstlich sind.

Schließlich muss die Leihmutter für dieses Geld der Agentur dauernd zur Verfügung stehen, hat sie sich nicht nur psychologischen Tests, sondern auch komplizierten diagnostischen Eingriffen zu unterziehen und bekommt hohe Dosen an fruchtbarkeitsfördernden Medikamenten und Hormoninjektionen verordnet. Unter Umständen muss sie sogar ihren Job aufgeben. Die Journalistin Susanne Ince, die sich probeweise von einer Leihmütter-Agentur anheuern ließ, beschreibt das lückenlose Kontrollsystem, dem eine Leihmutter unterworfen wird, und die vertraglich festgelegten Fallen, in die sie stolpern kann.[62] Das sechsmonatige Befruchtungsprogramm läuft unter Umständen unbezahlt ab, die Versuchsperson erhält kein Geld, wenn sich dabei keine Schwangerschaft einstellt. Auch bei einer Fehlgeburt geht sie leer aus, lediglich die Totgeburt wird bezahlt, wobei die Definition dessen, was nun als Fehl- und was als Totgeburt zu bezeichnen ist, dem Arzt überlassen bleibt. Auch die gesamte Kontrolle und Überwachung der Schwangeren richtet sich nach dem Ermessen des Arztes. So etwa muss sich jede Leihmutter einer Fruchtwasseruntersuchung unterziehen und, falls diese negativ verläuft, das Kind abtreiben lassen.

Ince berichtet von der Nebenrolle, die auch die soziale Mutter bei diesem Besamungsvorgang spielt. Denn obwohl Leihmüttern inzwischen auch bereits befruchtete Eizellen unterschiedlicher Ei- und SamenzellenspenderInnen eingepflanzt werden, wird bei der Mehrheit Schwangerschaft durch Insemination hervorgerufen. Die Schlüsselposition bei dieser gekauften Mutterschaft hat der Vater. Er ist der Geldgeber und es ist sein Kind.

Auch hier kann davon ausgegangen werden, dass vor allem mittellose Frauen ihren Körper auf diese Art und Weise vermarkten. Philip Parker, der in den 1980er Jahren an einer Studie über „Brüterinnen" arbeitete, stellte fest, dass etwas mehr als vierzig Prozent dieser Frauen entweder arbeitslos waren oder eine Art von Beihilfe bezogen.[63] Andrea Dworkin spricht in ihrem Buch „Right-Wing-Women" in diesem Zusammenhang von Prostitution. „Mutterschaft wird ein neuer Zweig weiblicher Prostitution, und zwar mit Hilfe von Wissenschaftlern, die für experimentelle Zwecke und aus Machtgier Zugang zum weiblichen Unterleib haben wollen ... Frauen können ihre Gebärfähigkeit verkaufen, so wie Prostituierte früher ihre sexuelle Kapazität verkauften, aber ohne das Stigma der Hurerei, weil keine Penetration durch den Penis vorliegt."[64]

Unsterblichkeitswahn, Fortpflanzungskontrolle und die „Befreiung" vom Mutterleib

Mutterschaft als Prostitution macht es dem Mann möglich, sich als „alleiniger Elter" zu fühlen. Diesen Ausdruck gebrauchte David Rorvik in seinem Buch „In His Image: the Cloning of a Man" 1978 im Zusammenhang mit der Beschreibung des Klonens, mit dem er glänzende Zukunftsaussichten für den Mann verbindet. Tatsächlich würde das Klonen den Weiterbestand des männlichen Geschlechts ohne das genetische Material des weiblichen Geschlechts ermöglichen, weil mit der Entfernung des Nukleus, des Zellkerns, und mit dem Auffüllen der Eizelle mit einem fremden Nukleus auch die genetischen Informationen wegfallen, die in den Chromosomen enthalten sind. (Beim Klonen wird der Kern einer einfachen Körperzelle mit einer Eizelle verschmolzen, deren Erbgut zuvor entfernt wurde. Dann muss diese Zelle mit elektrischen Impulsen stimuliert werden, bevor der sich daraus entwickelnde Embryo einer Leihmutter eingepflanzt werden kann.) Dass Hunderte von Versuchen notwendig sind, um einen sich entwickelnden Embryo zu gewinnen, macht den Stress, die gesundheitlichen Risken für Frauen deutlich, die vor der Eispende mit hohen Hormongaben behandelt werden müssen.

Der besessene Eifer, der in diese mageren Resultate investiert wird, ist einerseits durch männliche Unsterblichkeitsphantasien zu erklären, andererseits aber auch durch den Wunsch, ein äußerstes Maß an Fortpflanzungskontrolle zu erreichen. Und noch ein weiterer wichtiger Grund muss als Triebfeder dieser jahrtausendelangen Bemühungen genannt werden: die Überwindung mütterlicher Abhängigkeit. Eine tote Maschine soll weibliche Gebärkraft teilweise oder ganz ersetzen, der Geburtsvorgang wird technisiert, und lebloses Material tritt an die Stelle lebender Zusammenhänge. „Man bekämpft den Tod durch Totes und produziert dabei immer mehr realen und potenziellen Tod", meint der Philosoph Peter Heintel.[65]

Dass beim Klonen der männliche Same überflüssig wird, ist allerdings ein Aspekt, der den Reagenzglasbefruchtern weniger zusagt. Denn damit sind – zumindest in der Theorie – auch die patriarchalen Schöpfungsphantasien vom alles belebenden Samen und der Frau als minderem Gefäß an ihr Ende gelangt. Auch wurde inzwischen klar, dass die eingepflanzten Gene nicht unbedingt den/die totale DoppelgängerIn garantieren. Vielmehr spielen das ganz spezifische Stoffwechselmuster, der Hormonhaushalt, die Stimmungslage der austragenden Leihmutter ebenso wie das Umfeld, in dem das Kind aufwächst, eine nicht unerhebliche Rolle.[66]

Feministischer Widerstand

In Deutschland ebenso wie in Österreich kam es in den 1980er Jahren zu zahlreichen feministischen Initiativen, die sich mit den Reproduktionstechnologien kritisch auseinander setzten. Am bekanntesten ist wahrscheinlich FINRRAGE: „Feminist International Network of Resistance to Reproductive and Genetic Engeneering", dem führende Feministinnen wie Gena Corea, Maria Mies, Jalna Hammer, Robin Rowland und Renate Duelli Klein angehören. FINRRAGE wurde 1984 auf dem 2. Interdisziplinären Frauenforschungskongress in Groningen als FINNRET (Feminist International Network on New Reproductive Technologies) gegründet, es hat etliche Kongresse veranstaltet und behauptet eine führende Rolle bei der Mobilisierung eines internationalen Frauenwiderstandes gegen die Gen- und Reproduktionstechnologien.

Auch in Österreich hat sich 1987 in Innsbruck eine Frauen-Lesben-Widerstandsgruppe gegründet, die allerdings nach drei Jahren intensiver Arbeit auseinander brach. Die Aktivitäten dieser Frauen waren vielfältig: Sie verteilten Flugblätter, störten einschlägige Veranstaltungen, besetzten Labors, fuhren auf Kongresse und versuchten die Errichtung eines Genzentrums in Innsbruck zu verhindern. Ihr Resümee: „Es ist den zahlreichen Frauen/Lesben-Widerstandsgruppen gegen Gen- und Reproduktionstechnologien gelungen, diese zum Streitthema zu machen ... Aber ein Wesentliches ist ihnen nicht gelungen, nämlich den Diskurs tatsächlich zu bestimmen. Die grundsätzliche Herrschaftskritik der Feministinnen an diesen Technologien hatte sich nicht durchgesetzt."[67] Damit ist das zentrale Dilemma klar ausgedrückt. Die Kritik ist in den letzten Jahren zwar leiser geworden, aber sie ist auch in Österreich nicht verstummt. Wie etwa eine Publikation über „Feministische Kritik an Gen- und Reproduktionstechnologien" beweist, die eine umfassende Darstellung des Problems bietet und 2003 in der AUF-Edition erschienen ist.[68]

Nicht unbedingt im Sinne von Feministinnen ist allerdings die Tatsache, dass sie sich bei ihren Protesten häufig in Gemeinschaft mit rechten, katholischen Kreisen wiederfinden, obwohl die Ausgangslage feministisch gesinnter Frauen eine ganz andere ist. Gegen Reproduktionstechnologien spricht sich nicht nur die katholische Kirche, sondern auch die „Aktion Leben" aus, die Protestanten hingegen verhalten sich nicht grundsätzlich ablehnend.

Auch die Notwendigkeit einer anderen Wissenschaft wird am radikalsten von Feministinnen vertreten. Sie fordern andere, menschen-, frauen- und naturfreundliche Technologien, in denen das Subjekt-Objekt-Verhältnis aufgehoben und die Würde jedes Naturwesens respektiert wird. Sie fordern ein Ende der Ausbeutungsstrategien, ein Ende der Zerstörung lebendiger Zusammenhänge, die im Grunde Liebe bedeuten. Ein neuer Erkenntnisbegriff ist notwendig, der die Symbiose, mit der alle Lebewesen miteinander verbunden sind, als lebenserhaltend begreift und der den Unsterblichkeits- und Allmachtswahn, wie er in den modernen Technologien zum Ausdruck kommt, als zerstörerisch entlarvt. Wobei wir uns an einen Ausspruch Johann Jakob Bachofens, des Pioniers der Matriarchatsforschung, erinnern dürfen, nach dem „die Frau das von Anfang an Gegebene, der

Mann das Gewordene (ist) – sie die Ursache, er die Wirkung".[69] „Wir brauchen eine Wissenschaft, die sterblich ist", meint Maria Mies, „die akzeptiert, dass Menschen, auch Männer, von Frauen geboren werden und dass sie sterblich sind", eine Wissenschaft, die „unseren Leib und unsere Sinne und unsere Gefühle, auch den männlichen Leib, als eine Quelle der Erkenntnis ansieht ... Ich verlange nach einer Wissenschaft, die die Sinne wieder in ihr Recht versetzt".[70] Mies fordert weiters, den Verfremdungsprozess aufzuheben, der mit dem menschlichen – vor allem weiblichen – Körper stattgefunden hat, diesen nicht als Feind zu begreifen, wie das in der gesamten abendländischen Philosophie und Religion suggeriert wird, seelenlose Materie, die – ebenso wie Natur – zerstückelt, manipuliert und verkauft werden kann. Es geht also um die Aufhebung von Dualismen, die im patriarchalen Selbstverständnis immer einen Herrschaftsanspruch beinhalten, und um das Widerfinden einer Ganzheit, die uns verloren gegangen ist.

X. Mutterschaft heute

Die abgeschaffte Mutter in den Labors hat eine Parallele im täglichen Leben. Eine Mutter passt ebenso wenig wie ihre Kinder in eine durchrationalisierte Maschinen- und Automatenwelt, in der es um Effizienz, Profit und Leistung geht, Spiel- und Bewegungsräume ein Ghettodasein führen und die weitgehend unbezahlte Mutterexistenz gravierende Nachteile für die Frau zur Folge hat. Einerseits von der Gesellschaft erwünscht und hofiert, gelegentlich – vornehmlich am eigens dafür eingerichteten Muttertag – auch geehrt, muss sie andererseits ihre geschätzte Leistung mit Selbstverzicht, Abhängigkeit, finanzieller Benachteiligung, Doppelbelastung und Verringerung eigener Karrierechancen bezahlen. Die Mutter ist zum Anachronismus geworden, ein Auslaufmodell sozusagen. Die potenten GebärerInnen, auf die sich das bewundernde Auge der Weltöffentlichkeit richtet und die in jeder Form gefördert werden, sind jetzt die ReproduktionsmedizinerInnen, während die realen Mütter dieser Gesellschaft – aus guten Gründen – allmählich abhanden kommen. Natürlich empfinden die meisten Frauen ein Kind immer noch als Glück, als tiefe Bereicherung, als wertvolle Erfahrung. Dass dieses Glück häufig mit Überforderung verbunden ist, mit Stress, Isolation, die gelegentlich zu Zorn, Frustration und Aggressivität führen, wagen Mütter erst in letzter Zeit – vereinzelt – zuzugeben. Zu tief verankert ist immer noch das Bild der guten, selbstlosen, alles unter einen Hut bringenden, stets den richtigen Ton treffenden, die perfekte Erziehung schaffenden Mutter. Und Mütter arbeiten eifrig an diesem Image, wissen sie doch selbst am besten, wie angreifbar sie sind, wie sehr ihnen jeder Fehlgriff zur Last gelegt wird, wie sie bei jeder unerwünschten Entwicklung des Kindes sofort zur Verantwortung gezogen werden.

Interessenskonflikte zwischen Müttern und kinderlosen Frauen

Die Mütterfrage wurde in der Zweiten Frauenbewegung lange Zeit als nebensächlich abgetan. Die Idealisierung von Mütterlichkeit, wie sie die Erste Frauenbewegung auszeichnet, einerseits und die Philosophie einer Simone de Beauvoir und Shulamith Firestone andererseits hatten dazu geführt, biologische Mutterschaft als Hindernis für die Befreiung der Frau aus gesellschaftlichen Zwängen zu betrachten. Für Firestone ist Schwangerschaft „barbarisch" und das Gebären ein schmerzhafter Schock, weshalb sie sich auch für die Reproduktionsmedizin ausspricht. Ebenso ist für Beauvoir die Emanzipation der Frau nur durch die Überwindung ihrer naturhaften Körperlichkeit möglich (siehe dazu Kapitel III). Ansichten, die auch die Neue Frauenbewegung prägten. Zwar gab es bereits in den 1960er Jahren Bemühungen, durch Krabbelgruppen und Kindertagesstätten Mütter zu entlasten. Trotzdem sprechen die Initiatorinnen der 1978 in Berlin veranstalteten 3. Sommeruniversität für Frauen in Berlin von einem Thema, das „bisher höchst ‚subversiv' behandelt wurde". Sie stellen fest, dass die untergeordnete Bedeutung der Mütterfrage, wie sie im ersten Widerstand gegen die Frauenunterdrückung verständlich gewesen sei, nicht mehr akzeptabel sei, weil sie „die Realität der Mütter, die die meisten Frauen dieser Gesellschaft betrifft, gänzlich ausspare".[1]

Noch deutlicher jedoch machten die sich vernachlässigt fühlenden Mütter beim Kongress der Grünen „Leben mit Kindern – Mütter werden laut" 1986 in Köln auf sich aufmerksam, bei dem der Konflikt zwischen Frauen über Mutterschaft, Frauenbilder und feministische Politik in aller Schärfe ausgetragen wurde. Das damals veröffentlichte „Müttermanifest", in dem einerseits die Benachteiligung der Mütter, andererseits aber auch die Bereicherung durch ein Leben mit Kindern betont wurde, führte zu erregten Auseinandersetzungen zwischen Müttern und kinderlosen Frauen, die einen schon lange schwelenden, unbewältigten Interessenskonflikt aufzeigten, was für jahrelange Diskussionen sorgte. Während Politikerinnen, die gleichzeitig Mütter waren, ihre Ausgrenzung beklagten und die Nichtbeachtung ihrer speziellen Interessen, warfen ihnen die Kritikerinnen eine Idealisierung von Mutterschaft vor, einen Ausschluss der Väter und eine wenig zielführende Forderung von Lohn für Haus- und Familienarbeit. Tatsächlich vermittelt dieses „Müttermanifest" ein wenig den Eindruck von Mutterschaft als eigentlicher Berufung der Frau, und es musste daher von den kinderlosen Feministinnen als reine Provokation empfunden werden. Andererseits ist diese Betonung der Einzigartigkeit mütterlicher Erfahrung, womit sich die Verfasserinnen des „Müttermanifestes" in den Augen ihrer Kritikerinnen als „bessere Menschen" beweisen wollten, aus der Vernachlässigung ihrer speziellen Bedürfnisse und Schwierigkeiten als Mütter zu verstehen, wie sie auch für die Politik der Grünen kennzeichnend war.

Mütter als Stiefkinder der Gesellschaft

Diese krassen, offen ausgetragenen Interessenskonflikte zwischen Müttern und kinderlosen Frauen sind heute weitgehend überwunden. Ganz verschwunden sind sie noch immer nicht. Verschwunden ist auch nicht die Benachteiligung der Mutter. Ganz im Gegenteil.

Mütter sind die Stiefkinder dieser Gesellschaft. Sie sollen alles können, alles bewältigen und eine gesunde, leistungsfähige Nachkommenschaft in die Welt entlassen, die das Leben möglichst problemlos meistert und den Ansprüchen zufriedenstellend entspricht. Können sie das nicht, haben sie versagt. Nach der Kinderfeindlichkeit der Gesellschaft, der Verantwortung ihres sozialen Umfelds oder etwa des Vaters wird wenig gefragt. Ihre persönlichen Frustrationen interessieren wenig, dass sie vielleicht ihren Job aufgegeben haben, dass sie auf lukrative Aufstiegsmöglichkeiten verzichteten, dass sie sich mit ihren kleinen Kindern eingesperrt fühlten, isoliert in ihren vier Wänden. Eingeschränkt in ihrem Bewegungsspielraum vor allem in den Städten, müssen sie mit ihrem Kinderwagen zahlreiche Barrieren überwinden, angefangen vom Erklimmen der Straßenbahn über die mangels eines Liftes zu bewältigenden Stufen zur U-Bahn bis zur Überquerung gefährlicher Straßenkreuzungen.

Frauen ziehen aus diesem Dilemma ihre persönlichen Konsequenzen: Sie bleiben immer häufiger kinderlos. Oder sie bekommen ihre Kinder in reiferen Jahren, wenn sie bereits über eine gewisse Lebensperspektive, über eine gesicherte Berufslaufbahn verfügen. Das sind dann jene Frauen mit der so genannten Risikoschwangerschaft, über die sich wiederum die Reproduktionsmedizin freut.

Im Grunde ist es erstaunlich, dass Frauen sich unter diesen Umständen überhaupt noch zu einem Kind entschließen. Dafür sind meist Gründe ausschlaggebend, die tief in unsere Psyche reichen und paradoxerweise ebenfalls mit einer zunehmend sterilen, durchorganisierten und immer lebloser werdenden Automatenwelt zu tun haben: Ein Kind sorgt für Spontaneität, Überraschung, es ist ein sprudelnder Quell von Lebendigkeit, es besitzt noch die Fähigkeit, Freude ebenso unverstellt auszudrücken wie Schmerz. Es vermittelt emotionale Wärme, die vielleicht vom Partner nicht gegeben wird, das Gefühl, gebraucht zu werden, und damit Sinnhaftigkeit. Mit einem Kind lässt sich die Welt noch einmal aus seinen Augen nacherleben, sie bekommt damit eine neue oder längst vergessene Bedeutung, mit ihm sind Erfahrungen möglich, die sonst nicht gemacht werden können. Ein Kind ist heute nicht mehr als Arbeitskraft nötig, so wie in vergangenen Zeiten, auch nicht mehr als Altersversorgung, wie vielfach noch in der so genannten Dritten Welt. Mit ihm verbindet sich ein Glücksversprechen, verbinden sich hohe Erwartungen – die nur allzu oft nicht erfüllt werden – und auch die Vorstellung von Kontinuität, einem Weiterleben nach dem Tod, zumindest in der Erinnerung nahe stehender, geliebter Menschen. Diese Argumente sind stark genug, um viele Frauen die damit verbundenen Benachteiligungen ertragen zu lassen. Dass allerdings die Absicherung der eigenen Existenz vielfach Vorrang genießt, zeigen die sinkenden Geburtenziffern. Aber auch Männer möchten immer häufiger kinderlos bleiben, in Deutschland bereits jeder vierte Mann zwischen 20 und 39 Jahren.[2]

Immerhin wünschen sich mehr Paare ein Kind, als dann tatsächlich welche bekommen. Einer repräsentativen Umfrage der Universität Graz zufolge wollen 80 Prozent der unter 28-Jährigen in Österreich einmal Kinder haben, die meisten davon zwei oder drei.[3] Die tatsächliche durchschnittliche Kinderzahl pro Frau liegt allerdings bei mageren 1,3, womit sich Österreich zusammen mit Deutschland EU-weit betrachtet im unteren Drittel befindet. Kinderwillig und kein entsprechendes Ergebnis! Das müsste in einem Land, das vom Schreckgespenst des Aussterbens heimgesucht wird, zu denken geben. Tut es auch, aber mit unzureichenden Mitteln. Denn ein seit 2002 reichlich fließendes so genanntes Kindergeld (es hat das für 24 Monate geltende Karenzgeld abgelöst, kann bis zu 36 Monate beansprucht werden und ist als Familienleistung zu betrachten) hat nur geringfügig zum erhofften Geburtenanstieg – der im Übrigen von vielen Experten auch auf andere Faktoren, wie etwa die Zuwanderung, zurückgeführt wird –, dafür aber umso mehr zur Arbeitslosigkeit der Frauen beigetragen. Bereits ein Jahr nach Umwandlung des Karenzgeldes in das Kindergeld ist in Österreich der Anteil jener Frauen, die nach der Babypause wieder eine Beschäftigung aufnehmen konnten, von 54 Prozent auf 35 Prozent zurückgegangen. Gleichzeitig sank der Anteil an Vätern in Karenz von minimalen 2,5 Prozent auf 2 Prozent.[4] Da sind Frankreich und Schweden mit ihrer Familienpolitik etwas erfolgreicher, Ersteres kann hier mit ausreichenden Kinderbetreuungsplätzen immerhin stolze 1,89 Kinder pro Frau aufweisen, während es Schweden auf durchschnittlich 1,65 Kinder und 15 Prozent Karenzväter bringt.[5]

Entscheidungsfreiheit für oder gegen eine Kind?

Die Alarmglocken läuten aber überall, denn um die Bevölkerung stabil zu halten und damit die Pensionen zu sichern wären durchschnittlich 2,1 Kinder pro Frau nötig, und diese Zahl wird innerhalb der EU lediglich im gebärfreudigen Irland erreicht. Die Frauen im übrigen Europa befinden sich in einer Art Gebärstreik. Einerseits, weil die geschilderten Nachteile dann doch einen ursprünglichen Kinderwunsch verhindern, andererseits aber auch, weil sich eine wachsende Zahl von Frauen bewusst gegen Kinder entscheidet. Was immer noch als Tabubruch gilt, denn eine Frau, die sich kein Kind wünscht, wird als Provokation empfunden, sie gilt als widernatürlich, egoistisch oder karriceregeil. Leben wir doch nach wie vor in einer androzentrischen Gesellschaft, deren – auch von Frauen verinnerlichte – Definitionsmacht einen bestimmten Verhaltens- und Gefühlskodex festlegt, der nicht übertreten werden darf. Dieser Kodex besagt, dass es der natürliche Wunsch jeder Frau ist, Kinder zu bekommen, und dass dieser Wunsch so stark ist, dass er alle Hindernisse überwindet. Weshalb es offenbar auch nicht notwendig erscheint, für jene Frauen, die sich Kinder wünschen, akzeptable Bedingungen zu schaffen, das heißt, die Nachteile, die mit Mutterschaft verbunden sind, aus dem Weg zu räumen.

Die viel gepriesene Wahlfreiheit ist also keine. Zwar können Frauen dank der Pille jetzt eher unerwünschten Nachwuchs verhindern, als es noch unseren Vorfahren möglich war (dass die Verhütungsmittel generell zu Lasten der weiblichen Gesundheit gehen und Männer sich davon freihalten, ist eine andere Geschichte), aber die Zwänge, denen Frauen unterliegen, sind nach wie vor beachtlich. Fehlende Kinderbetreuungseinrichtungen, drohender Jobverlust, geringe Pension sind nur einige der gebetsmühlenartig zu wiederholenden Nachteile, die eine freie Entscheidung ins Reich der Märchen verweisen.

Zu den vielen die Mutterschaft betreffenden Widersprüchlichkeiten gehören auch die immer höheren Anforderungen, die bei gleichzeitiger Diskriminierung an sie gestellt werden. In der vorindustriellen Gesellschaft war Kindheit eine unwichtige Übergangsphase, die keine besondere Aufmerksamkeit verdiente. Das Kind wuchs innerhalb einer Hausgemeinschaft auf, es hatte viele Bezugspersonen, die Fixierung auf die Mutter war nicht so ausschließlich wie heute. Statt Erziehung im gegenwärtigen Sinn gab es moralische Anleitungen, Einübung in Gottesfurcht und Gehorsam, wofür vor allem der Vater zuständig war. Ansonsten bezog sich die Versorgung eines Kindes auf seine elementaren Bedürfnisse wie Nahrung und Kleidung. Erst das 18. Jahrhundert hat die Kindheit als wichtigen Lebensabschnitt entdeckt und gleichzeitig Mutterschaft als bedeutende Aufgabe. Das Kind wurde zu einer Persönlichkeit, die gefördert werden musste. Medizin, Psychologie, Pädagogik bemühten sich mit immer neuen Entwürfen, die bestmögliche Entwicklung eines Kindes zu gewährleisten (siehe dazu Kapitel VII). Angesprochen wird vor allem die Mutter, sie trägt die Verantwortung.

Inzwischen hat die hochindustrielle Gesellschaft zwar manche Vereinfachungen für die physische Versorgung des Kindes gebracht, wie etwa vorgefertigte Babykost oder Wegwerfwindeln, andererseits jedoch werden die Ansprüche immer höher geschraubt. Nicht nur die Anlagen eines Kindes verdienen eine jede Möglichkeit ausschöpfende Förderung – dazu gehört neben geistiger und musischer auch die sportliche Betätigung –, es muss auch mit den modernen Technologien wie Handy, Computer, Walkman etc. ausgerüstet werden. Tenniskurs, Skikurs, Sprachferien, das Erlernen eines Instrumentes sind beinahe obligatorisch. Das erfordert Organisation und Zeitaufwand – und es kostet Geld. Weshalb kinderreiche Familien – neben Alleinerzieherinnen – am ehesten unter die Armutsgrenze rutschen.

Vor allem aber steht die Gesundheit des Kindes im Mittelpunkt der Anstrengungen. Schon das Baby, so wird jeder Mutter eingehämmert, braucht Licht und genügend frische Luft. Was also tun, wenn weder ein Garten noch ein Balkon vorhanden ist? Täglich mindestens drei Stunden muss dann das Baby ausgefahren werden, lautet die ärztliche Regel. Eine Aufgabe, die natürlich die Mutter zu erfüllen hat. Wobei es mit der Luft vor allem in den Städten bekanntlich Probleme gibt. Sie kann zwar „frisch" sein, aber „sauber" ist sie deshalb noch lange nicht. Solche und ähnliche Schwierigkeiten setzen sich beim heranwachsenden Kind fort. Denn selbstverständlich braucht es eine „kindgerechte" Umgebung, vom Wohnen bis zu entsprechenden Freizeiträumen. In einer empirischen Studie zum Alltag von Müttern heißt es: „... die ehemals selbstverständliche Auseinandersetzung des Kindes mit Natur, die ‚Eroberung der Welt' durch Fühlen, Laufen, Spielen (ist) auch eine Erziehungsaufgabe der Mütter geworden. Wohldosiert sollen Mütter durch pädagogische Spiele, Vorschulprogramme und dergleichen den Kindern die Fähigkeit antrainieren, die sie einerseits benötigen, um in der Leistungsgesellschaft konkurrenzfähig zu bleiben, andererseits gerade durch deren verengte Lebensbedingungen nicht mehr selbstverständlich erlernen ... Wenn Kindheit heute Stadtkindheit und Verkehrsteilnehmerkindheit heißt, sorgen die Mütter für den Ausgleich zwischen kindlichem Bewegungsdrang und städtischer Wohnwelt."[6]

Mütter als Puffer zwischen zwei gegensätzlichen Welten

Mütter sollen also einen Ausgleich schaffen zwischen einer lebensfeindlichen Gesellschaft und den natürlichen Bedürfnissen des Kindes, sie sind der Puffer zwischen zwei gegensätzlichen Welten, die sie – im Interesse ihres Kindes – in Einklang bringen sollen. Die hohen Anforderungen einer modernen Pädagogik lassen sich in einer kinderfeindlichen Gesellschaft aber nicht verwirklichen, und Mütter, die diese Unmöglichkeit schaffen sollen, müssen scheitern. Das passt ins Konzept. Die Mutter als „Sündenbock der Moderne" in der Psychoanalyse hat ihre Entsprechung im Alltag. Es ist immer bequemer, Verantwortung auf die Schwächeren abzuschieben, als gesellschaftliche Strukturen zu ändern.

Eine kinderfeindliche Gesellschaft ist daher auch mütterfeindlich. Sie will Mütter dort zur Verantwortung ziehen, wo sie selbst versagt. Wie Mütter ihre eigene Lebensplanung mit den Anforderungen der Mutterschaft unter einen Hut bringen sollen, ist nicht Gegenstand eines besonderen öffentlichen Interesses. Das soll jede Frau nach eigenem Gutdünken meistern. Geschick gehört dazu, eine Portion Glück, wenn möglich eine gute Ausbildung und eine entsprechende finanzielle Grundlage. Dann wird es schon klappen mit der Vereinbarkeit von Beruf und Familie, die sich nach einer Studie des österreichischen Meinungsforschungsinstituts SORA zwei Drittel der Frauen wünschen. (In derselben Studie gaben 73 Prozent der Frauen zwischen 40 und 60 Jahren Schwierigkeiten beim Wiedereinstieg in den Beruf als sehr großes Problem an, wobei von 79 Prozent die Mehrfachbelastung durch Beruf und Familie hervorgehoben wurde.)[7]

Während alles in dieser Gesellschaft geregelt und geordnet ist, Arbeitszeit, Lohn, Urlaub, Sozialleistungen, wird das Thema „Mutterschaft und weibliche Lebensplanung" dem Zufall überlassen, der Natur sozusagen, die ja nach wie vor mit Frau identifiziert wird, allerdings im negativen Sinn. Die Folge ist ein ständiges Gefühl der Überforderung – und des Versagens. Denn Mütter machen es nie recht. Wenn sie zu Hause bleiben, sind sie die dumme, abhängige Hausfrau, die nichts vom Leben außerhalb ihrer vier Wände versteht, wie eine Glucke auf ihren Kindern sitzt und vor allem Töchtern kein Vorbild sein kann. Wenn sie hingegen berufstätig ist, mutiert sie zur „Rabenmutter", die von Schuldgefühlen geplagt wird und ständig vermittelt bekommt, dass sie sowohl in ihre Mutterschaft als auch in den Beruf nur die Hälfte ihrer Kraft investieren kann.

Das Dilemma der Diskrepanz, die sich zwischen den Erfordernissen der Mutterschaft und einer unabhängigen, selbständigen weiblichen Existenz auftut, wird auch durch finanzielle Anreize, wie etwa das Kindergeld, nicht gelöst, wie das österreichische Beispiel deutlich zeigt. Denn die Kernfrage lautet: Wie lässt sich Mutterschaft vereinen mit dem eigenen Leben der Frau. Eine wirklich befriedigende Situation wurde bis jetzt nicht geschaffen. Auch genügend Kinderbetreuungseinrichtungen lösen nicht alle Probleme. Obwohl inzwischen durch zahlreiche Untersuchungen bewiesen ist, dass Fremdbetreuung keine schädlichen Auswirkungen auch auf unter Dreijährige hat[8] und eine zufriedene Mama, die ihr Kind nur zu bestimmten Zeiten sieht, dem Nachwuchs zuträglicher ist als eine frustrierte Mutter, die ganztägig ihr Kind als Plagegeist empfindet, wollen trotzdem viele Frauen die erste Zeit bei ihren Kindern verbringen. Sie wollen ihre Mutterschaft genießen, aber ohne ständige Schuldgefühle und auch ohne Angst, ihren Arbeitsplatz zu verlieren und in finanzielle Not oder Abhängigkeit zu geraten. Erfolgversprechender erscheint das Modell „halbe/halbe", also eine Aufteilung der Kinderbetreuung zwischen Mutter und Vater, dessen Realisierung allerdings immer noch in weiter Ferne zu liegen scheint.

„So kann davon ausgegangen werden, dass ein Großteil der kinderlosen Frauen unter verdrängten oder nicht erfüllten Kinderwünschen leidet und der Verzicht auf Kinder als ein hoher Preis für die Karriere oder eine Erfüllung im Beruf empfunden wird. Auf der Gegenseite lässt sich vermuten, dass nichterwerbstätige Mütter kinderlose Frauen aufgrund ihrer Berufstätigkeit beneiden und sich ihre Selbständigkeit, Unabhängigkeit und Zeitsouveränität wünschen. Berufstätige Frauen mit kleinen Kindern schneiden im Wettbewerb um den ‚idealen' weiblichen Lebensentwurf am schlechtesten ab, da sie zwar beides ‚haben', aber ständig zwischen Beruf und Kind hin- und hergerissen sind und daher oft das Gefühl haben, nichts richtig zu machen", meint die Soziologin und Feministin Elke Ostwaldt.[9]

Mütter sind immer gespalten

Die Mütterfrage macht wie kein anderes Thema innerhalb des feministischen Diskurses die androzentrische Ausrichtung unserer Gesellschaft deutlich. Mütter sind immer gespalten – die patriarchale, dualistische Sicht ist in ihr Leben eingeschrieben. Darum machen sie auch immer alles falsch, ihr Engagement, und ist es auch noch so groß, wird nicht gewürdigt, und im Alter sind sie allein. Die einsamen, alten und lästigen Mütter, die bestenfalls zur Witzfigur in Film, Fernsehen und Werbung werden, sind Legion.

Vergegenwärtigen wir uns – auch heute noch existierende – matriarchale Sippengesellschaften, die eine Schöpfung der Frau gewesen sind, so sehen wir, dass dieses Problem hier optimal gelöst ist. Kinder verbleiben gemeinsam mit ihren Müttern und den übrigen Verwandten innerhalb ihres Clans, wo sie gut betreut werden. Es gibt hier keine Scheidungswaisen, keine armutsgefährdeten allein erziehenden Mütter, keine verwahrlosten Jugendlichen und auch keine vereinsamten Alten. Alle erwachsenen Frauen einer Sippe sind die sozialen Mütter aller Kinder, und alle erwachsenen Männer sind die sozialen Onkel. Die Liebesbeziehungen sind frei und können bei Bedarf abgebrochen werden. Und da es sich dabei um Produktionsgemeinschaften handelt, Frauen also auch in der Phase ihrer Mutterschaft Ackerbäuerinnen, Handwerkerinnen und Händlerinnen sind, gibt es auch keine finanzielle Abhängigkeit (siehe dazu Kapitel I).

Auch wenn wir diese Welt verloren haben, ist es gut, sich daran zu erinnern und zu wissen, dass es Frauen sehr wohl verstanden haben, gesellschaftliche Verhältnisse zu schaffen, die ihren speziellen Bedürfnissen entsprechen. Es ist daher anzunehmen, dass ein hoher Prozentsatz an Frauen in Führungspositionen auch unter heutigen Voraussetzungen versuchen wird, eine für sie selbst befriedigendere Situation zu verwirklichen, als wir sie gegenwärtig vorfinden.

Radikale Feministinnen sehen daher in der Anpassung der Frau an männliche Werte, wie sie zunehmend beobachtet werden kann, keine wirkliche Lösung des Frauen- und in diesem Zusammenhang des Mütterproblems. Sie wollen kein Frauen-, Mütter- und Kinderghetto, kein Reservat für minimale Freiheiten, keine Nische für ihre Bedürfnisse, Gefühle und Empfindungen. Sie wollen vielmehr eine Gesellschaft, in der diese von ihnen vertretenen Werte Vorrang genießen: „Wir weigern uns, an den Randzonen der Gesellschaft zu bleiben, und wir weigern uns, beim Einlass in die Gesellschaft ihre Bedingungen zu übernehmen ... (Wir müssen) darauf beharren, dass jene menschlichen Werte, deren Bewahrung den Frauen zugewiesen wurde, über die Grenzen des Privatbereichs hinauswachsen und die Organisationsprinzipien der Gesellschaft werden. Das ist die Vision, die im Feminismus angelegt ist – eine Gesellschaft, die nach menschlichen Prinzipien organisiert ist; eine Gesellschaft, in der Kindererziehung nicht abgeschoben wird als individuelles Problem jeder Frau, sondern in der die Sorge für Kinder und ihr Wohlergehen eine allgemeine öffentliche Priorität ist."[10]

Ein radikaler Entwurf, dessen Verwirklichung sich über Generationen hinziehen kann. Wir sollten ihn trotzdem nicht als reine Utopie abtun, denn wahrscheinlich wird es nur unter diesen Voraussetzungen möglich sein, Mutterschaft ohne den heute bestehenden Verzicht, die Konflikte, Überforderungen und Schuldgefühle zu erleben.

Desinteressierte Väter?

Und wie steht es mit den Vätern? Welche Rolle kommt ihnen zu bei diesem wichtigen Prozess der Betreuung und Erziehung ihres Nachwuchses?

Der vielbeschworene „neue Mann", der auch als Vater in Erscheinung treten soll, zeigt sich bislang in einem eher bescheidenen Ausmaß. Zwar hat er im Vergleich zu seinen Altvorderen eine gewisse Entwicklung durchgemacht, junge Väter beschäftigen sich jetzt wesentlich mehr mit ihren Kindern, als das noch vor einigen Jahrzehnten der Fall gewesen ist. Allerdings beschränkt sich ihr Engagement im Wesentlichen auf eine Art Freizeitbeschäftigung: spielen, spazieren gehen, Sport betreiben. Die Knochenarbeit machen nach wie vor Frauen. Sie sind es, die den Kinderalltag organisieren, die Verantwortung tragen – und in den meisten Fällen, wenn nötig, auf eine eigene Berufslaufbahn verzichten.

Dass den 97,5 Prozent Frauen, die in Österreich in Karenz gehen, nur etwas über zwei Prozent Männer gegenüberstehen, hängt auch mit den Einkommensunterschieden zusammen, die in Österreich besonders hoch sind: Ein mittleres Bruttojahreseinkommen eines männlichen Angestellten liegt hier bei 33.144 Euro – bei den Frauen sind es 18.536 Euro. Dass auch die hohe Teilzeitbeschäftigung von Frauen – in Österreich 40,1 Prozent gegenüber 5,9 Prozent bei Männern – und der damit verbundene Einkommensverlust mit der Mütterproblematik zusammenhängen, muss nicht weiter betont werden.[11]

Unter dem häufigen Desinteresse der Männer leiden vor allem Alleinerzieherinnen. Zwar macht sich seit neuestem eine Väterlobby stark, die sich nach einer Scheidung um ihr Kind betrogen fühlt – und es mag auch durchaus Väter geben, die unter einer als ungerecht empfundenen Trennung von ihren Kindern leiden. Die Regel ist das allerdings nicht. Immerhin sind es nach einer aktuellen österreichischen Umfrage bei den 75 Prozent jener Kinder, die ihre Väter drei Jahre nach der Scheidung nur noch sporadisch sehen, zu drei Viertel die Väter, die an einem intensiveren Kontakt kein Interesse zeigen. Ingrid Piringer von der Plattform für Alleinerzieherinnen berichtet von unglücklichen Müttern, weil sich die Väter nicht um ihre Kinder kümmern. Eine Umfrage des Vereins unter hundert geschiedenen Müttern im Jahr 2004 kam außerdem zu dem Ergebnis, dass nur jede zweite Frau den Unterhalt für ihre Kinder regelmäßig erhält, 12 Prozent erhalten Alimente unregelmäßig, 19 Prozent bekommen Unterhaltsvorschuss vom Staat, und für 17 Prozent, also jede sechste Sorgeberechtigte, erklärt sich weder der Ex-Mann noch der Staat für zuständig. Die Methoden, mit denen Männer sich vor der Verantwortung drücken, sind vielfältig und einfallsreich. Sie reichen von der Verschleierung des Einkommens über Schwarzarbeit, Wohnungswechsel, Überschreibung des Einkommens an eine neue Frau bis zum völligen Untertauchen. Tendenz steigend. Während 2001 noch 45 Prozent der vorgestreckten Summen an den Staat zurückgezahlt wurden, waren es 2003 nur noch 41 Prozent. Ein interessantes Detail: Die etwa 10 Prozent unterhaltspflichtigen Frauen sind wesentlich verantwortungsvoller, mit ihnen – das belegen internationale Studien – gibt es in dieser Hinsicht keine Probleme.[12] Die Schieflage ist also offensichtlich. In der Mehrzahl sind Männer nicht die Ausgebeuteten, wie vielfach behauptet, sondern sie sind die Verantwortungslosen.

Dabei wird von allen PsychologInnen betont, wie wichtig der Vater nicht nur als Geldgeber, sondern auch als liebevoller und einfühlsamer Erzieher seines Kindes ist (siehe dazu Kapitel VIII). Trotzdem ist eine Zunahme der Alleinerzieherinnen festzustellen. Wie ja überhaupt die traditionelle Familienstruktur in Auflösung begriffen ist und zunehmend nicht nur von Alleinerzieherinnen, sondern auch von Lebensgemeinschaften, Patchwork-Familien und Wohngemeinschaften abgelöst wird. Für Frauen bringt diese Entwicklung einerseits größere Schutzlosigkeit und immer mehr Ausbeutung, andererseits aber auch das Ende eines patriarchalen Familienmodells und damit eine Chance für alternative Lebensformen. Sie ist eine Herausforderung für größere Eigeninitiative, für mehr Selbständigkeit und Unabhängigkeit. Dass sie von Frauen wahrgenommen wird, zeigt etwa die steigende Zahl von Unternehmerinnen in neuen, alternativen Berufsformen, etwa im Bereich EDV, Werbung, Coaching und Pressearbeit. Das sollte allerdings nicht als Rechtfertigung dienen, den Staat aus seiner Verantwortung zu entlassen. Aber es macht jenseits jahrtausendealter patriarchaler Vorbilder neue Lebensperspektiven sichtbar.

Alternative Lebensformen

ArchitektInnen stellen sich auf diese neuen Lebensformen ein, indem sie etwa versuchen, Wohn- und Arbeitsstätte möglichst zu verbinden, womit ein Hauptproblem berufstätiger Mütter angesprochen ist. Verwirklicht wurde dieses Vorhaben bereits in etlichen Wiener Wohnprojekten, was Selbständigen, aber auch Heimarbeiterinnen mit Kindern große Vorteile bietet.[13] Ebenso positiv ist die zunehmende Frauenvernetzung zu beurteilen, die Schaffung von Frauenlobbys gleicher Interessens- und Berufsgruppen. Sie bieten Frauen die Möglichkeit, aus einer isolierten Kleinfamilie auszubrechen, ihren beruflichen Existenzkampf zu diskutieren, eigene Interessen wahrzunehmen und auch durchzusetzen.

Die Vielfältigkeit von Beziehungen, die nicht mehr an die starre Struktur einer monogamen Ehe gebunden sind, lassen Ähnlichkeiten mit den alten Sippengesellschaften erkennen. Sie zeigen sich in offenen Lebensgemeinschaften ebenso wie im Trend zu einem Frauenkollektiv, in das Männer eingebunden sind, und in dem Bedürfnis, Wohn- und Arbeitsstätte zu vereinen. Allerdings basieren diese neuen sozialen Zusammenschlüsse nicht auf einer Blutsverwandtschaft der mütterlichen Linie wie im alten Matriarchat, sondern es handelt sich um freundschaftliche Beziehungen, um Interessensgemeinschaften, denen in einer Zeit zunehmender Vereinzelung eine wichtige Funktion zukommt.

„Der Kampf des Logos gegen die Mutter", meint Christina von Braun, „ist zu einem Ende gekommen ... So wie er das Sexualwesen Frau besiegt hat, hat er auch das Sexualwesen Mutter bezwungen. Der Logos hat bewirkt, dass sein Wunsch – der Verzicht der Mutter auf die Reproduktion – zu ihrem Wunsch geworden ist."[14] Und die Philosophin stellt eine interessante These auf: Sie meint, dass sich der Logos, der parallel zur zunehmenden Abstraktion der Schrift seine Bedeutung als sinngebende Ordnung, als göttliche, aus reinem Geist bestehende Macht erreicht hat, lediglich des Patriarchats bediene, um an sein Ziel zu gelangen. Mit der „abgeschafften Mutter" ist dieses Ziel erreicht. Der Logos hat die „Mutter Natur" durch die „Mutter Zivilisation" ersetzt, und diese „Mutterschaft des Logos" ist eine „bessere". „Die Maschine ist die ‚bessere' Mutter als die natürliche ... Die Mutterschaft der Maschine ist voraussehbar, planbar, den Gesetzen der Ratio unterworfen."[15] Mit der „männlichen Geistgeburt" wird die „Mutterschaft des Mannes" Wirklichkeit. Eine Entwicklung, die nicht rückgängig zu machen ist. Ein Kapitel in der Evolutionsgeschichte wird damit geschlossen. Ein neues tut sich auf.

Was es uns bringt, wissen wir nicht! Auf jeden Fall ein Abnehmen – oder Versiegen? – weiblicher Fruchtbarkeit mit bereits jetzt sichtbaren Folgen. Die durch Gewalt, Unterdrückung, Reglementierung und Diskriminierung herbeigeführte „Bevölkerungsexplosion" wird ebenfalls durch Gewalt am Frauenkörper beendet.

Vielleicht entsteht tatsächlich der „androgyne Mensch", wie ihn Elisabeth Badinter beschreibt?[16] Aber dann wohl unter männlichen Vorzeichen. Vielleicht nimmt die sexuelle Anziehung ab (ein bereits heute zu beobachtendes Phänomen), weil sie zur Arterhaltung nicht mehr notwendig ist? Weil Leben im Labor „gemacht" wird? Wahrscheinlich wird die Welt noch ärmer an Gefühl, sie wird kälter, planbarer, rationaler. Ist uns doch bereits der mittelalterliche Mensch mit seiner Impulsivität, Spontaneität, den wir als „kindlich" beschreiben, heute fremd geworden. Auch die Gefühlsausbrüche der Menschen des 18. Jahrhunderts können wir nicht mehr nachvollziehen.

Während den Frauen einerseits die Mutterschaft gestohlen wird, bringen sie sich jedoch andererseits vermehrt in gesellschaftspolitische, kulturelle Entwicklungen ein. (Dass immer noch wenige Frauen an der Technik studieren und in führender Position im Wissenschaftsbetrieb tätig sind, ist wohl auch darin zu suchen, dass sie die machtorientierten, lebens- und naturfeindlichen Strukturen dieser Disziplinen ablehnen.) Frauen beginnen unsere Welt zu erobern. Dabei wird es für die Zukunft wesentlich sein, inwieweit sie sich diesen jahrtausendealten, gewachsenen männlichen Strukturen anpassen oder inwieweit sie diese subversiv unterwandern. Beides findet gegenwärtig statt. Wobei es Frauen dort, wo sie in genügender Anzahl bestimmen können, besser gelingt, eigene Interessen durchzusetzen, als in einer Einzelposition innerhalb einer Männerriege. In dieser Konstellation sind sie meist gezwungen, „besser" als jeder Mann zu sein. Gleichzeitig sind Feministinnen dabei, neben einer umfassenden Patriarchatskritik auch radikale Gegenentwürfe nicht nur für das Leben in der Gesellschaft, sondern auch für Wissenschaft, Kunst und Kultur auszuarbeiten.

In der zunehmenden Mitgestaltung dieser Gesellschaft liegt für Frauen eine Chance. Sie können dazu beitragen, eine „verkehrte Welt", die in der „abgeschafften Mutter" kulminiert, wieder ins Lot zu bringen. Sie müssen ihr Wissen um andere Möglichkeiten des Lebens und Erlebens, ihr Wissen um ihre zerstörte, zerstückelte, manipulierte Leiblichkeit und verlorene Ganzheit hineintragen in eine Gemeinschaft, die zunehmend an Lebendigkeit verliert. Es geht um die Wiederentdeckung eines entfremdeten Körpers, die Suche nach den Wurzeln eines entfremdeten Lebens, um das Aufspüren von Quellen eines verschütteten Glücks. Es geht um die Wiedergewinnung von Freude, von Begeisterung, um einen anderen Zugang zur Natur, zu unserer Erde, um die Wiederbelebung zerstörter Zusammenhänge. Frauen, denen so viel genommen wurde, die einen intensiveren Kontakt zu Kindern, zu den Kranken und Schwachen haben, besitzen auch ein anderes Verständnis für die Erfordernisse des Lebens, und sie stehen der Hybris, dem Hochmut, der grenzenlosen Selbstüberschätzung, wie sie etwa die modernen Menschenzüchter in den Labors auszeichnen, mit größerer Skepsis gegenüber. Ihnen erscheint auch der besessene Eifer, mit dem an künstlichen Geburten gebastelt wird, eher uneinsichtig und angreifbar angesichts der Tatsache, dass nach einem WHO-Bericht jährlich eine halbe Million Frauen während der Schwangerschaft und Geburt sterben, weil sie ungenügend versorgt sind. Aber sie besitzen – vorläufig – zu wenig Entscheidungsmacht, um hier andere Wege, eine andere Entwicklung einzuleiten. Dass dies in näherer oder fernerer Zukunft – unter Einbindung der Männer – möglich sein könnte, darin gründet die Hoffnung.

Warum sollen wir nicht positive Utopien entwerfen und daran glauben dürfen in einer Welt, die ihrer so dringend bedarf?

Anmerkungen

I. Mit dem Muttermord begann das Patriarchat

1) Siehe dazu Weiler 1985; Meier-Seethaler 1988.
2) Zitiert nach Schmölzer 1990, S. 32.
3) Siehe Labouvie 1998.
4) Marie König in: Fester 1979.
5) Weiler 1985, S. 65.
6) Ebenda, S. 67.
7) Fester 1979, S. 36.
8) Siehe dazu Göttner-Abendroth 1988b.
9) Meier-Seethaler 1988, S. 170.
10) Göttner-Abendroth 1988b, S. 48ff.
11) Meier-Seethaler 1988, S. 157.
12) Siehe Weiler 1986.
13) Zitiert nach Böttcher 1968, S. 156.
14) Siehe dazu u.a. Böttcher 1968; Weiler 1986.
15) Zitiert nach Weiler 1986, S. 282f.
16) Irigaray 1989, S. 104.
17) Ebenda, S. 29.
18) Ebenda, S. 43.
19) Ebenda, S. 106.
20) Siehe Merchant 1987.
21) Meier-Seethaler 1988, S. 262.
22) Ebenda, S. 246.
23) Radford-Ruether 1994, S. 149.
24) Weiler 1985, S. 79.
25) Irigaray 1989, S. 33.
26) Daly 1991, S. 133.
27) Siehe dazu Lerner 1995.
28) Borneman 1979, S. 112.
29) Göttner-Abendroth 1988a, S. 56.
30) Ebenda, S. 9.
31) Siehe dazu Briffault 1969; Bubenik-Bauer 1998; Göttner-Abendroth 1988a, 1991; Leacock 1981; Malinowski 1983; Ptak-Wiesauer 1991a, 1991b u.a.
32) Siehe dazu Göttner-Abendroth 1991.
33) Siehe Schmölzer 1996.
34) Ruddick 1993.
35) Werlhof 1991, S. 201.

36) Siehe dazu Mies 1992, S. 78.
37) Siehe dazu Corea 1986.
38) Siehe dazu Göttner-Abendroth 1988a; Sigrist 1979.
39) Meier-Seethaler 1988, S. 245.
40) Lerner 1995, S. 69.
41) Radford-Ruether 1994, S. 183.
42) Meier-Seethaler 1988, S. 257.
43) Bubenik-Bauer 1998, S. 206.
44) Lerner 1995, S. 26.
45) Irigaray 1989, S. 40.

II. Verkehrte Verhältnisse

1) Göttner Abendroth 1991, S. 33.
2) Siehe dazu Böttcher 1968, S. 246.
3) Zitiert nach Lerner 1995, S. 230.
4) Weiler 1986, S. 115.
5) Zitiert nach Böttcher 1968, S. 255.
6) Göttner-Abendroth 1988b, S. 82f.
7) Daly 1991, S. 38.
8) Weiler 1986.
9) Näheres dazu in Schmölzer 1986.
10) Siehe dazu Weiler 1986.
11) Ebenda, S. 343.
12) Braun 1999, S. 94.
13) Zitiert nach Schmölzer 1993, S. 86.
14) Zitiert nach Lerner 1995, S. 255.
15) Zitiert nach ebenda, S. 255f.
16) Braun 1999, S. 46.
17) Corea 1986, S. 265.
18) Zitiert nach Ranke-Heinemann 1988, S. 93.
19) Zitiert nach Schmölzer 1990, S. 229.
20) Ranke-Heinemann 1988, S. 311.
21) Kamper 1984, S. 100.
22) Schmölzer 1996, S. 23.
23) Sprenger/Institoris 1985, S. 105f.
24) Solanas 1969, S. 72.
25) Siehe dazu Schmölzer 1996.
26) Tuana 1995, S. 204ff.
27) Faro 2002, S. 36.
28) Siehe Fox-Keller 1986; Klinger 1990.
29) Laqueur 1992, S. 74.

30) Siehe dazu Zapperi 1984.
31) Bettelheim 1975, S. 149.
32) Corea 1986, S. 265f.
33) Bettelheim 1975, S. 128.
34) Ebenda, S. 153.
35) Ebenda, S. 172f.

III. Die männliche Geistgeburt

1) Platon, zitiert nach Fleischer 1996, S. 229f.
2) Platon, Phaidon, zitiert nach Ruddick 1993, S. 162.
3) Meier-Seethaler 1988, S. 345.
4) Siehe dazu Fox-Keller 1986, Merchant 1987.
5) Merchant 1987, S. 40.
6) Ebenda, S. 144.
7) Ebenda, S. 178.
8) Werlhof 1991, S. 45.
9) Spörk 1988, S. 171.
10) Näheres dazu siehe bei Woesler de Panafieu 1984, S. 244ff.
11) Siehe dazu Schmölzer 1990, S. 280f.
12) Siehe dazu Hoffmann 1999, S. 242f.
13) Beauvoir 1968, S. 46.
14) Merchant 1987, S. 230.
15) Der Standard, 29.11.2003, Album.
16) Der Standard, 5.5.2005, Album.
17) Bachofen, Das Mutterrecht, zitiert nach Göttner-Abendroth 1988a, S. 37f.
18) Hansmann 1996, S. 190f.
19) Benjamin 1931/33, zitiert nach Rohde-Dachser 1991, S. 101.
20) Der Standard, 4.3.2005.
21) Wiener Zeitung 3.5.2005.
22) Siehe Haraway 1995.
23) Siehe zum Beispiel Gesundheit, 2/05.

IV. Der sündige Leib Evas

1) Göttner-Abendroth 1988b, S. 127.
2) Zitiert nach Schmölzer 1993, S. 89.
3) Zitiert nach Schmölzer 2002, S. 77.
4) Sprenger/Institoris 1985, S. 106.
5) Zitiert nach Schmölzer 1993, S. 89.
6) Weininger, zitiert nach Braun 1999, S. 187.
7) Zitiert nach Gélis 1989, S. 238f.
8) Zitiert nach Deschner 1974, S. 219.

9) Simon 1993, S. 82.
10) Siehe dazu Labouvie 1998.
11) Rich 1978, S. 159.
12) Siehe Labouvie 1998.
13) Näheres siehe in: Schmölzer 1986.
14) Braun 1999, S. 211.

V. Die gewaltsame Erforschung des Lebensursprungs

1) Sprenger/Institoris 1985, S. 159.
2) Ranke-Heinemann 1988, S. 217.
3) Trallori 1983, S. 111.
4) Metz-Becker 1999, S. 25.
5) Siehe dazu Schmölzer 1986.
6) Zitiert nach Frevert 1982, S. 183ff.
7) Zitiert nach Metz-Becker 1997, S. 41.
8) Zitiert nach Metz-Becker 1999, S. 37.
9) Metz-Becker 1997, S. 40.
10) Ebenda, S. 37.
11) Siehe dazu Labouvie 1998.
12) Ebenda, S. 210.
13) Ebenda, S. 242.
14) Ebenda, S. 148.
15) Gabriele Becker et al. 1977, zitiert in Schmölzer 1986, S. 88.
16) Ulrich-Bochsler et al. 1998, S. 260.
17) Labouvie 1998, S. 228.
18) Ebenda, S. 226.
19) Filippi 2002, S. 125.
20) Ranke-Heinemann 1988, S. 313.
21) Labouvie 1998, S. 192.
22) Filippi 2002, S. 124.
23) Metz-Becker 1997, S. 59.
24) Labouvie 1998, S. 17f.
25) Metz-Becker 1997, S. 66.
26) Ebenda, S. 196.
27) Ebenda, S. 200.
28) Zitiert nach Faro 2002, S. 18.
29) Siehe Metz-Becker 1997, 1999.
30) Siehe dazu Martin 1989.
31) Metz-Becker 1997.
32) Faro 2002, S. 56.
33) Metz-Becker 1997, S. 207.

34) Rich 1978, S. 47.
35) Braun 1999, S. 381.
36) Enke 2002, S. 21.
37) Metz-Becker 1999, S. 40f.
38) Siehe Metz-Becker 1997.
39) Schmölzer 2002, S. 11.
40) Wege/Zander 1999, S. 44f.

VI. Gebärmütter im Dienst der Bevölkerungspolitik

1) Heinsohn/Steiger 1985, S. 38.
2) Rentmeister 1985, S. 125f.
3) Siehe dazu Heinsohn/Steiger 1985; Rentmeister 1985.
4) Siehe dazu Lerner 1995.
5) Borneman 1979, S. 411.
6) Heinsohn/Steiger 1985, S. 41.
7) Trallori 1982, S. 48.
8) Trallori 1983, S. 28.
9) Heinsohn/Steiger 1985, S. 95.
10) Heinsohn/Steiger 1980, S. 58.
11) Sonnleitner 1988, S. 141f.
12) Heinsohn/Steiger 1985, S. 95.
13) Jütte 1993, S. 68.
14) Trallori 1982, S. 131f.
15) Schmölzer 1993, S. 207.
16) Wächtershausen 1973, S. 132ff.
17) Heinsohn/Steiger 1985, S. 50.
18) Wunder 1990, S. 31ff.
19) Heinsohn/Steiger 1985, S. 40f.
20) Siehe dazu Grupe 1990.
21) Siehe dazu Leibrock-Plehn 1993, S. 74ff.
22) Jütte 1993, S. 66.
23) Heinsohn/Steiger 1985, S. 172.
24) Trallori 1983, S. 140.
25) Heinsohn/Steiger 1985, S. 215.
26) Trallori 1983, S. 126.
27) Heinsohn/Steiger 1985, S. 167.
28) Michalik 1997, S. 35.
29) Shorter 1984, S. 118f.
30) Ebenda, S. 29.
31) Ebenda, S. 22.
32) Ebenda, S. 31.

33) Ebenda, S. 173.
34) Ebenda, S. 309.
35) Badinter 1991, S. 48.
36) Michalik 1997, S. 43.
37) Ebenda, S. 35.
38) Badinter 1991, S. 107f.
39) Ebenda, S. 95.
40) Heinsohn/Steiger 1985, S. 172.
41) Badinter 1991, S. 304.
42) Ebenda, S. 94.
43) Siehe dazu Michalik 1997; Ariès 1975.
44) Michalik 1997.
45) Ebenda, S. 86.
46) Ebenda, S. 91.
47) Ebenda, S. 115.
48) Siehe dazu Rublak 1995.
49) Michalik 1997, S. 167.
50) Siehe dazu Metz-Becker 1997.
51) Becker-Cantarino 1996, S. 117.
52) Michalik 1997, S. 215.
53) Badinter 1991, S. 120.
54) Michalik 1997, S. 216f.
55) Pawlowsky 2001, S. 208.
56) Pawlowsky 2001.
57) Ebenda, S. 122f.
58) Ebenda, S. 124.
59) Heinsohn/Steiger 1985, S. 95.
60) Baron Knigge, Abgeordneter der Deutschkonservativen Partei, Bergmann 1992, S. 24.
61) Steinem, in: Der Standard, Album, 31.12.2004.
62) Siehe dazu Schmölzer 1993.
63) Bergmann 1993, S. 25.
64) Zitiert nach Schmölzer 1990, S. 423.
65) Bergmann 1993, S. 168.
66) Ebenda, S. 179f.
67) Shorter 1984, S. 241.
68) Arte, 14.12.2004.
69) Siehe dazu Mies 1992.
70) Rowland 1985, S. 141f.
71) Treusch-Dieter 1990, S. 208.
72) Ebenda, S. 256.
73) Mies 1992, S. 128.

VII. Patriarchale Mutterschaftsideologien

1) Zitiert nach Holzkamp/Steppke 1984, S. 66.
2) DeMause 1977, S. 395.
3) Shahar 1991, S. 119f.
4) Ebenda.
5) Zitiert nach Reif 1982, S. 74.
6) Zitiert nach DeMause 1977, S. 457.
7) Zitiert nach Shahar 1991, S. 12.
8) Zitiert nach ebenda, S. 14f.
9) Hege 1985.
10) Näheres dazu in: Schmölzer 1993, S. 243ff.
11) Shahar 1991, S. 23.
12) Zitiert nach Prokop 1989, S. 192.
13) Siehe unter anderem Loux 1983; Pollock 1983.
14) Zitiert nach Prokop 1989, S. 182.
15) Zitiert nach Shahar 1991, S. 181f.
16) Simon 1993.
17) Zitiert nach Schmölzer 1993, S. 157.
18) Zitiert nach Simon 1993, S. 133.
19) Ebenda, S. 105.
20) Ebenda, S. 88.
21) Ebenda, S. 115.
22) Ebenda, S. 114.
23) Ebenda, S. 93.
24) Zitiert nach ebenda, S. 118ff.
25) Ebenda, S. 93f.
26) Der Große Brockhaus 1978, Bd. 3.
27) Zitiert nach Honegger 1991, S. 143.
28) Zitiert nach Beck-Gernsheim 1997, S. 43.
29) Zitiert nach Honegger 1991, S. 210.
30) Zitiert nach Beck-Gernsheim 1997, S. 44.
31) Zitiert nach ebenda, S. 41.
32) Zitiert nach ebenda, S. 59.
33) Braun 1999, S. 214.
34) Zitiert nach Schmölzer 1993, S. 167.
35) Zitiert nach ebenda, S. 160.
36) Zitiert nach Honegger 1991, S. 186.
37) Zitiert nach ebenda, S. 168.
38) Zitiert nach ebenda, S. 183.
39) Kerstin 1989, S. 378.
40) Zitiert nach Beck-Gernsheim 1997, S. 42.

41) Zitiert nach Honegger 1991, S. 66f.
42) Siehe dazu Kerstin 1989.
43) Zitiert nach ebenda, S. 387.
44) Hammer-Tugendhat 1990, S. 157.
45) Näheres siehe in: Schmölzer 1993, S. 185.
46) Möhrmann 1996.
47) Zitiert nach ebenda, S. 90.
48) Braun 1999, S. 220.
49) Schaps 1982, S. 48.
50) Siehe dazu Smith-Rosenberg 1981, S. 279ff.
51) Zitiert nach Schütze 1991, S. 62.
52) Siehe dazu Schmölzer 1990.
53) Siehe dazu Holzkamp/Steppke 1984, S. 62ff.
54) H. Blasche 1828, zitiert nach ebenda.
55) Zitiert nach Schütze 1991, S. 30.
56) Zitiert nach ebenda, S. 30f.
57) Ebenda, S. 42f.
58) Watson 1928, zitiert nach ebenda, S. 80.
59) Bowlby 1953, zitiert nach ebenda, S. 90.
60) Siehe dazu Rhode-Dachser 1991, S. 210.
61) Schütze 1991, S. 130.
62) Zitiert nach ebenda, S. 110.

VIII. Der Muttermord in der Psychoanalyse

1) Irigaray 1989, S. 40f.
2) Zitiert nach Weiler 1985, S. 63.
3) Rhode-Dachser 1991, S. 2.
4) Freud, zitiert nach Muraro 1993, S. 22.
5) Zitiert nach Rohde-Dachser 1991, S. 5.
6) Irigaray 1989, S. 35f.
7) Muraro 1993, S. 32.
8) Zitiert nach Rohde-Dachser 1991, S. 200.
9) Ebenda, S. 201.
10) Hagemann-White 1979, S. 306.
11) Zitiert nach Chodorow 1985, S. 193.
12) Moeller 1986, S. 55.
13) Plaza 1982, zitiert nach Ruddick 1993, S. 34.
14) Moeller 1986, S. 54.
15) Zitiert nach Badinter 1991, S. 254.
16) Rohde-Dachser 1991, S. 197f.
17) Rich 1978.

18) Hagemann-White 1979, S. 67f.
19) Rohde-Dachser 1991, S. 213f.
20) Olivier 1991, S. 56.
21) Vgl. unter anderen Malinowski 1979; Ptak-Wiesauer 1991a; Bubenik-Bauer 1998.
22) Chodorow 1985.
23) Irigaray 1989, S. 20.
24) Muraro 1993, S. 57.
25) Ebenda, S. 106.
26) Debold et al. 1994.
27) Rich 1978, S. 203.
28) Siehe dazu ebenda, S. 202f.
29) Silverstein/Rashbaum 1994.
30) Lerner 2000.
31) Ebenda, S. 269f.

IX. Das Kind aus dem Labor

1) Hadolt/Lengauer 2003, S. 134.
2) Gesundheit, 12/04; Wiener Zeitung, 29.6.2003.
3) Raymond 1985, S. 189.
4) Martin 1989, S. 179.
5) Kurier, 29.6.2003.
6) Siehe dazu unter anderen Jong 2002; Brähler et al. 2002.
7) Der Standard, 10.11.2004.
8) Jong 2002, S. 59.
9) Hadolt/Lengauer 2003, S. 61.
10) Jong 2002, S. 197ff.
11) Zitiert nach ebenda, S. 221.
12) Ebenda, S. 59f.
13) Der Standard, 19.9.2003.
14) Brähler/Stöbel-Richter/Hauffe 2002, S. 108f.
15) Fuchs 2000, S. 90.
16) Idel 1994, S. 41.
17) Kimbrell 1997, S. 152.
18) Fuchs 2000, S. 49.
19) Ebenda, S. 68.
20) Zitiert nach Hoffmann 1999, S. 120.
21) Corea 1986, S. 217.
22) Wiener Zeitung, 13.1.2003.
23) Siehe Martin 1989.
24) Rottensteiner 2001, S. 50.

25) Jong 2002, S. 139.
26) Wiener Zeitung, 14.5.2003.
27) Schindele 2002, S. 53.
28) Jong 2002, S. 62ff.
29) Schindele 1990, S. 131.
30) Jong 2002, S. 65.
31) Schindele 1990, S. 85.
32) Siehe dazu Zimmermann 1993, S. 98ff.
33) Schindele 1990, S. 140ff.
34) Der Standard, 4.3.2003.
35) Rottensteiner 2001, S. 68.
36) Gesundheit, 1/05.
37) Der Standard, 26.1.2005.
38) Jong 2002, S. 129f.
39) Rottensteiner 2001, S. 102.
40) Brähler/Stöbel-Richter/Hauffe 2002, S. 83f.
41) Schindele 1990, S. 54.
42) Wiener Zeitung, 23.11.2004.
43) Der Standard, 30.4./1.5.2005.
44) Kimbrell 1997, S. 221.
45) Fuchs 2000, S. 106.
46) Ebenda, S. 112.
47) Gesundheit, 9/04.
48) Zitiert nach Jong 2002, S. 85.
49) Zitiert nach Corea 1986, S. 230.
50) Zitiert nach Jong 2002, S. 142.
51) Zitiert nach Corea 1986, S. 227.
52) Zitiert nach Treusch-Dieter 1990, S. 207.
53) Zitiert nach Corea 1986, S. 267.
54) Zitiert nach Jong 2002, S. 144.
55) Braun 1999, S. 285.
56) Der Standard, 14.2.2003.
57) Wiener Zeitung, 3.7.2003.
58) Jong 2002, S. 161ff.
59) Der Standard, 11./12.5.2005.
60) Wiener Zeitung, 13.1.2003.
61) Der Standard, 7.9.2004.
62) Ince 1985.
63) Corea 1986, S. 209.
64) Ince 1985, S. 91.
65) Zitiert nach Krondorfer 1996, S. 306.
66) Siehe dazu Cacioppo 2003, S. 38f.

67) Ralser/Holtzhauer 1993, S. 118.
68) Siehe Cacioppo 2003.
69) Schmölzer 1990, S. 14.
70) Mies 1992, S. 123.

X. Mutterschaft heute

1) Zitiert nach Frohnhaus 1994, S. 105.
2) Der Standard, 6.5.2005.
3) Die Presse, 27.9.2003.
4) Wiener Zeitung, 31.3.2003.
5) Der Standard, 28.8.2003.
6) Zitiert nach Beck-Gernsheim 1997, S. 113.
7) Wiener Zeitung, 30.6.2005.
8) Siehe unter anderen Lechthaler 2003.
9) Zitiert nach Frohnhaus 1994, S. 140.
10) Ehrenreich/English 1979, zitiert nach Beck-Gernsheim 1997, S. 182.
11) Der Standard, 22.2.2005.
12) Andrea Möchel in: Wienerin, Jänner 2005.
13) Der Standard, 2.4.2005, Album.
14) Braun 1999, S. 230.
15) Ebenda, S. 235.
16) Siehe Badinter 1994.

Zitierte und weiterführende Literatur

Affeldt, Werner (Hg.): Frauen in Spätantike und Frühmittelalter, Sigmaringen 1990.

Anakonga (Hg.): Turbulenzen. Eine feministische Kritik an der Techno-Zivilisation, Wien 1994.

Ariès, Philippe: Geschichte der Kindheit, München/Wien 1975.

Arnold, Uwe/Heintel, Peter (Hg.): Zeit und Identität. Zur Erinnerung an Jakob Huber. Klagenfurter Beiträge, hrsg. von Thomas Macho und Christoph Subik, Wien 1983.

Arditti, Rita/Klein, Renate Duelli/Minden, Shelly (Hg.): Retortenmütter. Frauen in den Labors der Menschenzüchter, Reinbek bei Hamburg 1985.

Aschaber, Angela: Die Auflösung der Blutsbande mittels Gen- und Reproduktionstechnologie, Dipl. Arbeit, Innsbruck 1997.

Badinter, Elisabeth: Die Mutterliebe. Geschichte eines Gefühls vom 17. Jahrhundert bis heute, München/Zürich 1991.

Dieselbe: Ich bin Du. Auf dem Weg in eine androgyne Gesellschaft, München 1994.

Beauvoir, Simone de: Das andere Geschlecht, Reinbek bei Hamburg 1968.

Becker, Gabriele et al. (Hg.): Aus der Zeit der Verzweiflung. Zur Genese und Aktualität des Hexenbildes, Frankfurt a. M. 1977.

Becker-Cantarino, Barbara: Die Kindsmörderin als literarisches Sujet. In: Möhrmann (Hg.), a. a. O., 1996, S. 108–129.

Beck-Gernsheim, Elisabeth: Das halbierte Leben. Männerwelt Beruf, Frauenwelt Familie, Frankfurt a. M. 1980.

Dieselbe: Vom Geburtenrückgang zur Neuen Mütterlichkeit?, Frankfurt a. M. 1994.

Dieselbe: Die Kinderfrage. Frauen zwischen Kinderwunsch und Unabhängigkeit, München 1997.

Beiträge zur feministischen Theorie und Praxis. Schöpfungsgeschichte. Zweiter Teil. Neue Technologien, Köln 1994.

Beiträge zur 3. Sommeruniversität von und für Frauen, Berlin 1979.

Bergmann, Anna: Die verhütete Sexualität. Die Anfänge der modernen Geburtenkontrolle, Hamburg 1992.

Dieselbe: Fruchtbarkeit als Todeskult im Patriarchat. In: Enigl/Perthold (Hg.), a. a. O., 1993.

Bettelheim, Bruno: Die symbolischen Wunden. Pubertätsriten und der Neid des Mannes, München 1975.

Borneman, Ernest: Das Patriarchat, Frankfurt a. M. 1979.

Bouchart-Godard, Anne: Die übertragene Mutter, Tübingen 1987.

Böttcher, Helmut: Die große Mutter. Zeugungsmythen der Frühgeschichte, Düsseldorf/Wien 1968.

Braun, Christina von: NICHT ICH. Logik, Lüge, Libido, Frankfurt a. M. 1999.

Brähler, Elmar/Stöbel-Richter, Ive/Hauffe, Ulrike (Hg.): Vom Stammbaum zur Stammzelle. Reproduktionsmedizin, Pränataldiagnostik und menschlicher Rohstoff, Gießen 2002.

Breuer, Verena: Menstruationsblut zwischen Zauber und Ideologie, Dipl. Arbeit, Innsbruck 1995.

Briffault, Robert: The Mothers, New York 1969.

Bronnen, Barbara: Mütter ohne Männer. Neue Beziehungen zwischen Mann und Frau, Düsseldorf/Wien 1978.

Bubenik-Bauer, Iris: Mosuo-Frauenmacht ohne Herrschaft? Spurensuche nach matriarchalen Gesellschaften. In: Perko (Hg.), a. a. O., 1998, S. 170–211.

Cacioppo, Britta (Hg.): Machbarkeitswahn und scheinbare Freiheiten, Wien 2003.

Chasseguet-Smirgel, Janine: Zwei Bäume im Garten. Zur psychischen Bedeutung der Vater- und Mutterbilder, München/Wien 1988.

Chodorow, Nancy: Das Erbe der Mütter. Psychoanalyse und Soziologie in der Geschichte, München 1985.

Clementi, Siglinde/Spanda, Allessandra: Der ledige Un-Wille, Wien/Bozen 1998.

Collard, Andrée, mit Jovice Contrucci: Die Mörder der Göttin leben noch, München 1988.

Conze, Werner (Hg.): Sozialgeschichte der Familie in der Neuzeit Europas, Stuttgart 1976.

Corea, Gena: MutterMaschine. Reproduktionstechnologie – von der künstlichen Befruchtung zur künstlichen Gebärmutter, Berlin 1986.

Daly, Mary: Reine Lust. Elemental-feministische Philosophie, München 1986.

Dieselbe: Jenseits von Gottvater Sohn & Co., München 1988.

Dieselbe: Gyn/Ökologie. Eine Metha-Ethik des radikalen Feminismus, München 1991.

Davis, Elizabeth Gould: Am Anfang war die Frau. Die neue Zivilisationsgeschichte aus weiblicher Sicht, Frankfurt a. M./Berlin 1993.

Debold, Elisabeth et al.: Die Mutter-Tochter-Revolution. Vom Verrat zur Macht, Reinbek bei Hamburg 1994.

DeMause, Lloyd (Hg.): Hört ihr die Kinder weinen. Eine psychogenetische Geschichte der Kindheit, Frankfurt a. M. 1977.

Der Große Brockhaus in zwölf Bänden, Wiesbaden 1978–1982.

Derting, Margarete: Über Mutterschaft. Den Frauen die Kinder – den Männern die Welt?, Dipl. Arbeit, Wien/Linz 1995.

Deschner, Karlheinz: Das Kreuz mit der Kirche. Eine Sexualgeschichte des Christentums, Düsseldorf/Wien 1974.

Dinnerstein, Dorothy: Das Arrangement der Geschlechter, Stuttgart 1979.

Dienst, Heide/Saurer, Edith (Hg.): „Das Weib existiert nicht für sich. Geschlechterbeziehungen in der bürgerlichen Gesellschaft. Österreichische Texte zur Gesellschaftskritik, Bd. 48, Wien 1990.

Duby, Georges: Mütter, Witwen, Konkubinen. Frauen im 12. Jahrhundert, Frankfurt a. M. 1997.

Duden, Barbara: Geschichte unter der Haut. Ein Eisenacher Arzt und seine Patientinnen um 1730, Stuttgart 1987.

Dieselbe: Der Frauenleib als öffentlicher Ort. Vom Missbrauch des Begriffs Leben, Hamburg/Zürich 1991.

Duden, Barbara/Schlumbohm, Jürgen/Veit, Patrice (Hg.): Geschichte des Ungeborenen. Zur Erfahrungs- und Wissenschaftsgeschichte der Schwangerschaft, 17. – 20. Jahrhundert, Göttingen 2002.

Durrer, Heinz: Gentechnologie, Schöpfung und Ethik. Chancen und Gefahren der Genmanipulation, Basel 2002.

Dülmen, Richard van: Frauen vor Gericht. Kindsmord in der Frühen Neuzeit, Frankfurt a. M. 1991.

Ehrenreich, Marianne/English, Deirdre: Zur Krankheit gezwungen, München 1976.

Dieselben: Hexen, Hebammen und Krankenschwestern, München 2001.

Enigl, Marianne/Perthold, Sabine (Hg.): Der weibliche Körper als Schlachtfeld. Neue Beiträge zur Abtreibungsdiskussion, Wien 1993.

Enke, Ulrike: Von der Schönheit der Embryonen. Samuel Thomas Soemmerings Werk „Icones embryonum humanorum" (1799). In: Duden/Schlumbohm/Veit (Hg.), a. a. O., 2002, S. 205–235.

Ernst, Ursula Marianne et al.: Rationalität, Gefühl und Liebe im Geschlechterverhältnis, Pfaffenweiler 1995.

Fallaci, Oriana: Brief an ein nie geborenes Kind, Frankfurt a. M. 1979.

Faro, Marlene: „An heymlichen orten". Männer und der weibliche Unterleib. Eine andere Geschichte der Gynäkologie, Leipzig 2002.

Feichtner, Alexandra: FrauMutterMonster. Mutterschaft und Weiblichkeit im Zeitalter der Gen- und Reproduktionstechnologien, Dipl. Arbeit, Wien 2002.

Fellner, Uschi: Wir Rabenmütter, Kinder und Beruf, Wien 1992.

Fester, Richard et al. (Hg.): Weib und Macht. Fünf Millionen Jahre Urgeschichte der Frau, Frankfurt a. M. 1979.

Filippi, Nadja: Die „erste Geburt": Eine neue Vorstellung vom Fötus und vom Mutterleib (Italien, 18. Jahrhundert). In: Duden/Schlumbohm/ Veit (Hg.), a. a. O., 2002, S. 99–127.

Fischer-Homberger, Esther: Krankheit Frau, Bern 1979.

Fleischer, Eva: Um Leben und Tod. Utopien und die Gen- und Reproduktionstechnologie. In: Werlhof/Schweighofer/Ernst (Hg.), a. a. O., 1996, S. 228–254.

Fleischer, Eva/Winkler, Ute (Hg.): Die kontrollierte Fruchtbarkeit. Neue Beiträge gegen die Reproduktionsmedizin, Wien 1993.

Fox-Keller, Evelyn: Liebe, Macht und Erkenntnis. Männliche oder weibliche Wissenschaft?, München 1986.

French, Marilyn: Der Krieg gegen die Frauen, München 1992.

Frenzel, Elisabeth: Stoffe der Weltliteratur, Stuttgart 1992.

Frevert, Ute: Frauen und Ärzte im späten 18. Jahrhundert und frühen 19. Jahrhundert. In: Kuhn/Rüsen (Hg.), a. a. O., 1982.

Dieselbe: Frauen-Geschichte. Zwischen bürgerlicher Verbesserung und Neuer Weiblichkeit, Frankfurt a. M. 1986.

Dieselbe: „Mann und Weib, und Weib und Mann". Geschlechter-Differenzen in der Moderne, München 1995.

Friday, Nancy: Wie meine Mutter, Frankfurt a. M. 1982.

Frietsch, Ute: Die Abwesenheit des Weiblichen. Epistemologie und Geschlecht von Michel Foucault zu Evelyn Fox-Keller, Frankfurt a. M. 2002.

Frohnhaus, Gabriele: Feminismus und Mutterschaft. Eine Analyse theoretischer Konzepte und der Mütterbewegung in Deutschland, Weinheim 1994.

Fuchs, Ursel: Die Genomfalle. Die Versprechungen der Gentechnik, ihre Nebenwirkungen und Folgen, Düsseldorf 2000.

Gélis, Jacques: Die Geburt. Volksglaube, Rituale und Praktiken von 1500 – 1900, München 1989.

Gerhard, Ute (Hg.): Frauen in der Geschichte des Rechts. Von der Frühen Neuzeit bis zur Gegenwart, München 1997.

Geyer-Kordesch, Johanna/Kuhn, Anette (Hg.): Frauenkörper – Medizin – Sexualität. Auf dem Wege zu einer neuen Sexualmoral, Düsseldorf 1986.

Gimbutas Marija: The Goddesses and Gods of Old Europe, London 1982.

Gmelin, Burkhard/Weidinger, Horst (Hg.): Reichtum und Unsterblichkeit – unser Traum von der Berechenbarkeit des Daseins. Chancen, Risiken und ethische Fragen der Biotechnologie, Nürnberg 2003.

Göttner-Abendroth, Heide: Das Matriarchat I, München 1988 (= 1988a).

Dieselbe: Die Göttin und ihr Heros, München 1988 (= 1988b).

Dieselbe: Das Matriarchat II, Stuttgart 1991.

Grizzle, Anne F.: MutterLiebe, MutterHass. Die Balance finden zwischen Geborgenheit und Unabhängigkeit, München 1993.

Grupe, Gisela: Die „Ressource Frau". Aussagemöglichkeiten der Biowissenschaften. In: Affeldt (Hg.), a. a. O., 1990, S. 105–114.

Haage, Gerda: Phantastische Mütter. Mutterbild im Diskurs der feministischen Psychoanalysekritik, Dipl. Arbeit, Graz 1998.

Haas, Inka: Gebärstreik. Frauen gegen den staatlich verordneten Muttermythos, Frankfurt a. M. 1988.

Hadolt, Bernhard/Lengauer, Monika: Kinder-Machen. Eine ethnographische Untersuchung zur Handhabe von ungewollter Kinderlosigkeit in den Neuen Reproduktionstechnologien durch betroffene Frauen und Männer in Österreich, Diss., Wien 2003.

Hagemann-White, Carol: Frauenbewegung und Psychoanalyse, Frankfurt a. M. 1979.

Hammer, Sigrun: Töchter und Mütter. Über die Schwierigkeit einer Beziehung, Frankfurt a. M. 1992.

Hammer-Tugendhat, Daniela: Zur Ambivalenz patriarchaler Geschlechterideologie in der Kunst des späten 19. Jahrhunderts. In: Dienst/Saurer (Hg.), a. a. O., 1990, S. 148ff.

Hansmann, Doris: Die Tötung des Weiblichen im männlichen Schöpfungsmythos. In: Möhrmann (Hg.), a. a. O., 1996, S. 170–192.

Haraway, Donna: Die Neuerfindung der Natur. Primaten, Cyborgs und Frauen, Frankfurt a. M. 1995.

Hardach-Pinke, Irene/Hardach, Gerd (Hg.): Deutsche Kindheiten, Kronberg 1978.

Hausen, Karin (Hg.): Frauen suchen ihre Geschichte, München 1983.

Häusler, Sylvia: „Zwischenräume". Divergente Rollenerwartungen und ihre Balance am Beispiel berufstätiger Alleinerzieherinnen, Diss., Wien 2002.

Hege, Marianne: Die steinerne Fee. Idealisierung und Dämonisierung weiblicher Kraft, Weinheim/Basel 1985.

Heinsohn, Gunnar/Steiger, Otto: Die Heiligsetzung des Lebens durch Massenmord. In: Paczensky (Hg.), a. a. O., 1980.

Dieselben: Die Vernichtung der weisen Frauen. Hexenverfolgung – Menschenproduktion – Kinderwelten, Herbstein 1985.

Heintel, Peter: Beschleunigte und verzögerte Zeit. In: Arnold/Heintel (Hg.), a. a. O., 1983.

Henn-Meßmer, Klaudia: Gen- und Reproduktionstechnologie, Dipl. Arbeit, Innsbruck 1998

Hermann, Bernd (Hg.): Mensch und Umwelt im Mittelalter, Stuttgart 1986.

Hinteregger, Manuela: Die Konstruktion von Mütterlichkeit, Dipl. Arbeit, Innsbruck 1998.

Hoffmann, Heidi: Die feministischen Diskurse über Reproduktionstechnologien. Positionen und Kontroversen in der BRD und den USA, Frankfurt a. M. 1999.

Holzkamp Christine/Steppke, Gisela: Erziehung als Wissenschaft und Erziehung als produktive Tätigkeit. In: Schaeffer-Hegel/Wartmann (Hg.), a. a. O., 1984.

Honegger, Claudia: Die Ordnung der Geschlechter, Frankfurt a. M. 1991.

Honegger, Claudia/Heintz, Bettina (Hg.): Listen der Ohnmacht. Zur Sozialgeschichte weiblicher Widerstandsformen, Frankfurt a. M. 1981.

Idel, Anita: Manipulation an Mensch und Tier. In: Beiträge zur feministischen Theorie und Praxis, a. a. O., 1994.

Ince, Susanne: Wie werde ich Leihmutter. In: Arditti/Klein/Minden (Hg.), a. a. O., 1985.

Irigaray, Luce: Das Geschlecht, das nicht eins ist, Berlin 1979.

Dies.: Genealogie der Geschlechter, Freiburg 1989.

Janisch, Andrea: Die „neuen Väter", Dipl. Arbeit, Graz 1996.

Jelcic, Sandra: Karenzgeld für alle. Eine familienökonomische Analyse, Dipl. Arbeit, Innsbruck 2000.

Jong, Marie Theresia de: Babys aus dem Labor. Segen oder Fluch?, Weinheim/Basel 2002.

Jütte, Robert (Hg.): Geschichte der Abtreibung. Von der Antike bis zur Gegenwart, München 1993.

Kamper, Dietmar: Die Usurpation der Fruchtbarkeit – Anmerkungen zu einer männlichen Universalstrategie. In: Schaeffer-Hegel/ Wartmann (Hg.), a. a. O., 1984.

Kerstin, Christa: Prospekt fürs Eheleben. Joachim Heinrich Campe „Väterlicher Rath für meine Tochter". In: Schmidt-Linsenhoff (Hg.), a. a. O., 1989, S. 373–390.

Kimbrell, Andrew: Ersatzteillager Mensch. Die Vermarktung des Körpers, Frankfurt a. M. 1997.

Klinger, Cornelia: Bis hierher und wie weiter? Überlegungen zur feministischen Wissenschafts- und Rationalitätskritik. In: Krüll (Hg.), a. a. O., 1990.

Kolata, Gina: Das geklonte Leben. Ein Jahrhundert-Experiment verändert die Zukunft des Menschen, München/Zürich 1997.

Konnertz, Ursula (Hg.): Die übertragene Mutter, Tübingen 1987.

König, Marie: Die Frau im Kult der Eiszeit. In: Fester et al. (Hg.), a. a. O., 1979, S. 107–158.

Krondorfer, Birge: Zur Suspendierung von Transzendenz. In: Trallori (Hg.), a. a. O., 1996.

Krüll, Marianne: Wege aus der männlichen Wissenschaft. Perspektiven feministischer Erkenntnistheorie, Pfaffenweiler 1990

Kuhn, Anette/Rüsen, Jörn (Hg.): Frauen in der Geschichte II, Düsseldorf 1982.

Kuntner, Liselotte: Die Gebärhaltung der Frau. Schwangerschaft und Geburt aus geschichtlicher, völkerkundlicher und medizinischer Sicht, München 1994.

Labouvie, Eva: Andere Umstände. Eine Kulturgeschichte der Geburt, Köln/Weimar/Wien 1998.

Laqueur, Thomas: Auf den Leib geschrieben. Die Inszenierung der Geschlechter von der Antike bis Freud, Frankfurt a. M. 1992

Laslett, Peter: Verlorene Lebenswelten. Geschichte der vorindustriellen Gesellschaft, Wien 1988.

Leacock, Eleanor: Myths of Male Dominance, New York/London 1981.

Lechthaler, Eva: Außerfamiliäre Betreuung von Kleinkindern, Dipl. Arbeit, Innsbruck 2003.

Leibrock-Plehn, Larissa: Frühe Neuzeit, Hebammen, Kräutermedizin und weltliche Justiz. In: Jütte (Hg.), a. a. O., 1993, S. 68–90.

Lerner, Gerda: Die Entstehung des Patriarchats, Frankfurt a. M. 1995.

Lerner, Harriet: Der Tanz um das Kind. Wie Muttersein unser Leben verändert, Frankfurt a. M. 2000.

Loux, Françoise: Das Kind und sein Körper. Volksmedizin – Hausmittel – Bräuche, Stuttgart 1983.

Malinowski, Bronislaw: Das Geschlechtsleben der Wilden in Nordwest-Melanesien, Frankfurt a. M 1983.

Martin, Emely: Die Frau im Körper. Weibliches Bewusstsein, Gynäkologie und die Reproduktion des Lebens, Frankfurt a. M./New York 1989.

Martin, Jochen/Nitschke, August (Hg.): Zur Sozialgeschichte der Kindheit, München 1989.

Mauerer, Gerlinde: Mütter, die töten. Zur Konstruktion von Weiblichkeit und Mütterlichkeit, Diss., Wien 2000.

Meier-Seethaler, Carola: Ursprünge und Befreiungen. Eine dissidente Kulturtheorie, Zürich 1988.

Merchant, Carolyn: Der Tod der Natur. Ökologie, Frauen und neuzeitliche Naturwissenschaft, München 1987.

Metz-Becker, Marita: Der verwaltete Körper. Die Medikalisierung schwangerer Frauen in den Gebärhäusern des frühen 19. Jahrhunderts, Frankfurt a. M. 1997.

Dieselbe (Hg.): Hebammenkunst gestern und heute. Zur Kultur des Gebärens durch drei Jahrhunderte, Marburg 1999.

Michalik, Kerstin: Kindsmord. Sozial- und Rechtsgeschichte der Kindstötung im 18. und 19. Jahrhundert am Beispiel Preußen, Pfaffenweiler 1997.

Mies, Maria: Wider die Industrialisierung des Lebens, Pfaffenweiler 1992.

Mies, Maria/Vandana, Shiva: Ökofeminismus, Zürich 1995.

Mitterauer, Michael: Ledige Mütter. Zur Geschichte unehelicher Geburten in Europa, München 1983.

Mitterauer Michael/Ortmayr, Norbert (Hg.): Familien im 20. Jahrhundert. Historische Sozialkunde 9, Frankfurt a. M. 1997.

Mixa, Elisabeth et al. (Hg.): Körper – Geschlecht – Geschichte, Innsbruck/ Wien 1996.

Moeller, Michael Lukas: Die Liebe ist das Kind der Freiheit, Reinbek bei Hamburg 1986.

Moser, Michaela/Prätorius, Ina (Hg.): Welt gestalten im ausgehenden Patriarchat, Königstein 2003.

Möhrmann, Renate (Hg.): Verklärt, verkitscht, vergessen. Die Mutter als ästhetische Figur, Stuttgart/Weimar 1996.

Muraro, Luisa: Die symbolische Ordnung der Mutter, Frankfurt a. M./New York 1993.

Neuwirth, Barbara: Frauen, die sich keine Kinder wünschen, Reihe Frauenforschung, Bd. 8, Wien 1988.

Obaid, Monika: Toms Mutter – Ein Einspruch gegen Muttermythen. In: Schaeffer-Hegel (Hg.), a. a. O., 1988.

Olivier, Christiane: Jokastes Kinder. Die Psyche der Frau im Schatten der Mutter, München 1991.

Opitz, Barbara: Frauenalltag im Mittelalter. Biographien des 13. und 14. Jahrhunderts, Weinheim/Basel 1985.

Orland, Barbara/Scheich, Elvira (Hg.): Das Geschlecht in der Natur. Feministische Beiträge zur Geschichte und Theorie der Naturwissenschaften, Frankfurt a. M. 1995.

Ossege, Barbara: MutterHure. Weiblichkeit im Wechsel der Diskurse, Pfaffenweiler 1998.

Paczensky, Susanne von (Hg.): Wir sind keine Mörderinnen. Streitschrift gegen eine Einschüchterungskampagne, Hamburg 1980.

Pauritsch, Gertrude/Frakele, Beate/List, Elisabeth (Hg.): Kindermachen. Strategien der Kontrolle weiblicher Fruchtbarkeit, Wien 1988.

Pawlowsky, Verena: Mutter ledig – Vater Staat. Das Gebär- und Findelhaus in Wien 1784 – 1910, Innsbruck/Wien/München 2001.

Perko, Gudrun (Hg.): Mutterwitz. Das Phänomen Mutter – eine Gestaltung zwischen Ohnmacht und Allmacht, Wien 1998.

Perner, Rotraud A. (Hg.): Zuliebe, Zu Leibe. Über die Möglichkeit und Unmöglichkeit kindlicher Erotik, Bad Sauerbrunn 1991.

Pollock, Linda: Forgotten children: Parent-children relations from 1550 to 1900, Cambridge/New York 1983.

Prokop, Ulrike: Mutterschaft und Mutterschaftsmythos im 18. Jahrhundert. In: Schmidt-Linsenhoff (Hg.), a. a. O., 1989, S. 174–205.

Ptak-Wiesauer, Eva: Das geheime Treiben der „Wilden". In: Perner (Hg.), a. a. O., 1991, S. 75–114 (= 1991a).

Dieselbe: Vor dem Kind ausspucken oder es in die Arme nehmen. In: Perner (Hg.), a. a. O., 1991, S. 114–166 (= 1991b).

Radford-Ruether, Rosemary: Gaia & Gott. Eine ökofeministische Theologie der Heilung der Erde, Luzern 1994.

Raymond, Janice: Ökofeminismus. Ansätze einer Vision. In: Arditti/Klein/ Minden (Hg.), a. a. O., 1985.

Ralser, Michaela/Holtzhauer, Ruth: Über die Neutralisierung des Frauenwiderstandes gegen Gen- und Reproduktionstechniken. In: Fleischer/ Winkler (Hg.), a. a. O., 1993, S. 107ff.

Ranke-Heinemann, Uta: Eunuchen für das Himmelreich, katholische Kirche und Sexualität, Hamburg 1988.

Reif, Heinz (Hg.): Die Familie in der Geschichte, Göttingen 1982.

Rentmeister, Cilli: Frauenwelten – Männerwelten, Opladen 1985.

Rich, Adrienne: Von Frauen geboren. Mutterschaft als Erfahrung und Institution, München 1978.

Rohde-Dachser, Christa: Zurück zu den Müttern? Psychoanalyse in der Auseinandersetzung mit Weiblichkeit und Macht. In: Forum der Psychoanalyse, Frankfurt a. M. 1989, S. 19–33.

Dieselbe: Abschied von der Schuld der Mütter. In: Forum der Psychoanalyse, Frankfurt a. M. 1989, S. 251–260.

Dieselbe (Hg.): Zerstörter Spiegel. Psychoanalytische Zeitdiagnosen, Göttingen 1990.

Dieselbe: Expedition in den dunklen Kontinent: Weiblichkeit im Diskurs der Psychoanalyse, Berlin/Heidelberg 1991.

Rottensteiner, Elisabeth: Geburtsgeschichte – eine Entmutigungsgeschichte? Eine feministische Analyse der Disziplinierung weiblicher Gebärfähigkeit, Dipl. Arbeit, Innsbruck 2001.

Rowland, Robin: Die Endlösung der Frauenfrage. In: Arditti/Klein/Minden (Hg.), a. a. O., 1985.

Rublak, Ulinka: Viehisch, frech vnd onverschämpt. Inzest in Südwestdeutschland ca. 1530 – 1700. In: Ulbricht (Hg.), a. a. O., 1995, S. 171–213.

Ruddick, Sara: Mütterliches Denken. Für eine Politik der Gewaltlosigkeit, Frankfurt a. M./New York 1993.

Sachße, Christoph: Mütterlichkeit als Beruf. Sozialarbeit, Sozialreform und Frauenbewegung 1871 – 1929, Opladen 1994.

Schaeffer-Hegel, Barbara (Hg.): Frauen und Macht. Der alltägliche Beitrag der Frauen zur Politik des Patriarchats, Pfaffenweiler 1988.

Schaeffer-Hegel, Barbara/Wartmann, Brigitte (Hg.): Mythos Frau, Berlin 1984.

Schaps, Regina: Hysterie und Weiblichkeit. Wissenschaftsmythen über die Frau, Frankfurt a. M./New York 1982,

Scheich, Elvira: Naturbeherrschung und Weiblichkeit, Pfaffenweiler 1995.

Dieselbe: Vermittelte Weiblichkeit. Feministische Wissenschafts- und Gesellschaftstheorie, Hamburg 1996.

Schenk, Herrad: Wieviel Mutter braucht der Mensch. Der Mythos von der guten Mutter, Reinbek bei Hamburg 1998.

Schindele, Eva: Gläserne Gebär-Mütter. Vorgeburtliche Diagnostik – Fluch oder Segen?, Frankfurt a. M. 1990.

Dieselbe: Moderne Schwangerschaft zwischen Machbarkeitswahn und Auslese. In: Brähler/Stöbel-Richter/Hauffe (Hg.), a. a. O., 2002.

Schlesier, Renate: Konstruktion der Weiblichkeit bei Sigmund Freud, Frankfurt a. M. 1981.

Schlumbohm, Jürgen et al. (Hg.): Rituale der Geburt. Eine Kulturgeschichte, München 1998.

Schmidt-Linsenhoff, Viktoria: Sklavin oder Bürgerin. Französische Revolution und Neue Weiblichkeit 1760 – 1830, Frankfurt a. M. 1989.

Schmölzer, Hilde: Phänomen Hexe. Wahn und Wirklichkeit der Jahrhunderte, Wien 1986.

Dieselbe: Die verlorene Geschichte der Frau. 100.000 Jahre unterschlagene Vergangenheit, Bad Sauerbrunn 1990.

Dieselbe: Die Frau das gekaufte Geschlecht. Ehe, Liebe und Prostitution im Patriarchat, Bad Sauerbrunn 1993.

Dieselbe: Der Krieg ist männlich. Ist der Friede weiblich?, Wien 1996.

Dieselbe: Revolte der Frauen. Porträts aus 200 Jahren Emanzipation, Wien 1999.

Dieselbe: Rosa Mayreder. Ein Leben zwischen Utopie und Wirklichkeit, Wien 2002.

Schönegger, Martina: Mutterschaft und Frauenbewegung in der BRD, Dipl. Arbeit, Innsbruck 1983.

Schütze, Yvonne: Die gute Mutter. Zur Geschichte des normativen Musters „Mutterliebe“, Bielefeld 1991.

Schützenhöfer, Louis: In aller Liebe. Wie Mütter ihre Kinder unglücklich machen, Wien 2004.

Shahar, Shulamit: Kindheit im Mittelalter, München/Zürich 1991.

Dieselbe: Die Frau im Mittelalter, Königstein 1993.

Shorter, Edward. Der weibliche Körper als Schicksal. Zur Sozialgeschichte der Frau, München 1984.

Sichtermann, Barbara: Weiblichkeit. Zur Politik des Privaten, Berlin 1991.

Sigrist, Christian: Regulierte Anarchie, Frankfurt a. M. 1979.

Silverstein, Olga/Rashbaum, Beth: The Courage to Raise Good Men, New York 1994.

Simon, Manuel: Heilige – Hexe – Mutter. Der Wandel des Frauenbildes durch die Medizin im 16. Jahrhundert, Berlin 1993.

Smith-Rosenberg, Carroll: Weibliche Hysterie. Geschlechtsrollen und Rollenkonflikte in der amerikanischen Familie des 19. Jahrhunderts. In: Honegger/Heintz (Hg.), a. a. O., 1981.

Solanas, Valerie: Manifest zur Vernichtung der Männer, Darmstadt 1969.

Sonnleithner, Käthe: „Damit Adam der Ursprung seiner ganzen Art sei ...“ Schutz und Kontrolle der Gebärfähigkeit der Frau im Mittelalter. In: Pauritsch/Frakele/List (Hg.), a. a. O., 1988, S. 138–159.

Sorg, Brigitte/Fränznick, Monika: Frauen in der Reproduktionsmedizin. In: Brähler/Stöbel-Richter/Hauffe (Hg.), a. a. O., 2002, S. 75–95.

Spörk, Ingrid: Homunkulus und Maschinenmensch – Vorschläge einer Verbesserung der Frau. In: Pauritsch/Frakele/List (Hg.), a. a. O., 1988, S. 171–186.

Sprenger, Jakob/Institoris, Heinrich: Der Hexenhammer, 1. Teil, Nördlingen 1985.

Stark, Sylvie: Vereinbarkeit von Kinderbetreuung, Hausarbeit und Erwerbstätigkeit, Dipl. Arbeit, Klagenfurt 2003.

Steinem, Gloria: „Zurück zu Adam und Eva“. In: Der Standard, Album, 31.12.2004.

Tazi-Preve, Irene Maria: Der Mord an der Mutter. Das gewaltsame Brechen der Macht der Mutter als konstruktives Merkmal des Patriarchats, Dipl. Arbeit, Innsbruck 1992.

Torky, Karin: Die bösen Mütter, Dipl. Arbeit, Wien 1998.

Trallori, Lisbeth: Kontrolle der Nachwuchsproduktion. Soziologischer Beitrag zur Geschichte der Kindstötung, Abtreibung und Empfängnisverhütung, Diss., Wien 1982.

Dieselbe: Vom Lieben und vom Töten. Zur Geschichte patriarchaler Fortpflanzungskontrolle, Wien 1983.

Dieselbe: Leiblichkeit und Erkenntnis. Beiträge zur feministischen Kritik, Wien 1992.

Dieselbe (Hg.): Die Eroberung des Lebens. Technik und Gesellschaft an der Wende zum 21. Jahrhundert, Wien 1996.

Treusch-Dieter, Gerburg: Von der sexuellen Rebellion zur Gen- und Reproduktionstechnologie, Tübingen 1990.

Tuana, Nancy: Der schwächere Samen. Androzentrismus in der Aristotelischen Zeugungslehre und der Galenischen Anatomie. In: Orland/Scheich (Hg.), a. a. O., 1995.

Ulbricht, Otto: Kindsmord und Aufklärung in Deutschland, München 1990.

Derselbe (Hg.): Von Huren und Rabenmüttern. Weibliche Kriminalität in der Frühen Neuzeit, Köln/Weimar/Wien 1995.

Ulrich-Bochsler, Susi et al.: Wiedererweckung von Totgeborenen. In: Schlumbohm et al. (Hg.), a. a. O., 1998.

Valentinitsch, Helfried (Hg.): Hexen und Zauberer. Die große Verfolgung – ein europäisches Phänomen in der Steiermark, Graz/Wien 1987.

Wagner, Karin: Die Debatten um den Geburtenrückgang in Österreich – von der Ersten Republik bis zur Gegenwart, Dipl. Arbeit, Wien 2000.

Wächtershausen, Wilhelm: Das Verbrechen des Kindsmordes im Zeitalter der Aufklärung. Quellen und Forschungen zur Strafrechtsgeschichte. Hrsg. Von Ekkehard Kaufmann und Heinz Holzhauser, Bd. 3, Berlin 1973.

Weber-Kellermann, Ingeborg: Frauenleben im 19. Jahrhundert, München 1983.

Wege, Susanne/Zander, Isolde: Tod in der Wochenstube: Das Kindbettfieber. In: Metz-Becker (Hg.), a. a. O., 1999.

Weiler, Gerda: Der enteignete Mythos, München 1985.

Dieselbe: Ich verwerfe im Lande die Kriege. Das verborgene Matriarchat im Alten Testament, München 1986.

Werlhof, Claudia von: Männliche Natur und künstliches Geschlecht, Wien 1991.

Dieselbe: Mutter-Los. Frauen im Patriarchat zwischen Angleichung und Dissidenz, München 1996.

Werlhof Claudia von/Schweighofer, Annemarie/Ernst, Werner W. (Hg.): Herren-Los. Herrschaft, Erkenntnis, Lebensform, Frankfurt a. M. 1996.

Werlhof Claudia von/Bennholdt-Thomsen, Veronika/Farcalas, Nicholas (Hg.): Subsistenz und Widerstand. Alternativen zur Globalisierung, Wien 2003.

Winnicott, Donald W: Die menschliche Natur, Stuttgart 1994.

Woesler de Panafieu, Christine: Das Konzept von Weiblichkeit als Natur- und Maschinenkörper. In: Schaeffer-Hegel/Wartmann (Hg.), a. a. O., 1984.

Wolf, Maria et al.: Körper Schmerz. Intertheoretische Zugänge, Innsbruck 1998.

Wrohlich, Katharina: Armut von Alleinerzieherinnen im Sozialstaat Österreich, Dipl. Arbeit, Wien 2001.

Wunder, Heide: Historische Frauenforschung. Ein neuer Zugang zur Gesellschaftsgeschichte. In: Affeldt (Hg.), a. a. O., 1990, S. 31–41.

Dieselbe: „Er ist die Sonn', sie ist der Mond". Frauen in der frühen Neuzeit, München 1992.

Zapperi, Robert: Der schwangere Mann. Männer, Frauen und die Macht, München 1984.

Zimmermann, Beate: Wie Schwangere zu Patientinnen werden. In: Fleischer/Winkler (Hg.), a. a. O., 1993, S. 98ff.

Die Autorin

Hilde Schmölzer, 1937 in Linz geboren, besuchte eine zweijährige Staats-lehranstalt für Fotografie in München. 1966 promovierte sie in Kunstge-schichte und Publizistik an der Universität Wien. Etwa 25 Jahre war sie freiberufliche Journalistin und Fotografin für in- und ausländische Zeitun-gen und Zeitschriften, Arbeit beim ORF. Ein halbes Jahr Aufenthalt in Indien. Ab 1992 Mitglied des PEN, in den letzten Jahren Vorstandsmitglied, im Frühjahr 2000 wegen politischer Differenzen ausgeschieden. Ab 2001 Mitglied der Grazer Autorenvereinigung, Mitglied des Österreichischen Schriftstellerverbandes, Mitinitiatorin des österreichischen Frauenvolksbe-gehrens.

Seit 1990 ausschließlich als Autorin tätig, mit dem Schwerpunkt Frauen-geschichte und Frauenbiographien. Ihre Bücher „Phänomen Hexe" (1986) und „Die verlorene Geschichte der Frau" (1990) waren Bestseller, 1999 wurde das Buch „Revolte der Frauen", 2000 „Das Vaterhaus" veröffentlicht. Zuletzt erschien von ihr im Promedia Verlag „Rosa Mayreder. Ein Leben zwischen Utopie und Wirklichkeit" (2002).

Hilde Schmölzer ist Mutter eines Sohnes.